Réflexe BTS MUC

W0334335

Exercices corrigés
Management et gestion des unités commerciales

Caroline Bertolotti
Claudie Grégeois
Pascale Stoupy

Nathan
TECHNIQUE

Édition : Angélique Brézillon / Anne-Sophie Perret
Coordination artistique : Isabelle Jalfre
Conception intérieure : Domino
Composition : Laser Graphie
Fabrication : Maria Pauliat

ISBN 978-2-09-179942-1

Sommaire

Management

Gestion

Corrigés

Minicas d'entraînement

Corrigés

Sujet d'examen

Corrigé

1. Présentation et objectifs de l'épreuve

L'épreuve E4 (Management et gestion des unités commerciales) du BTS Management des unités commerciales est une épreuve écrite d'une durée de 5 heures (coefficient 4). Celle-ci vise à vous mettre en situation d'analyse et de résolution de problèmes de management et de gestion, dans le cadre d'une unité commerciale dont vous seriez le (la) responsable.

L'objectif est de vérifier vos aptitudes à :
– analyser des problèmes de management de l'équipe commerciale et de gestion de l'unité commerciale à partir d'une situation professionnelle réelle ;
– choisir les méthodes et techniques appropriées et les mettre en œuvre ;
– proposer des solutions réalistes permettant de résoudre efficacement les problèmes posés ;
– justifier les décisions en mobilisant les savoirs associés.

L'épreuve prend donc appui sur une étude de cas étudiant une situation réelle de management d'une équipe commerciale et de gestion d'une unité commerciale. L'étude est composée d'une introduction présentant de manière succincte l'unité commerciale et son contexte. Elle s'articule autour de trois dossiers ou parties indépendantes. Chaque dossier propose un ensemble de travaux.

Cette épreuve mobilise non seulement des savoirs en management et gestion (sur l'ensemble du programme de première et de seconde année) mais aussi certains concepts de mercatique (exemple : mise en place d'une opération commerciale) et de communication (exemple : rédaction d'une offre d'emploi). Il est donc très important d'effectuer des révisions et des entraînements sur les notions acquises au cours de vos deux années d'études.

2. Contenu de l'épreuve

Les compétences contrôlées par l'épreuve de MGUC sont les suivantes :
– constituer une équipe commerciale professionnelle et motivée ;
– assurer le fonctionnement de l'unité commerciale ;
– assurer la gestion prévisionnelle ;
– assurer la communication des résultats de l'activité ;
– gérer les achats et les approvisionnements.

Les savoirs associés mobilisés par l'épreuve sont les suivants :
– le contexte organisationnel de la relation commerciale ;
– la stratégie mercatique des réseaux d'unités commerciales ;
– les fondements du management ;
– le manageur de l'unité commerciale ;
– le management de l'équipe de l'unité commerciale ;
– l'organisation de l'équipe ;
– le management de projet ;
– la gestion des unités commerciales ;
– la communication dans les relations commerciales.

3. Évaluation de l'épreuve

Vous serez évalué(e) sur les critères suivants :
– la maîtrise des connaissances et des savoir-faire mobilisés ;
– la pertinence des diagnostics réalisés ;
– la rigueur d'analyse et de synthèse ;
– le choix adapté des méthodes et des outils utilisés ;
– le réalisme, la cohérence et la pertinence des solutions proposées ;
– la qualité de la communication écrite.

4. Préparation à l'épreuve

L'ouvrage d'« exercices corrigés » vous propose :
– de vous entraîner, à l'aide de petits exercices, à acquérir ou approfondir les notions essentielles du programme de l'épreuve E4 ;
– de manipuler des documents comptables, des tableaux de bord, des textes, des documents commerciaux… ;
– de faire régulièrement le point sur vos acquis au travers des minicas ;
– de prendre connaissance d'un sujet d'examen afin de tester vos connaissances.

5. Quelques conseils pour réussir l'épreuve de MGUC

Avant l'épreuve :
– apprenez régulièrement les notions vues en cours (constituez au fur et à mesure des fiches de synthèse) ;
– entraînez-vous régulièrement en partant de petits exercices simples pour aborder ensuite des minicas plus complets et enfin appréhender des études de cas complètes.

Le jour de l'épreuve :
– gérez efficacement le temps ;
– évitez les impasses ;
– justifiez les calculs chaque fois que cela est nécessaire ;
– soyez cohérent dans les choix et solutions proposées ;
– soignez la présentation de la copie ;
– relisez le travail en fin d'épreuve.

1 L'organisation de l'équipe commerciale

Exercice 1 Décrypter l'organisation d'une unité commerciale

Corrigé ➲ p. 115

Stagiaire dans un hypermarché Carrefour, vous vous intéressez à l'organisation des ressources humaines au sein de votre point de vente.

Travail à faire

1. Caractérisez l'organisation d'un magasin Carrefour. Prenez appui sur les annexes 1 et 2 (pages 7 et 8) et aidez-vous de vos connaissances.

2. À partir des témoignages présentés en annexe 3 (page 8), élaborez une fiche descriptive du poste de vendeur produits et services chez Carrefour (profil, principales missions, qualités).

Annexe 1 ➲ Organigramme du magasin Carrefour

DIRECTEUR DE MAGASIN

	Accueil/caisses	Alimentaire	Non alimentaire	Technique/support
CADRES	* Responsable service caisses * Manageur service caisses * Manageur caisses junior	* Responsable secteur * Manageur métier * Manageur métier junior	* Responsable secteur * Manageur métier * Manageur force de vente * Manageur métier junior	* Responsable contrôle de gestion * Manageur paie * Manageur de service * Manageur de service junior
EMPLOYÉS	* Animateur de service caisses * Conseiller(e) service caisses * Assistant(e) de caisse	* Animateur de vente alimentaire * Technicien de fabrication * Conseiller de vente * Assistant de vente * Équipier de vente	* Animateur de vente non alimentaire * Vendeur produits et services * Assistant de vente * Équipier de vente	* Animateur service réception * Animateur service déco * Animateur service paie * Technicien service maintenance * Assistant réception * Assistant de service administratif * Équipier de service

www.recrute.carrefour.fr

Annexe 2 ○ Les principes Carrefour (extrait)

• L'esprit commerçant : la seule condition pour faire carrière
Neuf collaborateurs sur dix travaillent au contact du client. Ainsi, nos postes sont ouverts à tous, diplômés ou non, expérimentés ou débutants. La seule condition requise pour nous rejoindre : avoir un fort esprit commerçant, le goût de la relation et la satisfaction client.

• Communication et échanges
Écouter, échanger et informer sont des principes de base de notre organisation. Transparence et rapidité des informations, management de proximité, prises de décision collégiales, consultation annuelle des collaborateurs… viennent soutenir la réussite collective.

www.recrute.carrefour.fr

Annexe 3 ○ Témoignages de vendeurs produits et services

Jérôme, 33 ans – vendeur produits et services
« Mon BTS Action co en poche, je souhaitais concilier mon activité professionnelle avec ma passion : la vidéo. Mais après quatre années passées au sein d'un tout petit magasin spécialisé, j'avais le sentiment de stagner. J'ai alors cherché une entreprise dont la dimension pouvait me permettre de m'épanouir réellement. Rejoindre Carrefour m'est apparu comme une évidence. La richesse des références proposées, le souci constant de la qualité, mais aussi le volume de clientèle qu'il faut conseiller, guider, convaincre ont donné une nouvelle dimension à mon métier de vendeur. Je suis en permanence à l'écoute de mon secteur pour connaître les dernières innovations technologiques, les nouveaux produits qui se lancent, et apporter ainsi un conseil vraiment pointu à mes clients. En leur communiquant ma passion du produit, je sais que je suscite leur curiosité et que je les fidélise. C'est un vrai challenge commercial que je relève chaque jour ! »

Romy, 26 ans – vendeuse produits et services
« Quand on m'interroge sur la nature de mon métier, j'insiste bien sur le fait que dans un rayon Bébé, on n'est pas simplement vendeur. Pour mes clients, l'enjeu est très fort : il s'agit du confort et de la protection de leur enfant. Sur ce type de produits, les normes de sécurité ne sont pas à prendre à la légère et j'ai une vraie responsabilité dans ma capacité à conseiller et orienter les parents. Je dois connaître les règles et législations en vigueur, être capable de les expliquer et surtout veiller à ce que les produits référencés répondent bien à ces exigences. Les clients qui sont parents pour la première fois ne savent pas forcément quel biberon ils doivent prendre ou quelle poussette conviendra le mieux et là, j'ai une vraie mission d'information. C'est une relation de confiance que j'instaure avec eux, pas simplement un rapport commercial. »

www.recrute.carrefour.fr

2 L'application du droit du travail dans l'unité commerciale

Exercice 1 Comprendre la législation du travail

Corrigé ▶ p. 116

La maison de la presse Thiry a passé une annonce dans la presse afin de recruter une vendeuse (annexe 1, page 11).

Travail à faire

Cette annonce est-elle légale ?

Exercice 2 Savoir appliquer le droit du travail

Corrigé ▶ p. 116

M. Desenfant travaille pour une société de maintenance. Il a eu récemment un accident du travail qui l'a obligé à s'arrêter durant 10 jours.

Travail à faire

1. Doit-il obtenir l'avis du médecin du travail avant de retrouver son poste ou bien l'avis de son médecin traitant suffit-il ?
2. Peu de temps après sa reprise, il tombe malade et s'absente à nouveau 10 jours. Doit-il obtenir l'avis du médecin du travail avant de reprendre le travail ou l'avis de son médecin traitant suffit-il ?

Exercice 3 Savoir appliquer la réglementation du travail

Corrigé ▶ p. 116

M. Imbert est directeur d'une menuiserie industrielle qui compte 54 salariés.

Travail à faire

1. L'entreprise doit-elle avoir un CHSCT ?
2. Un délégué du personnel ?
3. Un délégué syndical ?
4. Un comité d'entreprise ?
5. Un règlement intérieur ?

Exercice 4 Connaître la réglementation en matière de licenciement

Corrigé ▶ p. 116

M. Carbonnier travaille chez Lurçat SA depuis 5 ans. L'entreprise perd régulièrement des parts de marché, son chiffre d'affaires est en nette régression et son résultat est négatif. Elle envisage donc de licencier M. Carbonnier ainsi que cinq autres personnes. Le salaire annuel de M. Carbonnier s'élève à 40 000 €.

Travail à faire

1. M. Carbonnier aura-t-il droit à un préavis ?
2. Aura-t-il droit à des indemnités de licenciement ? Si oui, de combien ?

Exercice 5 — Appliquer la réglementation en matière de grève

Corrigé ▶ p. 117

Conseiller juridique pour H&M, la direction vous demande votre avis quant à la grève qui bloque son entrepôt.

Travail à faire

Après avoir pris connaissance de l'annexe 2 (page 11), répondez aux questions suivantes.

1. Quel est l'objet de cette grève ?

2. Est-elle légale ?

3. Quel est le rôle du piquet de grève ? Est-il autorisé ?

4. Quelles sont les incidences économiques d'une telle grève ?

Exercice 6 — Appliquer le droit du travail

Corrigé ▶ p. 117

Travail à faire

Répondez par oui ou non aux questions suivantes et justifiez votre choix.

1. Un patron a-t-il le droit d'installer des caméras de surveillance dans son établissement dans le but de repérer les fautes commises par ses salariés afin de les licencier ?

2. Un salarié a fait l'objet de quatre avertissements pour les motifs suivants :
- retard ;
- erreur dans le calcul d'un prix de revient donné à un client ;
- erreur dans une déclaration de TVA ;
- bagarre avec un supérieur.

Son employeur peut-il le licencier ?

3. Votre responsable export semble avoir un penchant prononcé pour l'alcool. Il vient régulièrement travailler en état d'ivresse et vous souhaitez agir afin que cela cesse. Pouvez-vous le soumettre à un alcootest au sein de votre entreprise ?

Exercice 7 — Appliquer la réglementation du travail

Corrigé ▶ p. 118

Travail à faire

À partir de l'annexe 3 (page 12), répondez aux questions suivantes.

1. M. Bertholet souhaite partir en vacances cet été et prendre l'intégralité de ses cinq semaines en une seule fois. Est-ce possible ?

2. M. Yazami est Marocain et travaille en France. Il souhaite lui aussi prendre ses cinq semaines de congé cet été pour repartir au Maroc. En a-t-il le droit ?

3. Sophie a 20 ans et est maman d'un petit garçon d'un an. Elle a travaillé trois mois durant la période de référence. À combien de jours a-t-elle droit ?

4. M. François est en congé depuis 3 jours lorsqu'il tombe malade. Peut-il reporter ses congés ?

Annexe 1 ○ Annonce publiée par la Maison Thiry

MD LP **Maison De La Presse**

```
Recherche pour son magasin de Beaune :
Une vendeuse 30-35 ans.
Expérience souhaitée.
Niveau BTS MUC.
Rémunération 80% du SMIC.
```

Annexe 2 ○ La justice rhabille H&M pour l'hiver

Les trois quarts des salariés d'un entrepôt du groupe de prêt-à-porter H&M sont en grève depuis le mardi 5 novembre et bloquent leur entrepôt qui alimente soixante-cinq des cent soixante-dix magasins français de la marque.

L'entrepôt, situé au Bourget (Seine-Saint-Denis), a été filialisé en 2009 par la marque et dépend dorénavant de H&M Logistics GBC. Il est passé de plus de 500 salariés en 2009 à 195 cette année. La filialisation de l'entrepôt est indirectement la cause de la grève actuelle. En effet, elle a eu une conséquence que la direction du groupe ne semblait pas avoir anticipée, le changement de convention collective des salariés de l'entrepôt qui ont quitté la convention de l'habillement pour celle du transport… Or, cette évolution, « au vu des tâches réalisées par les salariés, aurait dû les amener à changer de statut et à devenir des gestionnaires de stocks, alors que le groupe persiste à considérer qu'ils sont des préparateurs de commandes », explique Modibo Fofana, le délégué syndical FO. L'enjeu, une progression de leurs rémunérations de près de 30 %. […]

Depuis cette filialisation, les salariés luttent donc pour faire reconnaître leur statut, tandis que le groupe a nommé un nouvel encadrement dont l'objectif semble être de réduire les effectifs à tout prix.

Dégradation des conditions de travail, pression insoutenable de l'encadrement

Vexations, pressions, autoritarisme, classement des salariés en fonction de leurs « performances », dégradation des conditions de travail, notamment liée au sous-effectif actuel, sont le quotidien des salariés. Les arrêts maladie sont anormalement élevés. Le CHSCT a été alerté et a nommé un expert, mais la direction de l'entrepôt refuse obstinément toute discussion ou échange sur les métiers exercés et a fortiori sur le statut des salariés. Devant cette impasse et ce refus de toute discussion de la direction, FO et les autres syndicats ont lancé ce mouvement de grève, soutenu par 75 % des 195 salariés. Alors que le mouvement bloque l'approvisionnement des soixante-cinq magasins sur les cent soixante-dix que compte le groupe en France, l'avocat de ce dernier a déclaré à l'AFP que « la grève en tant que telle est illicite », estimant que le blocage « empêche […] l'employeur d'exercer son activité industrielle ». Le groupe a donc assigné neuf salariés, dont des représentants syndicaux, en référé afin de faire cesser le blocage de l'entrepôt. […]

Le juge des référés a débouté la société H&M vendredi 15 novembre dernier de sa demande de levée du blocus. Les salariés sortent plus déterminés que jamais de ce premier bras de fer judiciaire et le piquet de grève maintenu confirme, s'il en était besoin, leur détermination intacte.

Force ouvrière hebdomadaire, n° 3095, 20 novembre 2013, p. 6.

Annexe 3 ○ Les dispositions en matière de congés payés

Sauf dispositions conventionnelles contraires, le salarié malade pendant toute la période des congés ne peut exiger ni un report de ses congés payés ni une indemnité « compensatrice » de congés payés. Le salarié déjà malade au moment de son départ en congé conserve son droit à congé pour la part de congés « perdus » en raison de sa maladie et peut demander à son employeur à en bénéficier ultérieurement.

Les congés payés doivent être pris en deux temps : un congé principal de quatre semaines et une cinquième semaine qui, en principe, ne doit pas être accolée aux quatre autres (sauf pour les salariés d'origine étrangère qui souhaitent rentrer dans leur pays d'origine pendant leurs vacances). Le congé principal, d'au moins 12 jours ouvrables et de 24 jours au plus, doit être pris entre le 1er mai et le 31 octobre de l'année. Si le congé principal n'excède pas 12 jours ouvrables, il doit être continu (article L. 223-8 du Code du travail).

La durée des congés payés est allongée lorsqu'une partie de ceux-ci (sauf la 5e semaine de congés payés) est prise en dehors de la période légale, c'est-à-dire en dehors de la période allant du 1er mai au 31 octobre de chaque année. On parle alors de jours de congés supplémentaires pour fractionnement [...] :

– 2 jours ouvrables de congés supplémentaires lorsque le nombre de jours de congé pris en dehors de la période légale (1er mai-31 octobre) est au moins égal à 6 jours ouvrables (5 jours ouvrés) ;

– un seul jour lorsque le congé est compris entre 3 et 5 jours ouvrables (3 à 4 jours ouvrés). Par contre, pour 1 ou 2 jours de congés payés pris en dehors de la période légale, aucun jour de congé supplémentaire n'est dû ;

– si la 5e semaine de congés payés est prise en dehors la période légale, des jours de congé supplémentaires sont-ils attribués ? Les jours de congés supplémentaires pour fractionnement ne concernent pas la 5e semaine de congés payés. En effet, les jours de congé pris au-delà du congé principal ne sont pas pris en compte pour l'ouverture du droit aux jours de congés supplémentaires. [...]

Les jeunes travailleurs et apprentis âgés de moins de 22 ans au 30 avril de l'année en cours et n'ayant pas travaillé pendant toute l'année de référence ont droit à leur demande à un congé de 30 jours ouvrables et ce, quelle que soit leur ancienneté dans l'entreprise. Toutefois, ce congé n'est indemnisé que partiellement. [...]

Les femmes salariées ou apprenties âgées de moins de 21 ans au 30 avril de l'année précédente bénéficient de 2 jours de congé supplémentaires par enfant à charge de moins de 15 ans au 30 avril de l'année en cours. Ce congé supplémentaire s'ajoute au congé légal de 30 jours. Il est réduit à 1 jour si le congé légal n'excède pas 6 jours. Si la salariée bénéficie d'un congé conventionnel plus long que le congé légal, elle ne peut pas cumuler le congé supplémentaire de jeune mère de famille avec ce congé conventionnel.

Références juridiques : articles L. 223-8 et suivants du Code du travail.

www.legissimo.com

3 L'individu dans l'organisation

Exercice 1

Corrigé ○ p. 118

Comparer le management dans deux enseignes d'un même secteur

Vous êtes chargé(e) d'étudier le management des individus dans les enseignes de bricolage en France. Leroy Merlin et Castorama ont retenu votre attention.

Travail à faire

1. À l'aide des annexes 1 à 3 (pages 13 et 14), comparez les valeurs véhiculées par les deux enseignes.

2. Repérez les facteurs de motivation des salariés au sein des deux organisations.

3. Quelles conclusions tirez-vous de cette étude ?

Annexe 1 ○ Le roi du bricolage a parfaitement huilé l'ascenseur social

Chez Leroy Merlin, on ne bricole pas avec les outils de motivation. Notamment en matière de politique salariale : la première entreprise française du palmarès 2006[1] se distingue en faisant de la quasi-totalité de ses 15 000 salariés des actionnaires. Propriétaire de l'enseigne, la famille Muliez a en effet cédé 16 % de ses parts à son personnel *via* un fonds commun de placement qui a progressé de 13 % en 2005. Un bonus non négligeable, auquel s'ajoute l'intéressement au chiffre d'affaires (environ 20 % du salaire de base) et la participation au résultat de l'entreprise (+ 11 % en 2005). « En cumulant ces avantages, ma rémunération a doublé en treize ans », se réjouit Alain Geeraert, 38 ans, vendeur dans le magasin de Tourcoing. Leroy Merlin a aussi à cœur de faire fonctionner l'ascenseur social en se préoccupant peu des diplômes dans ses recrutements. « Pour un magasinier ou une hôtesse, le niveau va de bac – 3 à bac + 2, explique le DRH Stéphane Calmes. Seules les compétences et la motivation nous importent. » Autre effort réalisé par l'enseigne, la formation : grâce à un budget conséquent (6 % de la masse salariale), huit salariés sur dix passent chaque année par l'un des instituts maison. Une manière de donner à chacun sa chance de progresser dans la hiérarchie. Le DG, Régis Delgelcque, en est la meilleure illustration : il a commencé il y a vingt ans comme stagiaire. Enfin, les salariés apprécient d'être associés aux décisions importantes par le biais de réunions de réflexion.

1. Palmarès établi par l'institut américain Great Place to Work. En France, 58 entreprises ont accepté de participer à la compétition.

Management.

Annexe 2 ○ Les politiques de partage chez Leroy Merlin

Chez Leroy Merlin, nous investissons dans les personnes autant qu'elles s'investissent dans l'entreprise. Cela se traduit dans le développement de nos « politiques de partage » :

- **Partage du savoir :** Leroy Merlin a fait le choix de « mettre l'homme au cœur de l'entreprise ». Derrière les mots, il y a une politique de partage voulue et assumée, fondatrice du style de management Leroy Merlin, qui privilégie la formation et l'information des hommes.
- **Partage du pouvoir :** responsabilisation, initiative et autonomie des collaborateurs, développement sont les maîtres mots du management chez Leroy Merlin.
- **Partage de l'avoir :** *via* des accords d'intéressement, de participation et d'actionnariat salarié, tous les collaborateurs sont intéressés aux résultats de leur magasin comme à ceux de leur entreprise et ont, en outre, la possibilité de devenir actionnaires de Leroy Merlin. En 2004, l'intéressement distribué à chacun des collaborateurs a représenté près de trois mois de revenus, la participation correspondant à 10 % supplémentaires. Enfin, la croissance continue couplée à l'excellence des résultats de Leroy Merlin permet aux salariés actionnaires (99 % des effectifs) d'être totalement associés à la valorisation de l'entreprise.

www.recrute.leroymerlin.fr

Castorama investit dans les talents et dans la motivation de ses collaborateurs

À tous les stades de la carrière de ses collaborateurs, Castorama investit dans les talents et la motivation. Exigeante sur les qualités relationnelles, l'entreprise recrute plus de 7 000 candidats[1] (dont plus de 1 900 CDI) de tout niveau d'études et expériences pour des postes à différents niveaux de responsabilité.

Elle a une forte ambition pour recruter plus de 1 000 apprentis sur deux ans.

De fait, l'entreprise est un acteur majeur dans les bassins d'emplois où elle est implantée.

Par ailleurs, elle propose de nombreuses opportunités d'évolution en interne (près de 3 500 promotions et mutations[1]) qui s'expriment à travers une dynamique politique de mobilité.

Castorama accompagne ses collaborateurs avec des programmes performants d'acquisition de connaissance des produits et de développement des compétences professionnelles.

Récemment, l'enseigne innove en matière de formation en lançant l'école des talents, qui intègre le *e-learning* et des cursus spécifiques de management pour les directeurs de magasin et les chefs de secteur.

Enfin, les ressources humaines développent l'exercice de tous les métiers de Castorama en les inscrivant dans un cadre de protection sociale le plus intéressant du secteur du bricolage.

Le challenge des ressources humaines est de contribuer quotidiennement au développement du chiffre d'affaires, de renforcer la valeur professionnelle de chacun des 13 415 collaborateurs[1] et de hisser Castorama comme une des enseignes les plus attractives de la distribution en France.

Au sein de Castorama, les ressources humaines sont considérées comme une ressource du commerce.

Avec plus de 19 millions de clients, l'enseigne a en permanence l'objectif de s'adapter aux évolutions de la consommation et de donner à chaque collaborateur les moyens d'exprimer pleinement ses talents pour faciliter le choix d'un produit par un client.

Si la nouvelle empreinte féminine de l'univers du bricolage conduit naturellement l'entreprise à ouvrir ses gammes vers des produits de décoration et des outils faciles, cette tendance forte du marché se traduit aussi dans la diversité des collaborateurs dont plus de 40 % sont des femmes. Il est à noter que plus de 35 % des candidatures sont des candidatures féminines, quatre femmes dirigent déjà des magasins Castorama et 13 % des chefs de secteur sont des femmes.

Les ressources humaines de Castorama impactent aussi le quotidien professionnel :
- des métiers de la vente qui représentent plus de 9 500 personnes ;
- des métiers directement liés aux produits et aux clients (achat, marketing, merchandising…) ;
- des manageurs et des experts fonctionnels dont le rôle effectif est de créer des rythmes et des environnements facilitant et guidant l'exercice de la vente.

1. Chiffres au 31 décembre 2004.

www.castorama.fr

Fondé en 1969, Castorama a une position de premier plan sur le marché du bricolage en France et en Europe. Aujourd'hui, Castorama est adossé au troisième acteur mondial sur le marché de l'amélioration de l'habitat : le groupe Kingfisher.

Nous souhaitons offrir à nos collaborateurs des carrières motivantes, fondées sur des valeurs de respect, de travail d'équipe, de performance et de développement personnel.

En tant qu'entreprise internationale, nous devons toujours être conscients de l'impact de notre activité sur le monde qui nous entoure. Nous avons synthétisé et formalisé cette vision de la manière suivante : « Rendre meilleure la qualité de vie de tous ceux que nous touchons. »

www.castorama-paris.site-recrutement.com

4 Le management de l'équipe commerciale

Exercice 1 Conduire un changement dans l'équipe commerciale

Corrigé ➲ p. 119

Créativa est une unité commerciale spécialisée dans les loisirs créatifs. Elle propose à ses clients un large assortiment de produits (perles, broderie, papeterie, objets de décoration, moulages...) et de services (commandes, paiement en trois fois sans frais, chèques cadeaux, atelier créatif...).
L'atelier créatif est un service phare pour l'enseigne. Il a pour objectif de rendre accessible au plus grand nombre les techniques de la création dans tous ses états.
La responsable du secteur création, Mme Hochart, gère une équipe de 8 vendeuses : 7 vendeuses spécialisées + une vendeuse animatrice. Elle doit aujourd'hui faire face à un problème de management de son équipe. En effet, l'atelier créatif se retrouve sans animatrice suite à la démission de la vendeuse qui était chargée d'animer les différents ateliers proposés. Mme Hochart a décidé de profiter de cette situation pour revoir l'organisation de l'atelier créatif (annexe 1, page 16).

Travail à faire

1. Organisez la réunion de présentation du projet (définissez les objectifs, réfléchissez au contenu).

2. Au cours de la réunion, Mme Hochart a senti des résistances de la part de deux vendeuses (Sylvie et Olga) face au changement proposé (annexe 2, page 16). À votre avis, comment doit-elle réagir pour éviter que la grogne ne gagne l'ensemble de l'équipe ?

Exercice 2 Gérer un conflit

Corrigé ➲ p. 120

L'enseigne Électro+ commercialise ses produits en électroménager *via* un réseau de grandes surfaces spécialisées implantées principalement dans les centres commerciaux français. Chaque point de vente est divisé en quatre secteurs : le blanc, le gris, le brun et le SAV. Chaque secteur est animé par un chef de secteur qui manage une équipe de vendeurs.
Au sein du magasin de Troyes, le secteur blanc rencontre des difficultés. En effet, Fabien, le chef de secteur qui était en place depuis six mois, a donné sa démission. Pour les cinq vendeurs qui constituent l'équipe commerciale, c'était le 5e chef de secteur en deux ans. Les raisons de ce *turnover* sont variées : congés maternité, changement d'enseigne, motivations personnelles... Les résultats commerciaux sont en baisse.
Le directeur du magasin a recruté Pierre pour remplacer Fabien. Pierre était chef de secteur SAV dans le magasin Électro+ d'Auxerre. Dès son arrivée dans le secteur blanc, il a réuni son équipe (collectivement et individuellement) et a noté un certain nombre de points (annexe 3, page 16). Depuis quelques jours, il rencontre des difficultés avec Loïc, qui discute systématiquement ses directives et entraîne Teddy dans son comportement. L'ambiance du secteur commence à se détériorer.

Travail à faire

1. Analysez la situation.

2. Proposez des solutions au conflit.

Annexe 1 ○ Réorganisation de l'atelier créatif

L'atelier créatif fonctionne chaque jour d'ouverture, soit du lundi au samedi (sauf ouvertures exceptionnelles).

Avant

Chaque jour, il y a deux ateliers : le matin (de 9 h 30 à 11 h 30) et l'après-midi (de 14 h à 16 h).
L'atelier créatif est animé par Catherine, vendeuse à temps plein (35 heures par semaine). Elle consacre 25 heures à l'animation et à l'organisation de l'atelier. Le reste de son temps de travail est consacré à la vente-conseil en rayon.
Son jour de congé est le jeudi. Elle est alors remplacée par Danièle.

Après

Suite à une enquête de satisfaction, Mme Hochart a constaté que les clients déploraient l'inexistence d'atelier à l'heure du déjeuner et en fin d'après-midi. En effet, le magasin est implanté en plein cœur d'une zone commerciale où le nombre de salariés est très important. Ils pourraient profiter de leur pause déjeuner ou de la fin de journée pour apprendre de nouvelles techniques créatives.
La nouvelle répartition horaire serait la suivante :

Lundi	Mardi	Mercredi	Jeudi	Vendredi	Samedi
9 h 30 – 11 h 30 : atelier 1 **12 h 30 – 13 h 30** : atelier 2 **14 h – 16 h** : atelier 3 **16 h 30 – 18 h 30** : atelier 4	**9 h 30 – 11 h 30** : atelier 1 **12 h 30 – 13 h 30** : atelier 2 **14 h – 16 h** : atelier 3 **16 h 30 – 18 h 30** : atelier 4	**9 h 30 – 11 h 30** : atelier 1 **12 h 30 – 13 h 30** : atelier 2 **14 h – 16 h** : atelier 3 **16 h 30 – 18 h 30** : atelier 4	**9 h 30 – 11 h 30** : atelier 1 **12 h 30 – 13 h 30** : atelier 2 **14 h – 16 h** : atelier 3 **16 h 30 – 18 h 30** : atelier 4	**9 h 30 – 11 h 30** : atelier 1 **12 h 30 – 13 h 30** : atelier 2 **14 h – 16 h** : atelier 3 **16 h 30 – 18 h 30** : atelier 4	**9 h 30 – 11 h 30** : atelier 1 **12 h 30 – 13 h 30** : atelier 2 **14 h – 16 h** : atelier 3 **16 h 30 – 18 h 30** : atelier 4

L'animation des ateliers se fera désormais par chaque vendeuse dans son domaine de spécialisation : Danièle pour la perlerie, Sophie pour l'art du fil, Anaïs pour le papier, Olga pour la décoration, Carla pour la mosaïque, Sylvie pour la peinture, Claire pour l'art floral.
Catherine sera remplacée par deux vendeuses qui travailleront à mi-temps (20 heures).

Annexe 2 ○ Réactions lors de la réunion

• Olga « a peur de ne pas savoir expliquer aux clients… ».

• Sylvie « n'a pas envie de renoncer à son travail actuel. Elle n'est pas payée pour cela, ne comprend pas pourquoi elle doit subir les conséquences du départ de Catherine… ».

À noter que les autres vendeuses semblent partantes pour cette organisation et le vivent comme une évolution professionnelle.

Annexe 3 ○ Les vendeurs du secteur blanc

	Corinne	Loïc	Teddy	Joanne	Nicolas
Ancienneté secteur	12 mois	4 ans	3 ans	4 mois	6 mois
Remarques	Vendeuse confirmée, reconnue pour ses qualités humaines.	Vendeur confirmé, pilier de l'équipe, veut devenir chef de secteur.	Vendeur confirmé, manque d'initiative.	Vendeuse débutante, volonté de bien faire.	Vendeur débutant, manque de rigueur.

5 Les outils du manageur

Exercice 1 Comprendre l'intérêt de la fixation des objectifs

Corrigé ○ p. 121

M. Berliot est conseiller de clientèle dans une banque. Il a la réputation d'être le commercial le plus dynamique et le plus performant de l'agence.
Ses performances pour l'année écoulée sont répertoriées dans l'annexe 1 (page 18).

Travail à faire

1. Que pensez-vous de ses performances ?

2. Que pensez-vous des objectifs qui lui ont été fixés ? Commentez.

3. À quel niveau fixeriez-vous les objectifs de vente pour N+1 ? Justifiez votre choix.

Exercice 2 Gérer de façon optimale

Corrigé ○ p. 122

Le 8 janvier N, M. Rémy reçoit sa commande de consoles de jeux et la facture correspondante de 12 410 €. Cette facture peut être payée selon diverses modalités : soit à 30 jours fin de mois ; soit en cinq versements égaux à compter du mois de réception de la commande ; soit par chèque le 30 janvier moyennant un escompte de 2 %.

Travail à faire

Compte tenu des éléments de l'annexe 2 (page 18), quelle solution va-t-il choisir ?

Exercice 3 Comprendre l'utilité de l'enquête de climat social

Corrigé ○ p. 123

Vous avez été engagé(e) par la société Marcus pour réaliser une enquête de climat social, car il semble que l'entreprise rencontre quelques soucis avec ses salariés. Vous disposez de l'ancienneté du personnel, du taux d'absentéisme et des résultats de l'enquête interne (annexes 3, 4 et 5, pages 18 à 20).

Travail à faire

1. Quels sont les éléments à tester dans une enquête de climat social ?

2. L'enquête qui a été menée correspond-elle à une étude du climat social ? Pourquoi ?

3. Analysez les résultats de l'enquête.

4. Quelles actions pourraient être menées afin d'améliorer le climat social de cette entreprise ?

Exercice 4 Analyser les ventes

Corrigé ○ p. 124

Responsable d'un magasin de micro-informatique, vous disposez d'éléments concernant les ventes de scanners de votre établissement (annexe 6, page 20).

Travail à faire

1. Calculez la marge et les écarts.

2. Analysez les résultats des ventes.

Annexe 1 ○ Comparaison des objectifs et des résultats de l'équipe commerciale

• Performances de M. Berliot pour l'année écoulée :
- ouvertures de comptes courants : 57
- crédits immobiliers : 1 000 000 €
- ventes de cartes bancaires : 60
- ventes de produits d'assurances : 151
- placements : 2 750 000 €

• Objectifs qui lui avaient été fixés :
- ouvertures de comptes courants : 100
- crédits immobiliers : 1 500 000 €
- ventes de cartes bancaires : 80
- ventes de produits d'assurances : 200

Annexe 2 ○ Situation de M. Rémy

À la date de réception de la commande, le solde du compte de M. Rémy s'élève à 8 200 €. Cependant, il a fait des chèques pour un montant de 8 500 € et ses clients lui doivent encore 10 000 €, qu'il recevra avant le 30 janvier N.
En février, il estime qu'il vendra pour 20 000 € et que ses charges s'élèveront à 16 000 €.
En mars, ses clients lui paieront 15 000 € et il aura 13 000 € à régler.
En avril et mai, ses rentrées s'élèveront respectivement à 18 000 € et 13 000 € et ses dépenses à 15 200 € et 9 000 €.
M. Rémy souhaite garder un solde sur son compte bancaire de 7 000 €.

Annexe 3 ○ Ancienneté du personnel

0 – 2 ans	40 %
2 – 5 ans	25 %
5 – 10 ans	15 %
10 – 15 ans	8 %
15 – 20 ans	7 %
+ 20 ans	5 %

Annexe 4 ○ Taux d'absentéisme

Années	Taux
N	17 %
N – 1	14 %
N – 2	15 %
N – 3	12 %
N – 4	10 %
N – 5	5 %

Annexe 5 ○ Résultats de l'enquête de climat social

Conditions de travail

1. Que pensez-vous de votre travail ?

– très intéressant	10 %
– intéressant	20 %
– routinier	40 %
– rébarbatif	30 %

2. Comment pourrait-on l'améliorer ?

– par des horaires plus flexibles	10 %
– en confiant plus de responsabilités aux salariés	10 %
– en améliorant les relations avec les collaborateurs	30 %
– en diversifiant les tâches confiées	50 %

3. Pouvez-vous prendre des décisions dans votre travail ?

– oui	10 %
– non	60 %
– parfois	30 %

4. Votre fonction vous convient-elle ?

– oui	40 %
– non	60 %

5. Qu'est-ce qui vous intéresse le plus dans votre travail ? (plusieurs réponses possibles)

– l'autonomie	10 %
– les responsabilités	20 %
– le contenu du travail	20 %
– les horaires	40 %
– le salaire	30 %
– la possibilité de progression	10 %

6. Êtes-vous motivé ?

– oui	35 %
– non	65 %

Communication

7. Comment jugez-vous l'ambiance dans votre entreprise ?

– bonne	20 %
– tendue	10 %
– conflictuelle	30 %
– mauvaise	40 %

8. Ressentez-vous des problèmes relationnels ?

– oui	50 %
– non	30 %
– parfois	20 %

9. Si oui, de quel ordre ?

– jalousie	50 %
– commérages	30 %
– méfiance	20 %

...

...

10. Entre les différents services, vous trouvez l'ambiance :

– très bonne	10 %
– bonne	10 %
– mauvaise	50 %
– très mauvaise	30 %

11. Comment trouvez-vous la communication dans l'entreprise ?

– inexistante	30 %
– insuffisante	50 %
– bonne	20 %

Formation

12. Pensez-vous que vos compétences sont :

– très bonnes	20 %
– satisfaisantes	20 %
– insuffisantes	40 %
– inadéquates	20 %

13. Ressentez-vous le besoin de vous former ?

– oui	60 %
– non	30 %
– ne sait pas	10 %

14. Si oui, dans quels domaines ? (plusieurs réponses possibles)

– informatique	10 %
– gestion du personnel	10 %
– management	30 %
– gestion commerciale	20 %
– connaissance des produits	40 %
– méthodes de vente	30 %

15. Avez-vous le sentiment que vos supérieurs sont à votre écoute ?

– oui	25 %
– non	55 %
– parfois	20 %

16. Quand vous avez un problème, en parlez-vous avec votre supérieur ?

– toujours	10 %
– parfois	20 %
– rarement	40 %
– jamais	30 %

Annexe 6 ○ Comparaison entre les prévisions et les réalisations

	PRÉVISIONS			RÉALISATIONS		
Produits	Prix de vente unitaire	Coût de revient	Quantités prévues	Prix de vente unitaire	Coût de revient	Quantités vendues
Scanner express	54 €	30 €	1 200	60 €	35 €	1 500
Scanner pro	119 €	60 €	2 800	105 €	65 €	3 000

6 L'organisation du travail

Exercice 1 Comprendre l'utilité de la gestion du temps de travail

Corrigé ➲ p. 125

Lisez le document en annexe 1 (page 22).

Travail à faire

1. Expliquez la citation de Peter Drucker.
2. Expliquez pourquoi l'agenda permettant de visualiser toute la semaine d'un seul coup d'œil est plus efficace.
3. Quels sont les risques de l'agenda électronique ?
4. Pour quelles raisons dit-on qu'un agenda plein à 75 % est complet ?

Exercice 2 Optimiser le nombre de salariés

Corrigé ➲ p. 125

Vous avez été recruté(e) pour mettre en place l'ouverture du magasin Bati+ d'Annecy.
Sachant que :
• le magasin est ouvert du lundi au vendredi de 9 h à 12 h et de 14 h à 19 h et le samedi de 9 h à 19 h sans interruption ;
• les contraintes en personnel sont les suivantes :
– à l'accueil : 1 personne,
– aux caisses : 2 personnes,
– en rayon : 5 personnes,
– en vente traditionnelle : 2 personnes ;
• le personnel administratif travaille du lundi au vendredi, ne peut assumer aucune autre fonction en dehors de la sienne et doit être présent de l'ouverture à la fermeture ;
• le personnel des autres services est polyvalent.

Travail à faire

1. Déterminez le nombre de personnes nécessaires pour ouvrir le magasin.
2. Finalement, le dirigeant de Bati+ n'a pas retenu la solution que vous lui aviez proposée. Il vous demande maintenant d'établir le planning horaire du personnel (annexe 2, page 22) en respectant les consignes suivantes :
   - chaque salarié doit avoir un jour de repos dans la semaine ;
   - Béatrice et Sophie souhaitent avoir leur jour de repos le samedi, Sylvie le vendredi, Grégory le jeudi et Agnès le mercredi. Les autres salariés n'ont pas de souhait particulier ;
   - Julie est en formation le mardi et le mercredi ;
   - le directeur souhaite qu'une personne du service administratif soit présente le samedi, de l'ouverture à la fermeture du magasin.
3. Que pensez-vous de l'organisation de l'équipe ?

Annexe 1 ○ Bien gérer son agenda

« Le temps est le capital le plus rare, et si on ne sait pas le gérer, alors on ne sait gérer rien d'autre » (Peter Drucker). Si cette citation vous rappelle certaines de vos journées de travail, vous avez tout à gagner à faire de votre agenda votre copilote au quotidien !

Quel agenda choisir ?

[...] Il se doit avant tout d'être pratique et facilement consultable. « La forme la plus efficace est en général celle qui permet de voir toute la semaine d'un seul coup d'œil », explique Bruno Savoyat, consultant. [...]

Papier ou électronique ?

Vous avez décidé d'abandonner le traditionnel agenda papier pour vous convertir à l'agenda électronique ou PDA (*Personal Digital Assistant*) ? Mieux vaut en maîtriser tous les arcanes. [...]

Évitez l'*overbooking*.

Rendez-vous, réunions, voyages, préparation de projets... Veillez à ne pas surcharger votre emploi du temps [...] « Attention : lorsque votre agenda est plein à 75 %, il affiche complet », prévient Bruno Savoyat.

N. Garadji, www.france5.fr.

Annexe 2 ○ Planning horaire de Bati+

Tâches	Lundi		Mardi		Mercredi		Jeudi		Vendredi		Samedi		Total heures
	Matin	Après-midi	Matin	Après-midi	Matin	Après-midi	Matin	Après-midi	Matin	Après-midi	Matin	Après-midi	
Administratif													
Béatrice													35
Sophie													35
Cécile													35
Accueil													
Sylvie													35
Caisses													
Agnès													32
Odile													24
Vente traditionnelle													
Sandrine													35
Laetitia													35
Rayons													
Pascal													35
Nicolas													35
Grégory													35
Ludovic													35
Dominique													35
Marie													35
Julie													35
Julian													35

7 Les objectifs commerciaux et le contrôle de l'équipe commerciale

Exercice 1 Comprendre et utiliser un tableau de bord

Corrigé ◘ p. 127

La Banque directe est nouvelle sur le marché bancaire. Elle souhaite développer son portefeuille de clients et, pour cela, suit de manière rigoureuse les résultats de ses commerciaux. Ceux-ci doivent fournir régulièrement des tableaux de bord qui sont ensuite analysés par la direction de l'agence. Vous disposez en annexes 1 et 2 (pages 23 et 24) du dernier tableau de bord fourni par votre équipe commerciale.

Travail à faire

Chargé(e) du suivi des performances de votre équipe, vous devez effectuer les tâches suivantes.

1. Calculez le pourcentage de réalisation des objectifs.

2. Expliquez ce tableau de bord et commentez-le.

3. Donnez votre avis sur les performances de l'agence.

Exercice 2 Fixer des objectifs de vente

Corrigé ◘ p. 128

La société Prissette est spécialisée dans l'installation de chauffage central et de sanitaire. Sa clientèle est composée de particuliers, de collectivités locales, d'administrations, de PME et d'artisans.
Vous avez été embauché(e) à la société Prissette il y a un mois en tant que directeur(trice) adjoint(e) et vous êtes particulièrement chargé(e) de vous occuper des particuliers, des PME et des artisans.
L'objectif global de chiffre d'affaires de la société Prissette se monte pour l'année à venir à 233 000 €. Cet objectif doit être réparti entre les différents secteurs de vente, sachant que les ventes de chauffage central représentent 65 % du chiffre d'affaires, et celles du sanitaire, 35 %.

Travail à faire

À partir des annexes 3 et 4 (page 24) :

1. Calculez pour chaque secteur de vente l'objectif de chiffre d'affaires à réaliser.

2. Précisez comment ce type de prévision pourrait être amélioré.

Annexe 1 ◘ Tableau de bord de la Banque directe

Produits bancaires	Ouvertures					Versements				
	Semaine	Mois	Cumul	Objectifs	% réalisation	Semaine	Mois	Cumul	Objectifs	% réalisation
Crédits à la consommation	5	8	8	101		70	83		1 000	
Crédits étudiants	0	0	0	6		0	0		35	
Crédits revolving	0	0	0	0		0	0		141	
Total prêts personnels	5	8	8	107		70	83	0	1 176	
Prêts immobiliers	0	0	0	40		0	53	53	2 502	

Annexe 2 ○ Tableau de bord de la Banque directe (suite)

Semaine du 17/01/N au 23/01/N

		Semaine	Mois	Cumul	Objectifs	% réalisation
Assurances	Donation	3	15	15	51	
	PERP	14	28	28	79	
	Santé	8	11	11	94	
	Vie	0	3	3	25	
Total I		**25**	**57**	**57**	**249**	
Cartes	Visa	– 1	– 4	– 4	57	
	Eurocard	– 3	– 5	– 5	60	
	Tribal	0	0	0	56	
Packages	1re gamme	0	0	0	7	
	2e gamme	2	1	1	26	
	Supérieur	– 2	1	1	30	
	Luxe	– 3	– 4	– 4	20	
	Professionnels	0	0	0	4	
Total II		**– 7**	**– 11**	**– 11**	**260**	
Assurances diverses	Automobile	5	11	11	40	
	Habitation	3	8	8	50	
	Accidents de la vie	0	1	1	35	
	Protection juridique	5	11	11	50	
Total III		**13**	**31**	**31**	**175**	

Annexe 3 ○ Les secteurs de vente de la société Prissette

Secteurs	Nord	Savoie	Bretagne	Sud-Ouest
Code	01	02	03	04
Départements	59 62 02	73 74	22 29 35	30 31 32 34
Nom du responsable secteur	Demerval	Decamps	Stos	Depreux

Annexe 4 ○ Chiffre d'affaires 2005 de la société Prissette

Secteurs	CA total HT	Particuliers	Collectivités locales	Administrations	PME	Artisans
01	54 238	3 700	3 463	27 120	7 950	12 005
02	23 549	2 549	5 000	9 420	3 620	2 960
03	49 752	841	12 450	20 750	10 007	5 704
04	51 874	8 372	6 720	15 562	12 720	8 500
Total	179 413	15 462	27 633	72 852	34 297	29 169

8 La constitution de l'équipe commerciale

Exercice 1

Corrigé ➲ p. 130

Recruter un franchisé

Le directeur mercatique de l'enseigne Phildar souhaite développer son réseau de franchise.

Travail à faire

1. En vous aidant des annexes 1 et 2 (pages 25 et 26), mettez en évidence le profil type d'un responsable de magasin Phildar.

2. Proposez des moyens permettant le recrutement de nouveaux responsables de magasin.

Exercice 2

Corrigé ➲ p. 130

Rédiger une offre d'emploi

Vous êtes responsable du département vente d'un magasin IKEA. Vous avez besoin de recruter un nouveau vendeur. Vous décidez d'utiliser le site de votre enseigne.

Travail à faire

En vous aidant des annexes 3 et 4 (page 26), rédigez la petite annonce qui sera insérée sur le site www.ikea.fr.

Exercice 3

Corrigé ➲ p. 132

Sélectionner un candidat

Vous êtes responsable d'une boutique de Béthune (62) commercialisant des chemises pour homme. Une de vos vendeuses travaillant en CDI (35 heures) vous quitte (elle suit son conjoint et quitte la région). Vous avez besoin de la remplacer. Vous avez passé une petite annonce dans le quotidien régional. Après un premier tri des candidatures reçues, vous avez sélectionné 3 personnes (annexe 6, page 27). Vous les avez reçues en entretien (annexe 7, page 28).

Travail à faire

Sélectionnez le candidat qui vous paraît correspondre le mieux au poste à pourvoir (annexe 5, p. 27).

Annexe 1 ➲ Phildar

Phildar est une enseigne de mode féminine dont le cœur de métier est la maille en prêt-à-porter et en fil à tricoter. Phildar s'adresse en priorité aux femmes de 40 ans féminines et actuelles.
Les atouts de Phildar sont sa notoriété, sa réputation de qualité, sa créativité et sa connaissance des matières. Un magasin Phildar se veut accessible, chaleureux, féminin… et marchand. Un espace qui réunit harmonieusement l'offre de prêt-à-porter et de fil à tricoter dans une ambiance moderne, féminine et colorée. Un magasin Phildar est un magasin plaisir où les femmes se sentent bien, où elles peuvent apprécier les valeurs d'accueil et de conseil qui font la réputation de Phildar.

www.franchise-commerce.fr

Annexe 2 ○ Descriptif du poste de responsable de magasin Phildar

Moteur dans le développement du CA, vous vous appuyez sur votre savoir-faire commercial et sur votre équipe pour faire progresser les résultats du magasin.
Vos axes d'action sont :

– **le commerce** : vous êtes garant du concept et faites respecter les normes de présentation et de mise en valeur des produits. Vous contribuez activement à l'accueil de nos clientes et à la vente des produits ;

– **le management** : vous organisez l'activité de l'équipe, la recrutez, la fédérez, la formez, la motivez et la faites grandir ;

– **la gestion** : vous vous appuyez sur les outils existants pour gérer les stocks, analyser les ventes, proposer et mettre en place des actions correctives.

www.phildar-recrute.com

Annexe 3 ○ IKEA

La polyvalence et le sens du client

Nous passons beaucoup de temps chaque jour sur les surfaces de vente pour écouter les besoins ou remarques de nos clients. Nous approfondissons aussi les caractéristiques et les avantages de l'assortiment. C'est par cet investissement que la vente peut être force de propositions pour les agencements et les ambiances.

Les impératifs de la vente

En émulation permanente, la vente nécessite un grand professionnalisme et une forte capacité à décliner le concept IKEA (*design* démocratique).
Votre mission ? Faire découvrir à nos clients des zones agréables à regarder, bien présentées, attractives et des articles bien étiquetés.

Notre idée des affaires

Nous nous devons de proposer une vaste gamme d'articles d'ameublement, esthétiques et fonctionnels, à de si bas prix que le plus grand nombre pourra les acheter.

www.ikea.fr

Annexe 4 ○ Ils vous en parlent

Nils, 26 ans, vendeur Vaisselle de table :
« On ne saute pas sur le client. On sait se retirer pour lui laisser le temps de réfléchir… C'est parce qu'il n'y a pas de compétition inutile entre vendeurs qu'on peut tous se serrer les coudes. »

Sadia, 43 ans, vendeuse Cuisine :
« C'est agréable de vendre des produits agréables à regarder, c'est beau ! Même le magasin est un produit à part entière qu'il faut entretenir… C'est un travail de fond, on cherche en permanence à valoriser le bon produit au bon endroit au bon moment. »

www.ikea.fr

Annexe 5 ○ Descriptif du poste de vendeur(se) (extrait)

Compétences techniques
– Recevoir et accueillir les clients dans le magasin.
– Rechercher les besoins du client.
– Présenter les articles correspondant aux besoins exprimés et au style de la personne.
– Conseiller les personnes hésitantes et les aider ou les conforter dans leur choix en pressentant les produits qui pourraient leur convenir.
– Faire procéder à l'essayage et dispenser un avis professionnel et honnête au client en intégrant dans son argumentaire des notions techniques afin de montrer votre professionnalisme.
– Proposer des articles et accessoires complémentaires.
– Conclure la vente.

Compétences liées et associées au poste
– Connaître la composition des différents articles et leur spécificité d'entretien afin d'en informer la clientèle.
– Posséder des notions d'étalagiste.
– Participer à la gestion des stocks, contrôler l'assortiment des différents articles et proposer des commandes de réapprovisionnement.
– Participer à la réception des marchandises, comptabiliser et vérifier leur conformité par rapport au bon de livraison, les étiqueter et les mettre en rayon ou en réserve.
– Maîtriser le système de caisse.
– Prendre des initiatives.

Annexe 6 ○ CV des candidats retenus

Corinne TOUZARD
22 rue Gambetta – 62400 Béthune
née le 12/04/1992
Tél. : 06-87-77-87-69 **Vendeuse**

Expérience professionnelle :
2009-2012 : Vendeuse chez Camaïeu (vente-conseil, mise en rayon des produits)
Formation : Juin 2009 : BEP vente action marchande
Loisirs : Lecture, cinéma

Fabienne GALLOIS
12 rue Prévost – 62400 Béthune
03-21-20-54-62
Née le 03/09/1991

Dynamique et motivée, je souhaite travailler au contact du client

■ ***Formation :***
Juin 2013 : BTS Management des unités commerciales
Juin 2011 : Bac STT, option Action et Communication commerciales
■ ***Expérience professionnelle :***
Janvier 2012 à mai 2013 : stage de 14 semaines au sein de la BNP
Juillet-août 2013 : intérim à Auchan rayon légumes
■ ***Divers :*** Shopping, musique et cinéma

Nicolas LEROY – 555 bd Jean Moulin – 62400 Béthune
06-25-82-64-56 – e-mail : nicolleroy@free.fr
Né le 06/06/93

Ma passion pour la mode au service de votre entreprise !

• *Expérience professionnelle*
Depuis le 01/09/2013 : Vendeur chez H&M (CDD 4 mois, 20 h/semaine)
2011-2012 : Vendeur chez Jules (temps partiel, 10 h/semaine)

• *Formation*
– Depuis septembre 2012 : Licence Anglais (Université de Lille)
– Juin 2012 : Bac STT (Sciences et Technologies tertiaires), option Action et Communication commerciales

• *Centres d'intérêt*
Passionné par la mode

Annexe 7 ○ Grilles d'entretien des trois candidats

Nom du candidat : Corinne TOUZARD

	☺	☹
Tenue	✗	
Sourire	✗	
Élocution	✗	
Richesse du vocabulaire		✗
Clarté du discours	✗	
Sens du contact relationnel	✗	
Souplesse d'adaptation (hiérarchie, poste)	✗	
Écoute, conseil, sens pédagogique	✗	
Contrôle émotionnel, tolérance à la frustration, patience	✗	
Dynamisme, énergie et endurance	✗	
Capacité à s'engager dans l'acte de vente	✗	
Conscience professionnelle et sens de la qualité	✗	
Sens de l'organisation	✗	
Sens du respect et du suivi des procédures	✗	
Goût de la performance	✗	
Capacité à gérer les priorités		✗
Prise de recul	✗	
Capacité à se remettre en question	✗	
Autonomie	✗	
Capacité à évoluer		✗
Motivation poste/entreprise	✗	
Esprit d'équipe	✗	
Ambition		✗
Disponibilité	✗	

Nom du candidat : Nicolas LEROY

	☺	☹
Tenue	✗	
Sourire	✗	
Élocution	✗	
Richesse du vocabulaire	✗	
Clarté du discours	✗	
Sens du contact relationnel	✗	
Souplesse d'adaptation (hiérarchie, poste)	✗	
Écoute, conseil, sens pédagogique	✗	
Contrôle émotionnel, tolérance à la frustration, patience		✗
Dynamisme, énergie et endurance	✗	
Capacité à s'engager dans l'acte de vente	✗	
Conscience professionnelle et sens de la qualité	✗	
Sens de l'organisation		✗
Sens du respect et du suivi des procédures	✗	
Goût de la performance	✗	
Capacité à gérer les priorités		✗
Prise de recul		✗
Capacité à se remettre en question	✗	
Autonomie	✗	
Capacité à évoluer	✗	
Motivation poste/entreprise	✗	
Esprit d'équipe	✗	
Ambition	✗	
Disponibilité	✗	

Nom du candidat : Fabienne GALLOIS

	☺	☹
Tenue	✗	
Sourire	✗	
Élocution	✗	
Richesse du vocabulaire	✗	
Clarté du discours	✗	
Sens du contact relationnel	✗	
Souplesse d'adaptation (hiérarchie, poste)	✗	
Écoute, conseil, sens pédagogique	✗	
Contrôle émotionnel, tolérance à la frustration, patience		✗
Dynamisme, énergie et endurance	✗	
Capacité à s'engager dans l'acte de vente		✗
Conscience professionnelle et sens de la qualité	✗	
Sens de l'organisation		✗
Sens du respect et du suivi des procédures	✗	
Goût de la performance	✗	
Capacité à gérer les priorités		✗
Prise de recul		✗
Capacité à se remettre en question	✗	
Autonomie	✗	
Capacité à évoluer	✗	
Motivation poste/entreprise		✗
Esprit d'équipe	✗	
Ambition	✗	
Disponibilité	✗	

9 L'évaluation et la valorisation du potentiel de l'équipe commerciale

Exercice 1

Corrigé ➲ p. 132

Évaluer le besoin en formation

Jeune manageur au rayon téléphonie mobile de l'hypermarché Atoutprix, vous êtes à la tête d'une équipe de trois vendeurs. Le rayon est en pleine croissance et vous souhaitez développer l'efficacité de votre équipe commerciale.

Travail à faire

1. À partir de l'annexe 1 (page 30), évaluez l'efficacité des trois vendeurs en effectuant les calculs que vous jugerez utiles.

2. Préconisez les actions à entreprendre pour améliorer les performances de chacun d'eux.

Exercice 2

Corrigé ➲ p. 133

Évaluer des conseillers clientèle

Le magasin de bricolage BricoSuper a mis en place des fiches de suivi individuel de ses vendeurs. Le responsable du secteur sanitaires, Romain Dutil, a procédé au bilan annuel de Candice Brunoit (vendeuse depuis 12 mois) et Raphaël Dino (vendeur depuis 6 mois). Il vous présente leurs fiches de suivi individuel (annexe 2, page 30).

Travail à faire

1. Réalisez le diagnostic sur l'activité des deux vendeurs.

2. Quelles solutions préconisez-vous pour valoriser le potentiel des deux conseillers ?

Exercice 3

Corrigé ➲ p. 134

Mettre en place une procédure d'évaluation

Vous assistez M. Lefort, manageur du secteur frais d'un supermarché. Vous constatez que les procédures d'évaluation de l'équipe préconisées par l'enseigne ne sont pas systématiquement appliquées dans le magasin.
Actuellement, quelques indications sont notées sur une fiche bilan. Le plus souvent, les responsables de rayon donnent des consignes et font des remarques orales aux employés, lors des réunions irrégulières de l'équipe.

Travail à faire

1. Analysez la fiche bilan (annexe 3, page 31) utilisée actuellement pour le suivi individuel des employés.

2. Proposez, en les justifiant, les indicateurs que vous jugez pertinents pour suivre les performances individuelles des membres de l'équipe.

3. Concevez un modèle de fiche de suivi individuel.

Exercice 4 Choisir et évaluer une formation

Corrigé ○ p. 135

L'entretien d'évaluation des deux vendeurs de BricoSuper a révélé la nécessité d'une formation sur les techniques de vente. Le manageur, M. Dutil, a reçu des informations à ce sujet (annexe 5, page 32).

Travail à faire

1. Conseillez M. Dutil sur la formation à retenir.

2. Évaluez les coûts induits de cette formation (annexes 4 et 5, page 32).

Annexe 1 ○ Fiches de suivi des vendeurs

	Nombre de clients rayon	Nombre de clients engagés[1]	Nb de clients intéressés par un tél. portable	Nombre de clients argumentés[2]	Nombre de tél. portables vendus	Objectifs	Écarts sur objectifs
Emma		720	360	288	55	60	– 5
Fabien		554	277	88	35	60	– 25
Claire		660	340	222	44	60	– 16
	2 520	1 934	977	598	134	180	– 46

1. Le client est pris en charge par le vendeur (salue et propose ses services).
2. Le vendeur argumente auprès des clients intéressés par un téléphone portable.

Annexe 2 ○ Fiches de suivi individuel

BricoSuper

Fiche de suivi individuel vendeur

Nom : Brunoit
Prénom : Candice

Formation : BTS MUC
Ancienneté : 12 mois

	☹☹	☹	☺	☺☺
Entretien client				
Prise en charge du client				✗
Écoute des besoins				✗
Traitement de la demande			✗	
Explications au client			✗	
Réponses aux questions			✗	
Mise en place du contrat de vente client		✗		
Vérification de la compréhension du client		✗		
Suivi client et fidélisation		✗		
Attitude et comportement du conseiller				
Souriant				✗
Aimable				✗
Fait preuve d'empathie			✗	
Organisé		✗		
Dynamisme				✗

Observations : Très bon contact clients, volonté de bien faire, souhaite évoluer rapidement.

Annexe 2 ○ Fiches de suivi individuel (suite)

BricoSuper

Fiche de suivi individuel vendeur

Nom : Dino
Prénom : Raphaël

Formation : Bac pro services
Ancienneté : 6 mois

	☹☹	☹	☺	☺☺
Entretien client				
Prise en charge du client				✗
Écoute des besoins		✗		
Traitement de la demande			✗	
Explications au client		✗		
Réponses aux questions		✗		
Mise en place du contrat de vente client				✗
Vérification de la compréhension du client			✗	
Suivi client et fidélisation		✗		
Attitude et comportement du conseiller				
Souriant		✗		
Aimable			✗	
Fait preuve d'empathie		✗		
Organisé				✗
Dynamisme		✗		

Observations : Très bon niveau en informatique, quelques difficultés d'intégration à l'équipe, rigoureux dans son travail.

Annexe 3 ○ Fiche bilan de suivi individuel

Nom : Nicole VAILLANT **Fonction :** Vendeuse spécialisée

Dates	Observations
18/01/N	*Mauvais résultat d'inventaire : démarque totale de 10 % (préconisation de 6 %)*
23 février	*A travaillé sans gants toute la matinée !*
05/03/N	*La palette de marchandises qu'elle est chargée de mettre en rayon traîne plus de 2 heures en zone non réfrigérée !*
12/05/N	*Les couteaux n'ont pas été lavés hier soir.*
02/06/N	*Les objectifs de chiffre d'affaires ne sont pas atteints.* *Pas de mise en avant suffisante de la salade de museau en promotion.*
03/06/N	*À la suite de ma remarque sur le museau, Nicole essaie de se décharger de sa responsabilité sur Céline. Comme si c'était à la petite étudiante à temps partiel de s'occuper de ça. Violente dispute entre Nicole et Céline. Devant la clientèle !!!*

Annexe 4 ○ Données comptables

Le salaire d'un vendeur est de 1 600 € bruts par mois.

On estime qu'un vendeur présent en rayon génère une augmentation du chiffre d'affaires de 25 %.

Le chiffre d'affaires mensuel moyen du secteur sanitaires est de 212 500 €.

Le magasin est ouvert six jours sur sept.

Annexe 5 ○ Solutions de formations

❶ La vente en magasin

Acquérir ou renforcer sa culture commerciale sur un point de vente (PDV).
Optimiser l'accueil client, maîtriser la prise de contact, créer un climat convivial.

Appréhender les techniques d'argumentation, présenter son produit, gérer positivement les objections.
Engager son client dans une prise de décision.

Contenu :
- L'accueil et la prise de contact.
- Rechercher les besoins et les motivations.
- Présenter son produit.
- Répondre aux objections.
- Conclure sa vente.

Durée : 3 jours.

Lieu : Paris.

Prix HT par stagiaire : 850 €

Public : vendeurs en magasin, agence, PDV.

Méthodes pédagogiques :
- Apports théoriques.
- Réflexions de groupe guidées par l'animateur.
- Questionnaires et tests.

❷ Vendre avec succès

Rôle et impact du vendeur.
Sélectionner les arguments les mieux adaptés.

Établir une bonne relation avec son client :
Communiquer avec son client.
Écoute active et empathie.
Questionnement.

Comprendre son client :
Développer une relation de qualité.
Réussir sa prise de contact.
Savoir questionner.
Identifier les non-dits.
Comprendre l'importance du non-verbal.

Identifier les besoins de son client pour mieux vendre :
Réussir sa phase de découverte.
Savoir reformuler.
Découvrir les besoins du client.

Connaître les produits :
Savoir structurer ses arguments.

Répondre aux objections :
Comprendre les objections.
Faire adhérer le client.

Conclure la vente :
Poser des jalons pour préparer sa conclusion.
Cultiver la fidélité.
Organiser ses dossiers clients et assurer le suivi.

Durée : 2 jours.

Prix HT par stagiaire : 975 €.

Lieu : Argenteuil.

Pédagogie : Infos + échanges avec les participants. Travail par atelier à partir d'études de cas. Jeux de rôles. Un support de cours pédagogique est remis au stagiaire.

10 La rémunération de l'équipe commerciale

Exercice 1 — Savoir calculer la rémunération des salariés

Corrigé ○ p. 136

Mme Michèle Henniaux est commerciale dans une banque depuis quinze ans. Elle a régulièrement progressé dans la hiérarchie et occupe la fonction de conseillère de clientèle.
Elle est rémunérée de la manière suivante :
- un salaire fixe ;
- une prime sur objectifs individuels ;
- une prime sur objectifs collectifs, si l'ensemble du personnel de l'agence a réalisé ses objectifs ;
- un intéressement sur le résultat.

Mme Henniaux a réalisé, pour l'année N, les chiffres suivants :
- ouvertures de comptes courants : 70 ;
- livrets : 100 ;
- prêts immobiliers : 900 000 ;
- cartes bancaires : 150.

L'équipe commerciale a réalisé à 80 % ses objectifs d'ouvertures de comptes, à 100 % ses objectifs de livrets et à 40 % ceux des prêts.

Travail à faire

À partir de l'annexe 1 (pages 33 et 34) et sachant que l'ensemble des primes est versé fin décembre, calculez le salaire du mois de décembre de Mme Henniaux.

Exercice 2 — Comprendre l'intérêt de l'entretien d'évaluation

Corrigé ○ p. 136

L'annexe 2 (page 34) traite de l'entretien d'évaluation des salariés et de son utilité.

Travail à faire

Après avoir lu l'annexe 2, répondez aux questions suivantes.

1. Quelle est l'utilité de l'entretien d'évaluation ?

2. Combien d'entretiens sont obligatoires chaque année ?

3. À quelles conditions cet entretien permet-il de négocier des augmentations de salaire ?

4. À quelles conditions le manageur pourra-t-il accorder les augmentations sollicitées ?

Annexe 1 ○ Documents nécessaires au calcul des salaires

Grille salariale
Salaire annuel brut : indice de base
Guichetier : 1 200 € × 12
Conseiller : 1 500 € × 12
Gestionnaire de patrimoine : 1 800 € × 12
Personnel de direction : 2 000 € × 12

Objectifs individuels annuels	Ouverture de comptes courants	Livrets	Prêts immobiliers	Cartes bancaires
Guichetiers vendeurs	40	70	1 100 000 €	120
Conseillers	50	80	1 000 000 €	260
Gestionnaires de patrimoine	30	100	2 000 000 €	400

…

Annexe 1 ○ Documents nécessaires au calcul des salaires (suite)

Prime sur objectifs individuels

Fonctions	Ouvertures comptes courants			Livrets			Prêts immobiliers			Cartes bancaires		
	Réalisé	Atteint à 80 %	Atteint à moins de 80 %	Réalisé	Atteint à 80 %	Atteint à moins de 80 %	Réalisé	Atteint à 80 %	Atteint à moins de 80 %	Réalisé	Atteint à 80 %	Atteint à moins de 80 %
Guichetier	1 000	700	0	1 000	600	0	1 000	500	0	1 000	500	0
Conseiller	1 200	800	0	1 200	800	0	2 000	1 500	0	1 200	700	0
Gestionnaire de patrimoine	800	300	0	1 500	700	0	3 000	2 000	0	1 500	1 000	0

Prime sur objectifs collectifs

	Réalisations à			
	100 %	80 %	50 %	0 %
Ouvertures de comptes courants	1 000	800	500	0
Livrets	1 000	700	400	0
Prêts immobiliers	1 200	800	500	0

Annexe 2 ○ Une nouvelle vie pour l'entretien d'évaluation

[…] Dans beaucoup d'entreprises, aujourd'hui, les entretiens d'évaluation sont mal faits ou n'ont pas lieu. Les manageurs n'y voient qu'une perte de temps et les collaborateurs, une occasion de recevoir des critiques sur leur travail, au lieu de l'augmentation espérée. […] Au lieu d'évaluer le travail et les comportements de chacun à la fin de l'année, à partir d'une grille de critères plus ou moins adaptés à chaque métier, certaines entreprises initialisent le processus en début d'année par un entretien de **définition des objectifs**. Le collaborateur reçoit toutes les informations nécessaires (objectifs du service, de l'entreprise, moyens disponibles, etc.) pour élaborer ses propres objectifs professionnels pour l'année à venir, y réfléchir, les écrit sur un formulaire et les envoie à son supérieur hiérarchique, avant d'avoir un entretien avec ce dernier. Le but de cet entretien est de définir les objectifs du collaborateur pour l'année à venir, assortis de critères de réussite mesurables et écrits, les actions à mettre en place pour les atteindre, les moyens nécessaires pour les réaliser, en particulier la formation, et de bâtir un plan d'action commun pour atteindre les objectifs fixés. Il est suivi de deux autres types d'entretiens :

- Au moins un entretien de **suivi** au milieu de l'année pour vérifier que les objectifs sont toujours d'actualité et les revoir si nécessaire et vérifier que le collaborateur suit son plan d'action. Si le collaborateur rencontre des difficultés, le manageur va l'aider à réfléchir, à trouver des ressources et des solutions pour les résoudre. Dans ce cas, il peut y avoir autant d'entretiens de suivi que nécessaire.
- Un entretien de **bilan** en fin d'année pour valider les résultats obtenus et en tirer les leçons utiles pour l'année suivante. Cet entretien permet de mesurer les apports effectifs de chaque collaborateur à l'entreprise et l'évolution de ses compétences. Une évaluation formelle, avec l'attribution d'une note, peut être réalisée à cette occasion. Beaucoup de collaborateurs le souhaitent parce qu'ils espèrent que cela va les aider à négocier des primes ou des augmentations de salaire. Cela présente [un] inconvénient : lorsque l'entreprise a peu d'augmentation à distribuer, l'entretien de bilan, au lieu d'être une rampe de lancement stimulante pour l'année suivante, devient un lieu de frustration qui peut remettre tout le processus en cause, pour certains collaborateurs.

Journal du management.

11 Le management de projet

Exercice 1 — Organiser une formation

Corrigé ➲ p. 137

M. Godo est responsable du magasin Chooz de Compiègne. Il est aussi responsable de la formation des nouveaux manageurs. Il est chargé par son siège d'organiser une formation auprès des futurs responsables de point de vente Chooz. L'organisation de cette formation ne s'improvise pas. Il décide de lister les différentes tâches nécessaires au bon déroulement de la journée de formation (annexe 1, page 36).

Travail à faire

1. Représentez l'enchaînement des tâches dans un diagramme de GANTT (complétez l'annexe 2, page 36).

2. Déterminez le temps nécessaire à l'organisation de la journée de formation.

Exercice 2 — Organiser l'ouverture d'un commerce franchisé

Corrigé ➲ p. 138

Le succès de son enseigne de bijoux fantaisie dans l'ouest de la France incite Mme Stephan à se développer sur l'ensemble du territoire. Pour limiter les risques, elle décide d'opter pour la franchise. Elle établit un planning recensant les étapes préalables à l'ouverture d'une boutique (annexe 3, page 37).

Travail à faire

1. Déterminez l'ordre et l'antériorité des tâches (complétez l'annexe 4, page 37).

2. Tracez le graphe PERT.

3. Indiquez les dates au plus tôt et les dates au plus tard sur ce graphe.

4. Faites apparaître le chemin critique.

5. Calculez les marges possibles pour chaque tâche (complétez l'annexe 5, page 37).

6. En quel temps minimum ce projet pourra-t-il être réalisé ?

Exercice 3 — Prévoir l'organisation d'une opération commerciale

Corrigé ➲ p. 139

Le mois de janvier est une période très importante pour le rayon textile de la maison de l'hypermarché Hyperprix. En effet, l'opération commerciale « Blanc » génère 40 % du chiffre d'affaires annuel du rayon. M. Griblanc, chef de rayon, connaît l'importance d'une organisation sans faille pour que cette opération soit un succès. Il a listé les tâches à réaliser ainsi que leur durée en annexe 6 (page 38).

Travail à faire

1. Représentez l'enchaînement des tâches par la méthode PERT.
2. Déterminez le chemin critique et indiquez la durée minimale de réalisation du projet.
3. M. Griblanc redoute des difficultés sur la préparation de la surface de vente. En effet, le démontage de l'opération commerciale précédente devrait être plus long que prévu et porterait la durée de 2 jours à 4 jours. Indiquez l'incidence sur la durée globale du projet de l'allongement de la durée de la tâche M.

Annexe 1 ○ Organisation de la journée de formation Chooz

Code de la tâche	Désignation de la tâche	Durée en jours	Tâches antérieures
A	Récupération de la liste des participants	1	–
B	Élaboration du programme de la journée	1	A
C	Conception de la lettre de convocation	1	B
D	Envoi de la lettre de convocation	1	C
E	Préparation du PowerPoint de l'intervention	2	B
F	Réservation d'une salle de réunion	1	B
G	Impression des éléments à donner aux participants	15	E
H	Constitution du dossier remis aux participants	1	G
I	Choix d'un restaurant	2	F
J	Réservation du restaurant	1	

Annexe 2 ○ Diagramme de GANTT pour l'organisation de la formation Chooz

Désignation de la tâche	Durée	Antériorité	1	2	3	4	5	6	7	8	9	10	11	12	13	14	15	16	17	18	19	20
A. Récupération de la liste des participants	1 j.	–																				
B. Élaboration du programme de la journée	1 j.	A																				
C. Conception de la lettre de convocation	1 j.	B																				
D. Envoi de la lettre de convocation	1 j.	C																				
E. Préparation du PowerPoint de l'intervention	2 j.	B																				
F. Réservation d'une salle de réunion	1 j.	B																				
G. Impression des éléments à donner aux participants	15 j.	E																				
H. Constitution du dossier remis aux participants	1 j.	G																				
I. Choix d'un restaurant	2 j.	F																				
J. Réservation du restaurant	1 j.	I																				

Annexe 3 ◯ Liste des tâches pour l'ouverture d'un magasin franchisé

Code de la tâche	Désignation de la tâche	Durée en jours	Tâches antérieures
A	Commande de l'équipement (mobilier et matériel informatique)	20	–
B	Recrutement (annonce, réception et tri des candidatures)	30	–
C	Détermination du plan de communication	10	–
D	Installation du mobilier et de l'équipement du magasin	3	A
E	Entretien et sélection des candidats	3	B
F	Formation du personnel sélectionné en magasin	3	D, E
G	Choix et réservation des réseaux d'affichage	30	C
H	Commande des affiches, dépliants publicitaires et traiteur	15	G
I	Animation : distribution des dépliants sur la zone de chalandise	4	F, H
J	Commande, réception et mise en place des produits	10	D
K	Décoration du point de vente	7	F, J
L	Cocktail d'ouverture	1	I, K

Annexe 4 ◯ Tableau d'antériorité des tâches

Tâches antérieures obligatoirement terminées	Tâches	Tâches immédiatement postérieures
–	A	
–	B	
–	C	
A	D	
B	E	
D, E	F	
C	G	
G	H	
F, H	I	
D	J	
F, J	K	
I, K	L	

Annexe 5 ◯ Calcul des marges

Tâches	Date de début au plus tôt	Date de fin au plus tard	Durée de la tâche	Marge totale
A			20	
B			30	
C			10	
D			3	
E			3	
F			3	
G			30	
H			15	
I			4	
J			10	
K			7	
L			1	

Annexe 6 ○ Liste des tâches pour l'organisation de l'opération « Blanc »

Tâche	Contenu	Durée en jours	Tâches antérieures
A	Réception de la liste des produits blancs	1	–
B	Planification de l'organisation du magasin (réunion magasin et secteur)	2	–
C	Identification des besoins humains	1	A
D	Recrutement (si nécessaire)	2	C
E	Réception des produits blancs	8	A
F	Création des prix	2	E
G	Édition des étiquettes prix	1	F
H	Réunion de rayon équipe textile de la maison	1	A, B
I	Préparation des affiches manuelles	1	G
J	Formation des extras (le cas échéant)	2	D, H
K	Réception de la PLV centrale (envoyée par la centrale)	1	E
L	Évaluation de la couverture permise par les stocks	1	E
M	Préparation de la surface de vente pour implanter les produits blancs	2	B, E, J
N	Préparation des têtes de gondole	2	M
O	Implantation des produits blancs	3	M, N
P	Pose des étiquettes linéaires, affiches et PLV	2	G, I, K, O
Q	Création de l'ambiance du magasin	2	P

12 Le cycle d'exploitation

Exercice 1

Corrigé ➲ p. 140

Analyser les opérations de l'unité commerciale en terme d'emplois et de ressources

L'unité commerciale Bricotou est spécialisée dans la distribution d'articles de bricolage. Son manageur souhaite que vous analysiez les opérations de novembre N en termes d'emplois et de ressources.

Travail à faire

Complétez le tableau d'emplois et de ressources (annexe 1, page 40).

Exercice 2

Corrigé ➲ p. 140

Retrouver les différents types de flux de l'unité commerciale

L'unité commerciale Karmin a effectué plusieurs opérations pour le mois de décembre N.

Travail à faire

Indiquez la nature des flux dans le tableau fourni en annexe 2 (page 40) : notez R pour flux réel ou M pour monétaire, E pour entrant ou S pour sortant, Exp. pour exploitation ou Inv. pour investissement, Emp. pour emploi ou Res. pour ressource.

Exercice 3

Corrigé ➲ p. 141

Analyser le cycle d'exploitation et le besoin en fonds de roulement

La société Infocom commercialise du matériel informatique auprès des entreprises. Son directeur vous fournit les données comptables suivantes : créances clients : 73 650 € ; dettes fournisseurs : 235 900 € ; dettes fiscales et sociales : 32 700 € ; stocks de marchandises : 45 850 €.

Travail à faire

1. Calculez le besoin en fonds de roulement (BFR).

2. Commentez les résultats obtenus.

Exercice 4

Corrigé ➲ p. 141

Déterminer et analyser le besoin en fonds de roulement

Du bilan de l'exercice comptable N de l'entreprise Lesage, on tire les renseignements suivants :
- stocks de marchandises : 216 000 € ;
- dettes fournisseurs : 115 700 € ;
- créances clients : 317 000 € ;
- dettes fiscales et sociales : 55 300 €.

Travail à faire

1. Calculez le besoin en fonds de roulement.

2. Analysez la situation de l'entreprise Lesage.

3. Proposez des solutions pour améliorer le besoin en fonds de roulement.

Annexe 1 ○ Tableau d'emplois et de ressources (UC Bricotou)

Opérations	Montant	Emploi	Ressource
Achats de marchandises au comptant par chèque	3 500		
Ventes à crédit de marchandises	6 000		
Achat d'un matériel informatique à crédit	2 700		
Achats de marchandises à crédit	11 000		
Un client règle le montant de sa créance par chèque	4 700		
Ventes de marchandises au comptant en espèces	8 400		
Dépôt d'espèces à la banque	1 200		
Achats de timbres-poste en espèces	80		
Paiement d'un fournisseur par chèque	3 000		
Achat d'essence payé en espèces	60		
Paiement des salaires par virement bancaire	12 500		
Règlement de la publicité par chèque	5 300		
Paiement de l'impôt sur les sociétés	8 600		
Paiement des frais de transport en espèces	300		
Achat à crédit d'un fonds de commerce	55 000		
Prélèvement des intérêts d'un emprunt par la banque	150		

Annexe 2 ○ Tableau des flux (UC Karmin)

Opérations	Flux réel ou monétaire	Flux entrant ou sortant	Flux d'exploitation ou d'investissement	Emploi ou ressource
Ventes de marchandises				
Emprunt à la banque				
Achats de marchandises				
Achat d'une voiture				
Paiement de l'EDF				
Achat d'une licence				
Achats de fournitures				
Règlement des marchandises				
Achat d'un terrain				
Paiement du loyer				
Paiement des clients				

13 La facturation

Exercice 1 Établir une facture

Corrigé ➲ p. 142

Le 10 novembre N, l'unité commerciale Chocos d'Or adresse à son client Bertrand, domicilié 4 rue de la Cigogne, 67000 Strasbourg, la facture n° 3475 avec les éléments suivants :
- 1 500 boîtes de chocolats fins, référence 34CF1, au prix de 11,60 € HT la boîte ;
- 2 500 boîtes de 250 g de truffes, référence 56TR5, au prix de 6,75 € HT la boîte.

Les conditions commerciales sont les suivantes :
- remise de 10 %, remise supplémentaire de 5 % si la commande dépasse 20 000 € HT ;
- frais de port : forfait de 120 € HT ;
- règlement : escompte de 1,5 % pour paiement comptant ou règlement sous 15 jours.

La société Bertrand a envoyé un chèque d'acompte de 3 000 €. On vous précise que le client paie ses factures au comptant.
Le taux de TVA est de 20 %.

Travail à faire

Établissez la facture à adresser au client (annexe 1, page 42).

Exercice 2 Compléter des factures doit, des factures d'avoir et un relevé de factures

Corrigé ➲ p. 142

Vous effectuez un stage dans le service facturation de l'entreprise Yogo. Le responsable vous demande de compléter les documents commerciaux à envoyer aux clients. Le taux de TVA à appliquer est le taux réduit.

Travail à faire

Établissez les factures de doit et d'avoir ainsi que le relevé de factures à adresser au client Lemag (annexe 2, pages 43 et 44).

Exercice 3 Calculer la TVA

Corrigé ➲ p. 144

On vous communique les indications suivantes :

Produits	Taux de TVA	Prix HT	Prix TTC
Produit 1	20 %	765,00 €	
Produit 2	5,5 %	35,00 €	
Produit 3	20 %		4 680,00 €
Produit 4	5,5 %		196,60 €

Travail à faire

Complétez le tableau.

Exercice 4 Déterminer la TVA à payer par une unité commerciale

Corrigé ▶ p. 145

L'unité commerciale AlphaPlus a réalisé les opérations suivantes au cours du mois de janvier N (TVA au taux de 20 %) :
- chiffre d'affaires HT : 65 500 € ;
- achats de marchandises HT : 33 200 € ;
- achat d'une immobilisation HT : 11 700 €.

Travail à faire

Calculez la TVA à payer pour le mois de janvier N.

Exercice 5 Calculer les marges et taux de marque

Corrigé ▶ p. 145

Le manageur de l'unité commerciale Firmin désire fidéliser un client et décide d'accorder une remise de 5 % sur un article vendu à 1 500 € HT (TVA à 20 %). Il vous communique les renseignements suivants sur cet article :
- prix d'achat HT : 750 € ;
- frais de transport sur achat : 50 €.

Travail à faire

Calculez la marge brute, le taux de marque, le taux de marge et le coefficient multiplicateur.

Annexe 1 ▶ Facture (UC Chocos d'Or)

Chocos d'Or

10, rue Neuve
59650 Villeneuve-d'Ascq
Tél. : 03 20 91 95 07

FACTURE N°
Le

Facturation :

Référence	Désignation	Quantité	Prix unitaire	Montant total
			Brut HT **Remise**	
			Remise	
			Net commercial HT **Escompte**	
			Net financier HT **Port forfait**	
			Net HT **TVA 20 %**	
			Net TTC **Acompte**	
			TTC à payer	

Annexe 2 ○ Documents commerciaux (Yogo)

YOGO		01/10/N
Fact. n° 810 **Doit**	**ALIM**	
Yaourts aux fruits		5 800,00
Remise	10 %	
Net commercial		
Escompte	2 %	
Net financier		
Port forfait		50,00
Total HT		
TVA	%	
Net TTC à payer		

YOGO		03/10/N
Fact. n° 825 **Doit**	**LEMAG**	
Flans au chocolat		1 500,00
Remise	5 %	
Net commercial		
Port forfait		30,00
Total HT		
TVA	%	
Emballages consignés		40,00
Net TTC à payer		

YOGO		08/10/N
Fact. n° 830 **Doit**	**VERTOU**	
Crème à la vanille		3 650,00
Remise	8 %	
Total HT		
TVA	%	
Port débours TTC 20 %		48,00
Net TTC à payer		

YOGO		11/10/N
Fact. avoir n° 35 **Avoir**	**LEMAG**	
Retour de flans abîmés facture n° 825		375,00
Remise		
Total HT		
TVA	%	
Retour emballages consignés		
Net TTC à votre crédit		

YOGO		12/10/N
Fact. n° 840 **Doit**	**VIT**	
Fromage blanc		2 500,00
Remise	0 %	
Net commercial		
Port forfait		40,00
Total HT		
TVA	%	
Emballages consignés		50,00
Net TTC à payer		

YOGO		13/10/N
Fact. avoir n° 845 **Doit**	**LEMAG**	
Yaourts aux fruits		6 800,00
Remise	6 %	
Net commercial		
Port forfait		50,00
Total HT		
TVA	%	
Acompte		1 000,00
Net TTC à payer		

YOGO		20/10/N
Fact. n° 40 **Avoir**	**VIT**	
Omission de la remise habituelle fact. n° 840		
Remise	7 %	
TVA	%	
Retour emballages consignés		
Net TTC à votre crédit		

YOGO		22/10/N
Fact. avoir n° 847 **Doit**	**LEMAG**	
Petits suisses		
Remise	9 %	
Total HT		
TVA	%	
Net TTC à payer		9 360,49

YOGO		25/10/N
Fact. n° 45 **Avoir**	**ALIM**	
Chiffre d'affaires HT		65 700,00
Ristourne		
CA ≥ 20 000	1,5 %	
20 000 < CA ≤ 40 000	3 %	
CA > 40 000	4 %	
Total HT		
TVA		
Net TTC à votre crédit		

YOGO		29/10/N
Fact. avoir n° 850 **Doit**	**VERTOU**	
Crème Smarty		8 650,00
Remise		
Net commercial		
TVA	%	447,21
Net TTC à payer		

Relevé de factures adressé au client Lemag

YOGO		**Relevé de factures octobre**	3[illegible]/10/N	
			LEMAG	
Dates	**N° factures**		**DOIT**	**AVOIR**
		Total factures doit		
		Total factures d'avoir		
		Total TTC à payer au 30/11/N		

14 Les opérations de règlement et les relations avec les banques

Exercice 1

Corrigé ▶ p. 145

Calculer une valeur acquise et une valeur actuelle

Mme Lourson, manageur de l'unité commerciale Pomme d'Or, vous sollicite afin de l'aider à résoudre deux problèmes financiers :
– problème n° 1 : elle souhaite placer un capital de 5 500 € au taux de 6 % l'an pendant 8 mois ;
– problème n° 2 : elle doit payer 6 500 € dans 120 jours mais elle voudrait régler son fournisseur immédiatement.

Travail à faire

1. Calculez la somme que percevra Mme Lourson au terme des 8 mois (valeur acquise).

2. Au taux de 4 %, calculez le montant qu'elle devra payer aujourd'hui (valeur actuelle).

Exercice 2

Corrigé ▶ p. 146

Encaisser et escompter une lettre de change

M. Cardon, directeur d'une petite jardinerie, détient en portefeuille deux traites (traite n° 34 et traite n° 48). Il vous remet le 5 avril :
– la traite n° 34, nominal : 3 460 €, arrivée à échéance ;
– la traite n° 48, qu'il souhaite escompter pour couvrir son besoin de trésorerie temporaire, nominal : 8 600 €, échéance le 30 juin ;
– un extrait des tarifs pratiqués par sa banque (annexe 1, page 47).
Il vous demande de déterminer le montant qu'il percevra à l'issue de ces deux opérations.

Travail à faire

1. Calculez le montant net encaissé sur la traite n° 34.

2. Déterminez le montant de l'agio relatif à la traite n° 48 et la valeur nette.

3. Quel sera le montant total perçu par M. Cardon ?

Exercice 3

Corrigé ▶ p. 146

Remplacer deux effets par un effet unique : équivalence de capitaux

L'unité commerciale Hèdi connaît quelques difficultés de trésorerie. Elle demande à Carpon, son principal fournisseur, de remplacer les deux effets de commerce suivants par un effet unique à échéance dans 90 jours :
– effet n° 1 : 4 750 €, échéance : 30 jours ;
– effet n° 2 : 8 250 €, échéance : 60 jours.

Travail à faire

Calculez le montant du nominal de ce nouvel effet au taux de 7,5 %.

Exercice 4 — Déterminer le taux réel d'escompte

Corrigé ⊃ p. 146

M. Savone veut escompter le 12/09/N une lettre de change de 13 400 € à échéance le 30/11/N. Le banquier applique les conditions suivantes :
- taux d'escompte : 8,25 % ;
- commission forfaitaire : 0,35 % (indépendante du temps).

Travail à faire

1. Calculez le montant de l'agio HT.

2. Déterminez le taux réel d'escompte.

Exercice 5 — Relevé de compte, intérêts et découverts

Corrigé ⊃ p. 147

L'unité commerciale Le Chiffon Doux dispose d'un compte à la banque. Le solde disponible au 1er octobre N est de 4 600 €. L'UC met à votre disposition la liste des opérations effectuées en octobre (annexe 2, page 47) et un extrait des conditions de tenue de compte pratiquées par la banque (annexe 3, page 47). Le manageur désire que vous lui présentiez un état du compte bancaire faisant apparaître le solde après chaque opération ainsi que les dates de valeur. Il voudrait connaître le montant exact des intérêts perçus et des découverts à payer pour le mois d'octobre N.

Travail à faire

1. Présentez le compte courant tenu par la banque (annexe 4, page 47).

2. Calculez le montant des intérêts acquis (annexe 5, page 48).

3. Calculez le montant des intérêts de découvert (annexe 6, page 48).

4. Après avoir déterminé le montant perçu ou payé, quelle solution auriez-vous préconisée pour éviter les intérêts de découvert ?

Exercice 6 — L'affacturage

Corrigé ⊃ p. 148

La société Stampa, spécialisée dans la vente de matériel électronique, utilise les services d'une société d'affacturage pour recouvrer les créances sur ses clients. Au cours du mois de juillet N, elle a transmis à la société d'affacturage quatre factures à encaisser pour son compte (annexe 7, page 48). Le manageur souhaite que vous calculiez la somme qui lui sera virée par le factor et vous remet le contrat d'affacturage (annexe 8, page 48).

Travail à faire

1. Déterminez le montant versé par la société d'affacturage.

2. Quels sont les avantages et les inconvénients dans l'utilisation de l'affacturage ?

Annexe 1 ○ Tarifs pratiqués par la banque de M. Cardon

■ **Remise à l'encaissement d'un effet de commerce :**
– commissions HT : 20 € ;
– TVA sur commissions : taux normal.
■ **Remise à l'escompte d'un effet de commerce :**
– taux d'escompte : 8 % l'an ;
– commission d'endos : 0,5 % l'an ;
– commissions bancaires HT : 15 € ;
– TVA sur les commissions bancaires : 20 %.

Annexe 2 ○ Opérations réalisées en octobre (UC Le Chiffon Doux)

Dates	Opérations
03/10/N	Chèque n° 402101 au fournisseur Poulca : 2 800 €
04/10/N	Prélèvement Orange : 600 €
05/10/N	Remise de chèques : 1 700 €
12/10/N	Chèque n° 402102, paiement de l'URSSAF : 6 765 €
15/10/N	Chèque n° 402103, paiement de la TVA : 8 230 €
18/10/N	Virement du client Paul : 13 456 €
22/10/N	Prélèvement EDF : 5 270 €
24/10/N	Chèque n° 402104, paiement de la publicité : 3 500 €
27/10/N	Effets domiciliés : 4 900 €
29/10/N	Effets remis à l'encaissement : 15 400 €

Annexe 3 ○ Conditions de tenue de compte (UC Le Chiffon Doux)

- Dates de valeur : la banque retient deux jours pour les décaissements, un jour pour les encaissements et trois jours pour les remises de chèques.
- Taux de découvert : taux de base bancaire[1] : + 6,5 %.
- Rémunération du compte de dépôt : 2 %.

1. Taux de base bancaire au 06/09/N : 6,6 % (source Banque de France).

Annexe 4 ○ Compte courant tenu par la banque (UC Le Chiffon Doux)

Dates	Libellés	Mouvements		Soldes		Dates de valeur
		Débit	Crédit	Débit	Crédit	
01/10/N	Solde initial					30/09/N

Annexe 5 ○ État des intérêts acquis (UC Le Chiffon Doux)

Solde créditeur	Dates début solde créditeur	Dates fin solde créditeur	Nombre de jours	Calcul des intérêts acquis
			Total des intérêts acquis	

Annexe 6 ○ État des intérêts de découvert (UC Le Chiffon Doux)

Solde débiteur	Dates début solde débiteur	Dates fin solde débiteur	Nombre de jours	Calcul des intérêts de découvert
			Total des intérêts de découvert	

Annexe 7 ○ Factures adressées à la société d'affacturage (société Stampa)

Date de cession des créances : 09/07/N

Facture	Date de la facture	Date d'échéance	Montant
N° 4300	15/05/N	31/07/N	5 400 €
N° 4330	20/06/N	31/08/N	8 900 €
N° 4360	24/06/N	15/08/N	4 700 €
N° 4365	01/07/N	30/09/N	9 300 €

Annexe 8 ○ Contrat d'affacturage (société Stampa)

Au terme du contrat d'affacturage conclu avec la société Stampa, il sera retenu :
– une commission d'affacturage de 6 % sur le montant total des créances cédées. Cette commission est soumise à la TVA (taux normal) ;
– une commission de financement de 8,25 % l'an calculée en fonction de la durée du crédit.
La durée du crédit court du jour de cession de la créance (inclus) jusqu'au jour de l'échéance (inclus).

15 La gestion économique des stocks

Exercice 1

Corrigé ▷ p. 149

Déterminer le niveau des stocks

Vous travaillez dans l'unité commerciale Chaussures Land, spécialisée dans la chaussure pour enfants. Le responsable du magasin vous demande de suivre l'approvisionnement pour le modèle Total 90. Il vous transmet les éléments suivants :
- l'unité commerciale vend chaque mois 60 paires du modèle et les ventes sont régulières dans le mois ;
- le stock initial au début du mois de janvier est de 36 paires ;
- le délai d'approvisionnement est de 15 jours ;
- le stock de sécurité est de 20 paires.

Travail à faire

1. Calculez le nombre de jours de vente représentant le stock initial.

2. Calculez le stock minimum entre deux livraisons.

3. Calculez le stock d'alerte ou le point de commande.

4. Calculez la date à laquelle l'unité commerciale doit être livrée en janvier N.

5. Calculez le retard possible sans rupture de stock.

Exercice 2

Corrigé ▷ p. 149

Calculer le stock moyen, le délai de rotation et le taux de rotation des stocks

La société Game Plus vend des consoles de jeux. Les achats annuels s'élèvent à 60 000 €, le stock au 1er janvier N était de 15 000 € et son stock au 31 décembre N est de 5 000 €.

Travail à faire

1. Calculez le stock moyen.

2. Calculez le délai de rotation.

3. Calculez le taux de rotation.

Exercice 3

Corrigé ▷ p. 150

Gérer les stocks : la méthode des 20/80

Le responsable du rayon vélos de l'unité commerciale Sporty 3000 voudrait améliorer la gestion des stocks de son rayon. Il vous remet un dossier dans lequel ont été rassemblés les références, les quantités et les prix de vente unitaires HT (annexe 1, page 51). Il souhaite assurer le suivi des stocks à partir des résultats obtenus par la méthode des 20/80.

Travail à faire

1. Retrouvez les articles de la première catégorie qui représentent 20 % des articles en quantité et 80 % des articles en valeur (annexe 2, page 51).

2. Retrouvez les articles de la deuxième catégorie qui représentent 80 % des articles en quantité et 20 % en valeur (annexe 2).

3. Que recommandez-vous pour la gestion des stocks des articles de chaque catégorie ?

Exercice 4 — Gérer les stocks : la méthode ABC

Corrigé ➲ p. 150

Le responsable du rayon photos d'une grande surface souhaite mettre en place une gestion des stocks plus efficace pour les articles de son rayon. Il vous remet un dossier dans lequel ont été rassemblés les références, les quantités et les prix de vente unitaires HT (annexe 3, page 51). Il souhaite assurer le suivi des stocks à partir des résultats obtenus par la méthode ABC.

Travail à faire

1. Retrouvez les articles de la première catégorie qui représentent 10 % des articles en quantité et 60 % du chiffre d'affaires (annexe 4, page 52).

2. Retrouvez les articles de la deuxième catégorie qui représentent 40 % des articles en quantité et 30 % du chiffre d'affaires (annexe 4).

3. Retrouvez les articles de la troisième catégorie qui représentent 50 % des articles en quantité et 10 % du chiffre d'affaires (annexe 4).

4. Que recommandez-vous pour la gestion des stocks des articles de chaque catégorie ?

Exercice 5 — Déterminer le coût minimal d'approvisionnement : modèle de Wilson

Corrigé ➲ p. 151

Une unité commerciale vend 1 500 ballons. Le coût d'achat est de 5 €, le taux de possession est de 10 % et le coût de passation est de 15 €.

Travail à faire

1. Déterminez le nombre de commandes permettant un coût total d'approvisionnement minimal (annexe 5, page 52).

2. Calculez le nombre de commandes (modèle de Wilson).

Exercice 6 — Analyser l'incidence de la gestion des stocks sur la rentabilité d'une unité commerciale

Corrigé ➲ p. 152

La responsable de l'unité commerciale Vanbon estime que la rentabilité des stocks pourrait être améliorée. Elle vous demande de mener une analyse sur la gestion des stocks et vous remet un tableau (annexe 6, page 52) à compléter.

Travail à faire

1. Complétez le tableau (annexe 6).

2. Calculez le gain de rentabilité obtenu après le changement de la rotation des stocks.

3. Quelles sont les conséquences d'une meilleure rotation des stocks ?

Annexe 1 ○ Données relatives à la gestion des stocks (UC Sporty 3000)

Référence article	Quantité	Prix de vente unitaire
A 320	300	22,00
B 100	40	695,00
C 415	24	550,00
D 45	10	65,00
E 670	25	52,00
F 90	100	240,00
G 267	250	20,00
H 910	75	35,00

Annexe 2 ○ Tableau de gestion des stocks – Méthode des 20/80 (UC Sporty 3000)

Référence article	Quantité	Prix de vente HT	CA HT	% articles vendus en quantité	Cumul	% articles vendus en quantité	% articles vendus en CA	Cumul	% articles vendus en CA
A 320	300	22,00	6600	36,41					

Remarque :
– classez les articles dans l'ordre décroissant du chiffre d'affaires ;
– cumulez les résultats obtenus.

Annexe 3 ○ Données relatives à la gestion des stocks (grande surface)

Référence article	Quantité	Prix de vente unitaire
P1	600	180,00
P2	100	200,00
P3	1 000	12,00
P4	400	50,00
P5	800	5,50
P6	600	6,00
P7	1 680	2,50
P8	100	16,00
P9	200	7,60
P10	200	5,00
P11	130	30,00

Annexe 4 ○ Tableau de gestion des stocks – Méthode ABC (grande surface)

Référence article	Quantité	Prix de vente HT	CA HT	% articles vendus en quantité	Cumul	% articles vendus en quantité	% articles vendus en CA	Cumul	Catégorie

Annexe 5 ○ Coût total d'approvisionnement

Nombre de commandes	Coût de passation	Lot économique	Stock moyen	Coût de possession	Coût de stockage

Annexe 6 ○ Coût total d'approvisionnement (UC Vanbon)

Éléments	Année N		Année N+1	
Chiffre d'affaires	105 000	100 %	122 000	100 %
Stock initial + Achats – Stock final	25 000 65 000 22 500		21 000 66 000 9 000	
= Prix de revient des ventes				
Marge commerciale				
Stock moyen				
Rotation des stocks				
Rentabilité (% marge × rotation)				

16 La valorisation des stocks

Exercice 1

Corrigé ➲ p. 153

Présenter les fiches de stock selon les méthodes CMUP, FIFO et CMUP après chaque entrée

Le manageur de l'unité commerciale Pays et Terroirs, spécialisée dans la distribution de foie gras, voudrait améliorer la gestion physique des stocks. Vous disposez des mouvements de stock pour le mois d'octobre (annexe 1, page 53). Le manageur vous demande de lui présenter les différentes méthodes de gestion des stocks et de lui indiquer laquelle retenir pour ses produits.

Travail à faire

1. Présentez les fiches de stock selon les méthodes FIFO (annexe 2, page 54), CMUP (annexe 3, page 54) et CMUP après chaque entrée (annexe 4, page 54). Les calculs sont arrondis à deux décimales.
2. Après avoir explicité dans une courte note les trois méthodes, indiquez la méthode qui vous semble la mieux adaptée à l'unité commerciale Pays et Terroirs.

Exercice 2

Corrigé ➲ p. 155

Calculer une différence d'inventaire

Le responsable de l'unité commerciale Le Calisson d'Aix tient, pour ses produits, les calissons, une fiche de stock au CMUP. Il voudrait faire apparaître sur sa fiche de stock les différences d'inventaire. Il vous communique les renseignements suivants :
– le stock au 01/03/N est de 38 boîtes pour un montant total de 325,35 € ;
– les achats du mois s'élèvent à 675 boîtes à 9,50 € ;
– les ventes du mois s'élèvent à 530 boîtes ;
– il a effectué un inventaire physique à la fin du mois de mars N et a constaté qu'il existait un stock réel de 171 boîtes.

Travail à faire

1. Calculez la différence d'inventaire.
2. Complétez la fiche de stock en tenant compte de cette différence (annexe 5, page 54).

Annexe 1 ➲ Mouvements des stocks du mois d'octobre N (UC Pays et Terroirs)

01/10/N	Stock initial	670 unités à 35 €
03/10/N	Bon d'entrée n° 10	100 unités à 32,80 €
08/10/N	Bon d'entrée n° 11	210 unités à 34,20 €
11/10/N	Bon de sortie n° s201	720 unités
14/10/N	Bon de sortie n° s202	30 unités
17/10/N	Bon d'entrée n° 12	75 unités à 31,70 €
21/10/N	Bon de sortie n° s203	180 unités
24/10/N	Bon d'entrée n° 13	304 unités à 36,20 €
28/10/N	Bon de sortie n° s204	115 unités

Annexe 2 ○ Fiche de stock – Méthode FIFO (UC Pays et Terroirs)

Date	Libellé	Entrées			Sorties			Stocks		
		Quantité	Prix unitaire	Montant total	Quantité	Prix unitaire	Montant total	Quantité	Prix unitaire	Montant total

Annexe 3 ○ Fiche de stock – Méthode CMUP (UC Pays et Terroirs)

Date	Libellé	Quantité	Prix unitaire	Montant	Date	Libellé	Quantité	Prix unitaire	Montant

Annexe 4 ○ Fiche de stock – Méthode CMUP après chaque entrée (UC Pays et Terroirs)

Date	Libellé	Entrées			Sorties			Stocks		
		Quantité	Prix unitaire	Montant total	Quantité	Prix unitaire	Montant total	Quantité	Prix unitaire	Montant total

Annexe 5 ○ Fiche de stock avec une différence d'inventaire (UC Le Calisson d'Aix)

Libellé	Quantité	Prix unitaire	Montant	Libellé	Quantité	Prix unitaire	Montant

17 L'analyse des charges pour le calcul des coûts

Exercice 1

Corrigé ➲ p. 156

Élaborer un tableau de répartition des charges indirectes

L'entreprise Euridice fabrique et commercialise deux types de chemisier pour femme : en lin et en tissu synthétique. Elle utilise deux matières premières : le lin et la viscose. Après être stocké, le tissu est découpé, puis assemblé et piqué. On procède aux finitions des chemisiers dans l'atelier Finition. Les chemisiers sont ensuite distribués. On vous communique les renseignements suivants pour l'année N :

• Achats de matières premières :
– lin : 5 000 m^2 à 3,50 € ;
– viscose : 15 000 m^2 à 2,30 €.
• Production de l'année :
– chemisiers en lin : 8 530 ;
– chemisiers en viscose : 18 000.
• Main-d'œuvre directe : centre Coupage/Piquage : 16 900 heures à 15 € l'heure dont 10 000 heures pour les chemisiers en viscose.
• Ventes :
– chemisiers lin : 7 500 à 50 € ;
– chemisiers viscose : 17 000 à 65 €.

Les unités d'œuvre des centres d'analyse sont les suivantes :
– centre Approvisionnement : 1 m^2 acheté ;
– centre Coupage/Piquage : 1 heure de MOD ;
– centre Finition : 1 unité fabriquée ;
– centre Distribution : 100 € de CA HT.

Travail à faire

1. Complétez le tableau de répartition des charges indirectes (annexe 1, page 56).

2. Calculez le coût de chaque unité d'œuvre.

Exercice 2

Corrigé ➲ p. 157

Compléter un tableau de répartition des charges indirectes, de répartition secondaire, calculer des unités d'œuvre

La société Rafal fabrique et distribue des modèles réduits. Pour réaliser ses produits, elle utilise une matière première : M. Cette matière passe successivement dans deux ateliers : Atelier 1 et Atelier 2. Les modèles réduits fabriqués sont ensuite conditionnés et commercialisés.
Le manageur de la société Rafal vous confie certains travaux de comptabilité de gestion à terminer. Pour l'année N, il vous donne les renseignements suivants :
– achats de matières premières M : 44 750 kg à 0,80 € ;
– production de l'année : 23 000 modèles réduits ;
– modèles réduits conditionnés : 21 500 ;
– heures machine utilisées : 12 500 heures ;
– ventes de l'année : 19 800 modèles réduits.

Travail à faire

1. Complétez le tableau de répartition des charges indirectes (annexe 2, page 56).

2. Calculez le coût de chaque unité d'œuvre.

Annexe 1 ○ Tableau de répartition des charges indirectes (entreprise Euridice)

Éléments	Total des charges	Centres opérationnels					
		Auxiliaires		Principaux			
		Gestion du personnel	Gestion du matériel	Approvision-nement	Coupage Piquage	Finition	Distribution
Fournitures consommables	58 000	5 800	5 800	11 600	17 400	17 400	
Services extérieurs	43 600	20 %	25 %	10 %	30 %	10 %	5 %
Autres services extérieurs	32 800	15 %	10 %	20 %	20 %	20 %	15 %
Impôts et taxes	38 600	10 %		20 %	20 %	30 %	20 %
Charges de personnel	105 800	10 %	10 %	20 %	10 %	20 %	30 %
Autres charges	43 100	10 %	20 %	10 %	20 %	10 %	30 %
Charges financières	25 000		10 %		30 %	40 %	20 %
Dotations	72 400	10 %	10 %	15 %	35 %	25 %	5 %
Charges supplétives	8 700		40 %		60 %		
Totaux primaires							
Répartition Gestion du personnel			20 %	15 %	15 %	20 %	30 %
Répartition Gestion du matériel				10 %	40 %	30 %	20 %
Totaux secondaires							
Unités d'œuvre				m² acheté	Heure MOD	Unité fabriquée	100 € de CA
Nombre d'unités d'œuvre							
Coût de l'unité d'œuvre							

Annexe 2 ○ Tableau de répartition des charges indirectes (société Rafal)

Éléments	Centres auxiliaires		Centres principaux				
	Énergie	Gestion des machines	Approvision-nement	Atelier 1	Atelier 2	Condition-nement	Distribution
Totaux primaires	11 760,00	38 650,00	6 980,00	25 740,00	28 650,00	12 300,00	8 730,00
Répartition Énergie		10 %	15 %	25 %	30 %	10 %	10 %
Répartition Gestion des machines			5 %	30 %	30 %	20 %	15 %
Total répartition secondaire							
Unités d'œuvre			1 euro d'achat	Heure machine	Un produit fabriqué	un produit conditionné	un produit vendu
Nombre d'unités d'œuvre							
Coût de l'unité d'œuvre							

18 Le calcul des coûts

Exercice 1

Corrigé ➲ p. 158

Déterminer le coût d'achat, le coût de revient et le résultat analytique

L'unité commerciale Neige et Montagne vend du matériel de sports d'hiver sur son site Internet. Elle propose à ses clients (particuliers et associations sportives) un grand choix de produits. Elle souhaite connaître son coût de revient pour le nouveau matériel qu'elle a commercialisé lors de la dernière saison de sports d'hiver.
Le manageur vous remet un dossier (annexe 1, page 58) et vous demande de déterminer les coûts de la nouvelle paire de skis.

Travail à faire

1. Complétez le tableau de répartition des charges indirectes (annexe 2, page 58).

2. Calculez le coût d'achat (annexe 3, page 58).

3. Présentez la fiche de stock correspondante (annexe 4, page 58).

4. Calculez le coût de distribution et le coût de revient (annexes 5 et 6, page 59).

5. Calculez le résultat ou la marge nette (annexe 7, page 59).

6. Calculez le taux de rentabilité.

7. Quel est l'intérêt pour une unité commerciale de déterminer son coût de revient ?

Exercice 2

Corrigé ➲ p. 160

Calculer le coût de revient, la marge, le taux de marge et le taux de marque

L'entreprise Équinox est spécialisée dans la fabrication de jeux de société. Elle a élaboré un nouveau jeu, le Stratégo, qu'elle lancera pour les fêtes de fin d'année.
Son activité se divise en cinq centres : deux centres auxiliaires et trois centres principaux.
Les totaux primaires sont donnés dans le tableau en annexe 8, page 59.
Le manageur vous fournit les renseignements suivants :
• Charges directes pour un jeu Stratégo :
– 1,50 m^2 de matière plastique à 3,75 € le m^2 ;
– 6 pions : 10 € le mille ;
– 2 m^2 de papier à 0,65 € le m^2 ;
– Conditionnement : une boîte à 2,45 €.
• Production :
– 7 000 boîtes de jeu seront produites au cours de la période ;
– main-d'œuvre directe : 1 000 heures sont nécessaires pour la fabrication des 7 000 jeux. Une heure de MOD est évaluée à 11 €.
• Ventes : les 7 000 boîtes seront vendues au prix unitaire HT de 41 €.

Travail à faire

1. Complétez le tableau de répartition des charges indirectes (annexe 8).

2. Déterminez le coût de revient des jeux Stratégo (annexe 9, page 60).

3. Calculez le chiffre d'affaires et la marge globale.

4. Calculez la marge, le taux de marge et le taux de marque pour un jeu.

Annexe 1 ○ Renseignements (UC Neige et Montagne)

- Achats :

Paires de skis	700 paires à 105 €

- Ventes :

Paires de skis	815 paires à 200 €

- Stocks :

Paires de skis	150 paires à 145 €

- Tableau de répartition des charges indirectes :

Éléments	Total	Approvisionnement	Distribution
Totaux après répartition secondaire	34 260	14 700	19 560
Nature de l'unité d'œuvre		Paire de skis achetée	100 € de chiffre d'affaires
Nombre d'unité d'œuvre			
Coût de l'unité d'œuvre			

- Les charges directes d'approvisionnement s'élèvent à 3 € par paire achetée.
- Les charges directes de distribution s'élèvent à 12 € par paire expédiée.

Annexe 2 ○ Tableau de répartition de charges indirectes (UC Neige et Montagne)

Éléments	Total	Approvisionnement	Distribution
Totaux après répartition secondaire			
Nature de l'unité d'œuvre			
Nombre d'unité d'œuvre			
Coût de l'unité d'œuvre			

Annexe 3 ○ Coût d'achat des paires de skis (UC Neige et Montagne)

Éléments	Quantité	Prix unitaire	Montant
Charges directes Achats Frais d'approvisionnement			
Charges indirectes Centre approvisionnement			
Coût d'achat total			

Annexe 4 ○ Fiche de stock des paires de skis (UC Neige et Montagne)

Éléments	Quantité	Prix unitaire	Montant	Éléments	Quantité	Prix unitaire	Montant
Stock initial				Ventes			
Achats				Stock initial			

Annexe 5 ○ Coût de distribution des paires de skis (UC Neige et Montagne)

Éléments	Quantité	Prix unitaire	Montant
Charges directes Distribution			
Charges indirectes Centre distribution			
Coût de distribution			

Annexe 6 ○ Coût de revient des paires de skis (UC Neige et Montagne)

Éléments	Quantité	Prix unitaire	Montant
Coût d'achat des paires de skis vendues			
Coût de distribution			
Coût de revient			

Annexe 7 ○ Résultat des paires de skis (UC Neige et Montagne)

Éléments	Quantité	Prix unitaire	Montant
Chiffre d'affaires			
Coût de revient			
Résultat			

Annexe 8 ○ Tableau de répartition des charges indirectes (société Équinox)

Éléments	Centres auxiliaires		Centres principaux		
	Gestion du matériel	Gestion du personnel	Approvisionnement	Production	Distribution
Répartition primaire	11 000	24 500	35 700	65 900	28 400
Répartition secondaire					
Gestion du matériel		10 %	20 %	60 %	10 %
Gestion du personnel			30 %	40 %	30 %
Totaux secondaires					
Nature de l'unité d'œuvre			m^2 acheté	Jeu fabriqué	Jeu vendu
Nombre d'unité d'œuvre					
Coût de l'unité d'œuvre					

Annexe 9 ○ Tableau du coût de revient (société Équinox)

Éléments	Quantité	Prix unitaire	Montant
Achats			
Matière plastique			
Papier			
Pions			
Approvisionnement			
Coût d'achat			
Production			
Main-d'œuvre			
Conditionnement			
Production			
Coût de production			
Distribution			
Distribution			
Coût de revient			

19 L'analyse différentielle et le seuil de rentabilité

Exercice 1

Corrigé ○ p. 161

Reclasser les charges par variabilité, présenter un compte de résultat différentiel, calculer un seuil de rentabilité et un point mort

Le manageur de l'unité commerciale Unzo, spécialisée dans la distribution d'articles de plein air, vous demande de réaliser une étude de rentabilité par variabilité pour les charges et les produits de l'exercice N. Il vous remet le compte de résultat de l'exercice N (annexe 1, page 63).

Travail à faire

1. Complétez le tableau de reclassement des charges par variabilité (annexe 2, page 63).
2. Présentez le tableau différentiel (annexe 3, page 63).
3. Calculez le taux de marge sur coût variable, le taux de rentabilité, le seuil de rentabilité et le point mort.
4. Commentez la situation de l'unité commerciale Unzo.

Exercice 2

Corrigé ○ p. 163

Établir un compte de résultat différentiel, déterminer le seuil de rentabilité par le calcul et par le graphique, calculer le point mort, rechercher un nouveau chiffre d'affaires

La société Camille distribue du matériel de musique. Le directeur détermine ses coûts et prix de revient selon la méthode des coûts variables. Il vous confie l'analyse de son nouveau point de vente situé à Nancy (annexe 4, page 63). Il s'est fixé de réaliser en N+1 un bénéfice de 45 000 € et vous demande de calculer le chiffre d'affaires prévisionnel à atteindre.

Travail à faire

1. Présentez le compte de résultat différentiel.
2. Calculez le taux de marge sur coût variable, le seuil de rentabilité en valeur (en euros) et en volume (en quantité).
3. Présentez le seuil de rentabilité par la méthode graphique.
4. Déterminez le point mort sachant que le point de vente a une activité régulière sur 12 mois.
5. Quel est le chiffre d'affaires à réaliser pour obtenir un bénéfice de 45 000 € ?

Exercice 3

Corrigé ○ p. 164

Calculer le seuil de rentabilité, accepter une commande

L'unité commerciale Soleil commercialise des abris de jardin et souhaite mener une analyse de rentabilité pour son modèle Canabri 2000. Dans un premier temps, le responsable de l'UC Soleil vous demande d'analyser son activité actuelle et vous fournit les renseignements nécessaires (annexe 5, page 64).

L'unité commerciale Soleil est contactée par la société Bricoplus pour une livraison immédiate de 450 abris, à condition d'obtenir une remise de 8 %. Dans un deuxième temps, le responsable vous demande d'effectuer les prévisions en tenant compte de cette commande, puis de vous prononcer sur l'opportunité de l'accepter.

Travail à faire

1. Présentez le compte de résultat différentiel.
2. Calculez le seuil de rentabilité et commentez-le.
3. Établissez le compte de résultat différentiel en tenant compte de la commande de la société Bricoplus.
4. Déterminez le nouveau seuil de rentabilité et le point mort.
5. L'unité commerciale Soleil a-t-elle intérêt à accepter cette commande ?

Exercice 4

Corrigé p. 165

Déterminer le seuil de rentabilité et le point mort avec des variations saisonnières

L'unité commerciale Funski commercialise du matériel de ski. Les ventes de son produit subissent d'importantes variations saisonnières. Le responsable, M. Touzain, a rassemblé des informations (annexes 6 et 7, page 64) vous permettant d'analyser la rentabilité prévisionnelle de son activité pour l'année N.

Travail à faire

1. Calculez les ventes prévisionnelles pour N en appliquant les coefficients saisonniers fournis (annexe 8, page 64).
2. Établissez le compte de résultat différentiel prévisionnel.
3. Calculez le seuil de rentabilité et le point mort pour N compte tenu de la saisonnalité des ventes.

Exercice 5

Corrigé p. 166

Déterminer le seuil de rentabilité en tenant compte d'un changement de structure

Le restaurant Del Mondo est spécialisé dans la cuisine italienne. Le manageur veut réaliser une analyse de ses charges en terme de variabilité et vous fournit les données du deuxième semestre N :
- chiffre d'affaires : 1 080 000 € ;
- frais variables d'achat : 400 000 € ;
- frais variables de fonctionnement du restaurant : 150 000 € ;
- commissions personnel : 3 % du CA ;
- charges fixes : 450 000 €.

Le manageur désire développer son restaurant en aménageant le premier étage, qui n'était pas utilisé jusqu'alors. Il vous demande d'effectuer le changement de structure envisagé pour le premier semestre N+1, d'analyser la rentabilité prévisionnelle et de lui indiquer dans une courte note si l'agrandissement du restaurant est une opportunité.

Travail à faire

1. Calculez le seuil de rentabilité et le point mort relatif au deuxième semestre N.
2. Calculez le seuil de rentabilité et le point mort en tenant compte des changements de structure pour N+1 (annexe 9, page 64).
3. Indiquez dans une note la solution qui vous semble la plus intéressante.

Annexe 1 ○ Compte de résultat de l'unité commerciale Unzo au 31/12/N

Charges		Produits	
Achats de marchandises Charges externes Impôts et taxes Charges de personnel Charges de gestion courante Dotations aux amortissements Charges financières Résultat	620 000 145 000 55 000 135 000 10 800 90 500 28 000 215 700	Ventes de marchandises	1 300 000
Total général	1 300 000	Total général	1 300 000

Annexe 2 ○ Tableau de reclassement des charges par variabilité (UC Unzo)

Charges	Total	Charges variables				Charges fixes	
		%	Achats	%	Distribution	%	Montant
Achats de marchandises		100					
Charges externes		30		30		40	
Impôts et taxes		15		15		70	
Charges de personnel		20		30		50	
Charges de gestion courante		50		20		30	
Dotations aux amortissements						100	
Charges financières						100	
Total							

Annexe 3 ○ Tableau différentiel (UC Unzo)

Éléments	Coûts	Marges	Taux
Chiffre d'affaires			
Charges variables :			
– Achats			
– Distribution			
Coût variable			
Marge sur coût variable			
Charges fixes			
Résultat			

Annexe 4 ○ Informations concernant le point de vente (société Camille)

- **Charges proportionnelles à l'activité (charges variables) :**
– achats des marchandises : 33 600 € ;
– approvisionnement : 8 200 € ;
– distribution : 9 500 €.
- **Charges de structure (fixes) :**
– salaires : 40 000 € ;
– administration : 20 000 € ;
– distribution : 2 300 €.
- **Chiffre d'affaires :** 145 000 €.

Annexe 5 ○ Analyse des charges par variabilité de l'unité commerciale Soleil

– Prix de vente du modèle Canabri 2000 : 595 € HT.
– Quantités vendues modèle Canabri 2000 : 2 500.
– Charges variables unitaires : 325 € HT.
– Charges fixes : 701 200 €.

Annexe 6 ○ Informations relatives à l'activité de l'exercice N (UC Funski)

– Chiffre d'affaires : 145 500 € HT.
– Charges variables : 75 200 €.
– Charges fixes : 48 700 €.

Annexe 7 ○ Coefficients saisonniers (UC Funski)

Trimestres	Coefficients saisonniers
Trimestre 1	1,25
Trimestre 2	0,80
Trimestre 3	0,50
Trimestre 4	1,45

Annexe 8 ○ Ventes trimestrielles pour N (UC Funski)

Trimestres	Coefficients saisonniers	Chiffre d'affaires trimestriel
Trimestre 1	1,25	
Trimestre 2	0,80	
Trimestre 3	0,50	
Trimestre 4	1,45	
Total		

Annexe 9 ○ Changement de structure (UC Del Mondo)

- **Charges proportionnelles à l'activité (charges variables) :**

– les frais d'achat seront augmentés de 8 % ;
– les frais relatifs au fonctionnement du restaurant diminueront de 3 % ;
– les commissions au personnel passeront de 3 % à 4,5 %.

- **Charges de structure (fixes) :**

– publicité : 18 000 € ;
– aménagement du restaurant : 150 000 € amortissable sur 4 ans en linéaire.

- **Chiffre d'affaires :** une augmentation de 20 % est prévue.

20 La détermination du prix de vente

Exercice 1 — Calculer un prix de vente

Corrigé ➲ p. 167

Gérant d'une friterie, vous vendez essentiellement des sandwiches-frites. Les éléments de votre coût de revient sont fournis en annexe 1, page 68.

Travail à faire

Calculez le prix de vente TTC d'un sandwich-frites.

Exercice 2 — Tenir compte des conditions de vente

Corrigé ➲ p. 167

L'entreprise Jourdain a vendu à son client Pierre Franck des lecteurs graveurs de DVD. Le prix catalogue est de 250 € HT. La négociation entre les établissements Jourdain et M. Franck a porté sur les quantités, les frais de port, le mode de paiement et les opérations commerciales ponctuelles.
M. Franck a commandé 250 lecteurs graveurs. Il a négocié la participation de l'entreprise Jourdain à l'opération commerciale de Noël.

Travail à faire

À partir des conditions de vente de l'entreprise Jourdain (annexe 2, page 68) et des informations données précédemment, quel prix M. Franck va-t-il payer, sachant qu'il règle comptant ?

Exercice 3 — Calculer le montant de factures

Corrigé ➲ p. 168

Le 5 septembre, M. Bréant a commandé auprès de son concessionnaire, les établissements Colnago, un vélo de course aux conditions suivantes :
- prix HT : 3 541 € ;
- TVA : 20 % ;
- remise 5 % ;
- accessoires divers : 80 € HT ;
- paiement comptant.

Travail à faire

1. Calculez le net à payer.
2. Les Éts Colnago proposent à M. Bréant de lui reprendre son vieux vélo pour 500 €. Quel sera le prix finalement payé par M. Bréant ? De quelle réduction aura-t-il bénéficié en pourcentage par rapport au prix public normal ?
3. Établissez la facture.

Exercice 4 — Calculer les indicateurs relatifs au prix

Corrigé ➲ p. 169

L'entreprise « Le Roi du matelas » doit établir le prix de vente de ses matelas.

Travail à faire

1. Quel sera le prix TTC d'un matelas acheté 130 € HT compte tenu de frais d'achat estimés à 10 % du prix d'achat et d'un taux de marque de 30 % ?

2. Quel est le coefficient multiplicateur appliqué par Le Roi du matelas ?

3. Le Roi du matelas organise une opération promotionnelle tous les ans en juillet : le matelas est alors proposé à 160 € HT. Calculez le taux de marque appliqué. Quel est le nouveau coefficient multiplicateur ?

Exercice 5 — Remplir une facture

Corrigé ➲ p. 169

M. Lefèvre, employé au service comptable du garage Nicolas, vous demande d'établir la facture qu'il a reçue de son fournisseur, M. Degrelle. Les détails de cette facture vous sont fournis en annexe 3, page 68.

Travail à faire

Complétez la facture en détaillant vos calculs.

Exercice 6 — Tenir compte des conditions de vente

Corrigé ➲ p. 170

Le 30/11/N, l'entreprise Dubosc envoie la facture n° 21 aux Éts Sory pour la commande de 400 chaises.
Les conditions ont été les suivantes :
– prix de vente : 8 € ;
– remise de 3 %, puis 5 % successivement ;
– escompte : 2 % ;
– taux de TVA normal.
Le 02/12/N, l'entreprise Sory informe la société Dubosc que la moitié de la livraison reçue présente des défauts.
Le jour-même, l'entreprise Dubosc établit une facture d'avoir précisant : le retour de marchandises et un rabais de 3 % sur les marchandises que les Éts Sory conservent.

Travail à faire

Présentez les factures du 30/11/N et du 02/12/N.

Exercice 7 — Retrouver les éléments relatifs au calcul du prix

Corrigé ➲ p. 170

Le service comptable vous a fourni divers éléments relatifs au calcul du prix de revient des produits vendus dans votre entreprise.

Travail à faire

Complétez le tableau en annexe 4, page 68.

Exercice 8 — Appliquer les calculs relatifs aux prix

Corrigé ➲ p. 171

Vous êtes acheteur dans un magasin de jouets. Vous disposez des informations suivantes :
- le prix d'achat du jouet est de 87,50 € ;
- le prix de vente est de 330 € TTC ;
- le coût d'achat s'élève à 120 % du PA HT ;
- la TVA est au taux normal.

Travail à faire

1. Quel est le coût d'achat ?

2. Quelle est la marge ?

3. Quel est le taux de marque pratiqué ? le taux de marge ?

4. Quel est le coefficient multiplicateur ?

5. Quel est le montant de la TVA versée à l'État ?

Exercice 9 — Établir des factures

Corrigé ➲ p. 171

La société Phobère fournit des avocats au supermarché Tibo de Sainte-Rose (Guadeloupe). Le tarif franco de port est de 1 € HT pour les avocats petit gabarit et de 1,50 € HT pour les avocats gros gabarit.
Les remises par quantités sont les suivantes :
- 1 % pour 100 à 300 avocats livrés ;
- 2 % pour 301 à 400 avocats livrés ;
- 3 % pour 401 à 500 avocats livrés.

Les ristournes annuelles sont les suivantes :
- 2 % pour 50 000 à 100 000 € de chiffre d'affaires ;
- 3 % pour 100 à 150 000 € de chiffre d'affaires ;
- 4 % au-delà de 150 000 €.

Le 24 mars N, le chef de secteur du supermarché Tibo reçoit une livraison d'avocats gros gabarit, dont une partie est impropre à la consommation. La société Phobère décide donc d'accorder un geste commercial et de diminuer de 30 % le prix des avocats livrés. Le litige porte sur une livraison de 500 avocats.

Travail à faire

1. Comment appelle-t-on cette baisse de prix ?

2. Établissez la facture de départ en HT.

3. Établissez la facture définitive en HT.

Le taux de marque du supermarché Tibo se monte à 30 % (sans tenir compte des rabais, remises ou ristournes obtenues).

Travail à faire

4. Quel est le prix de vente des avocats (TVA réduite) ?

5. Si le chiffre d'affaires annuel réalisé avec le supermarché Tibo s'élève à 124 500 €, quel sera le montant de la ristourne ?

Annexe 1 ○ Éléments relatifs au prix de revient (friterie)

- Pain 0,10 €
- Pommes de terre : 0,30 €
- Ingrédients : 0,50 €
- Locations matériel de cuisson : 0,20 €
- Frais de personnel : 1 €
- Location du local : 0,50 €
- Taux de marge : 30 %
- TVA : 5,5 %

Annexe 2 ○ Extrait des conditions de vente de l'entreprise Jourdain

Quantités commandées	
< 200 unités	5 % de remise
200 – 299 unités	10 % de remise
300 – 399 unités	15 % de remise
400 – 499 unités	20 % de remise
Port	
Si net commercial ≤ 50 000 €	Forfait de 1 000 €
Si net commercial > 50 000 €	Franco
Conditions de paiement	30 % à la livraison et traite à 30 jours
ou	paiement comptant 2 % d'escompte
Participation à l'opération commerciale du client	2 % de remise supplémentaire

Annexe 3 ○ Du coût d'achat au prix de vente (garage Nicolas)

Prix d'achat	
Remise pour quantités 20 %	
1er net commercial	
Remise pour promotion 5 %	
Prix d'achat net HT	9 977,96
Frais d'achat 7 %	
Coût d'achat	
Marge brute	
Prix de vente HT	
TVA taux normal	
Prix de vente TTC	16 377,42

Annexe 4 ○ Du coût d'achat au prix de vente

	Produit 1	Produit 2	Produit 3	Produit 4
Coût d'achat HT	1 800		80	235
Taux de marge	35 %	50 %		
Marge				
PV HT				239
TVA	Taux normal	Taux normal	Taux normal	Taux réduit
PV TTC		155		
Coefficient multiplicateur			2	

21 Les critères de fixation du prix de vente

Exercice 1 — Calculer le prix psychologique

Corrigé ➲ p. 172

Vous travaillez dans une boulangerie qui a pour coutume de commercialiser chaque mois un nouveau pain. Vous devez calculer le prix psychologique du pain qui sera vendu le mois prochain, le pain crétois. Vous disposez en annexe 1, page 71, des résultats d'une enquête qui a été réalisée auprès des clients. Les questions posées étaient les suivantes :
1) Au-dessus de quel prix n'achèteriez-vous pas ce pain car vous le trouveriez trop cher ?
2) En dessous de quel prix n'achèteriez-vous pas ce pain car vous penseriez qu'il est de mauvaise qualité ?

Travail à faire

1. Déterminez le prix psychologique par le calcul.

2. Déterminez le prix psychologique par le graphique.

Exercice 2 — Appliquer les calculs relatifs au prix

Corrigé ➲ p. 173

L'entreprise Tout pour le Bureau est spécialisée dans la fabrication de classeurs, transparents et papier. Ses clients sont les libraires, les supérettes et les petits magasins indépendants.
Sur le créneau des supérettes, les ventes de classeurs de l'entreprise Tout pour le Bureau semblent poser problème puisque l'évolution de la part de marché de l'entreprise n'a progressé que de 0,2 % au cours des trois dernières années. Vous souhaitez comprendre les raisons de ce problème.

Travail à faire

À partir des annexes 2 à 4, page 71, répondez aux questions suivantes.

1. Calculez le prix public moyen des classeurs dans les différentes formes de commerce.

2. Comparez ce prix au prix de vente des classeurs de l'entreprise Tout pour le Bureau. Qu'en concluez-vous ? Quelle est la stratégie de prix utilisée par les libraires et les supérettes ?

3. Le 8 janvier N, M. Legall, gérant d'une librairie à Jeumont (Nord), passe la commande suivante :
- 500 classeurs bleus ;
- 350 classeurs verts ;
- 700 classeurs noirs.

Calculez le montant de sa facture HT.

4. Calculez le taux de marge moyen réalisé sur la commande sachant que le taux de marge pratiqué sur les classeurs bleus et verts est de 15 % et de 12 % sur les classeurs noirs.

Exercice 3 — Calculer un chiffre d'affaires prévisionnel et les coefficients d'élasticité

Corrigé ○ p. 174

Le chef du secteur sanitaire d'une grande surface spécialisée de la région Nord, dans laquelle vous travaillez, a remarqué que les ventes de pompes vide-caves avaient diminué au cours des deux derniers trimestres. Le chiffre d'affaires mensuel des pompes atteint 289 000 € pour 1 700 produits vendus. Stagiaire dans cette entreprise, vous décidez de mettre en place une opération commerciale sur ce produit et de baisser le prix de 30 % au cours du mois suivant. L'élasticité pour ce produit est de – 2.

Travail à faire

1. Calculez le chiffre d'affaires prévisionnel du sous-rayon Pompes.

Votre gamme de pompes vide-caves se compose de trois marques : Maxi Pomp, Maxi Vid et Maxi Total. Vous avez finalement décidé de faire l'opération commerciale uniquement sur la pompe Maxi Total. Vous constatez les résultats donnés en annexe 5, page 72.

Travail à faire

2. Calculez l'élasticité de la demande de la pompe Maxi Vid par rapport à Maxi Total. Qu'en concluez-vous ?

Exercice 4 — Calculer l'élasticité de la demande

Corrigé ○ p. 175

La compagnie aérienne Mouthuy Airways souhaite revoir sa politique tarifaire afin d'augmenter le nombre de ses clients pour les vols Paris – Pointe-à-Pitre. Des études récentes ont permis d'établir que la demande quotidienne de billets d'avion entre ces deux destinations suit la tendance détaillée dans le tableau de l'annexe 6, page 72.

Travail à faire

Calculez l'élasticité de la demande de billets si le prix passe de 1 200 € à 700 € pour la classe économique, et de 2 400 € à 800 € pour la classe affaires.

Exercice 5 — Tenir compte des éléments relatifs au prix

Corrigé ○ p. 175

Le magasin Micro 3000 commercialise des clés USB. Il a remarqué que la demande varie lorsqu'il modifie leur prix (annexe 7, page 72)

Travail à faire

1. Calculez le coefficient d'élasticité prix.

Les quantités de clés USB écoulées l'an dernier sont consignées dans l'annexe 8, page 72. Micro 3000 envisage de modifier ses prix de vente afin de maximiser son chiffre d'affaires : deux solutions sont possibles (annexe 9, page 72). On considère que le changement de prix d'un modèle n'a aucune incidence sur les ventes des autres modèles.

Travail à faire

2. Quelle solution l'entreprise doit-elle choisir ?

Annexe 1 ○ Résultats de l'enquête relative au prix psychologique

Prix de vente	Nombre de réponses à la question 1	Nombre de réponses à la question 2
Moins de 1 €	0	76
1,30 €	0	338
1,50 €	67	379
1,80 €	81	117
2,00 €	137	90
2,30 €	217	0
2,50 €	242	0
2,80 €	168	0
3,00 €	79	0
plus de 3,00 €	9	0
	1 000	1 000

Annexe 2 ○ Extrait du tarif classeurs (prix distributeurs HT)

Référence	Couleur	Prix
27	Bleu	2,00 €
28	Rouge	2,00 €
29	Vert	2,20 €
30	Jaune	2,20 €
31	Noir	2,40 €

Le taux de marque habituellement pratiqué est de 22 %. Le taux de TVA est de 20 %.

Annexe 3 ○ Évolution de la répartition des ventes de classeurs en supérettes, magasins indépendants et librairies

	Supérettes			Magasins indépendants			Librairies		
Ventes	N–1	N–2	N–3	N–1	N–2	N–3	N–1	N–2	N–3
Volume	17 432	17 345	17 259	9 715	9 312	8 905	6 107	5 020	4 502
Valeur (TTC)	26 148	24 283	20 012	29 145	27 005	26 074	27 481	22 088	19 359

Annexe 4 ○ Conditions de vente de Tout pour le Bureau

Remise quantitative :
- De 0 à 250 classeurs : 0 %
- De 251 à 400 classeurs : 2 %
- De 401 à 600 classeurs : 3 %
- Plus de 600 classeurs : 4 %

Remise pour commande précoce : 2 % pour toute commande parvenant entre le 01/09 et le 01/12.

Annexe 5 ○ Ventes de pompes vide-caves

	Maxi Pomp	Maxi Vid	Maxi Total
Avant la promotion Quantités vendues Prix de vente	 150 80	 400 150	 100 200
Après la promotion Quantités vendues Prix de vente	 200 80	 300 150	 250 140

Annexe 6 ○ Évolution des ventes de billets d'avion en fonction du prix

Prix en €	Billets classe économique	Prix en €	Billets classe affaires
400	3 100	800	1 000
700	2 800	1 400	800
1 000	1 900	2 000	600
1 200	1 800	2 400	400

Annexe 7 ○ Variation des ventes en fonction du prix (magasin Micro 3000)

Modèle de clé	Variation du prix	Augmentation des ventes
2 Go	– 12%	+ 1 %
4 Go	– 4%	+ 6 %
8 Go	– 16%	+ 0,5 %
16 Go	– 2,7%	+ 3 %

Annexe 8 ○ Ventes de clés USB

Type de clé	Ventes réalisées	Prix de base (en €)
2 Go	150 000	15
4 Go	175 000	25
8 Go	125 000	39
16 Go	95 000	79

Annexe 9 ○ Modification du prix des clés USB

Référence	Solution 1	Solution 2
2 Go	Pas de modification	12 €
4 Go	22 €	Pas de modification
8 Go	Pas de modification	32 €
16 Go	69 €	Pas de modification

22 Le compte de résultat et son analyse

Exercice 1 Présenter et analyser un compte de résultat

Corrigé ○ p. 177

La société Berto a mis au point un nouveau produit sur le marché des composants électroniques. Le manageur de la société vous remet des documents comptables (annexes 1 et 2, pages 74 et 75) afin de dresser le compte de résultat pour l'année N. Il souhaite, compte tenu du lancement de son nouveau produit, que vous meniez une étude de son activité.

Travail à faire

1. En étudiant la balance et le compte de résultat fournis en annexes 1 et 2, établissez le compte de résultat de l'année N (annexe 2). Indiquez la nature de la société Berto.
2. Pour les exercices N et N–1, déterminez le résultat d'exploitation, le résultat financier et le résultat exceptionnel. Commentez les résultats.

Exercice 2 Déterminer le résultat d'une unité commerciale

Corrigé ○ p. 178

Le responsable de l'unité commerciale Caribou vous remet les éléments comptables permettant de déterminer le résultat pour l'exercice N (annexe 3, page 76).

Travail à faire

Calculez le résultat de l'unité commerciale pour l'exercice N.

Exercice 3 Établir un compte de résultat, calculer le résultat d'exploitation, le résultat financier et le résultat exceptionnel

Corrigé ○ p. 178

Le manageur de l'entreprise Claudius vous demande d'établir son compte de résultat pour l'exercice N. Il vous remet la balance de l'exercice N (annexe 4, page 76).

Travail à faire

1. En étudiant la balance, indiquez si l'activité de l'entreprise est commerciale ou non. Présentez le compte de résultat de l'année N (modèle de compte de résultat en annexe 2, page 75).
2. Pour l'exercice N, calculez le résultat d'exploitation, le résultat financier et le résultat exceptionnel.

Annexe 1 ○ Balance de la société Berto au 31/12/N

N°	Libellés	Débit	Crédit
601	Achats stockés – Matières premières	221 320	
6031	Variation des stocks de matières premières	21 340	
6037	Variation des stocks de marchandises	900	
607	Achats de marchandises	14 760	
6087	Frais accessoires sur achats de marchandises	600	
6097	RRR obtenus sur achats de marchandises		650
611	Achats de sous-traitance	26 880	
616	Primes d'assurances	4 000	
617	Études et recherches	5 850	
623	Publicité, publications, relations publiques	6 750	
625	Déplacements, missions et réceptions	640	
627	Services bancaires et assimilés	2 300	
630	Impôts, taxes et versements assimilés	6 300	
641	Rémunérations du personnel	47 800	
645	Charges de sécurité sociale et de prévoyance	23 000	
665	Escomptes accordés	5 960	
667	Charges nettes sur cessions de VMP	740	
671	Charges exceptionnelles sur opérations de gestion	340	
675	Valeurs comptables des éléments d'actif cédés	4 900	
6811	Dotations aux amortissements (immobilisations incorporelles et corporelles)	17 600	
6817	Dotations aux provisions pour dépréciation des actifs circulants	3 600	
6865	Dotations aux provisions pour dépréciation des éléments financiers	760	
687	Dotations aux amortissements et aux provisions (charges exceptionnelles)	210	
701	Ventes de produits finis		345 700
707	Ventes de marchandises		19 850
708	Produits des activités annexes		4 500
7091	RRR accordés sur ventes de produits finis	19 840	
7097	RRR accordés sur ventes de marchandises	760	
7135	Variation des stocks de produits		9 500
750	Autres produits de gestion courante		3 470
761	Produits de participations		3 260
764	Revenus de VMP		1 150
767	Produits nets sur cessions de VMP		2 420
771	Produits exceptionnels sur opérations de gestion		110
775	Produits des cessions d'éléments d'actif		5 300
78174	Reprises sur provisions pour dépréciation des créances		420
7866	Reprises sur provisions pour dépréciation des éléments financiers		260

Annexe 2 ○ Compte de résultat de la société Berto au 31/12/N

Charges HT	31/12/N	31/12/N–1
Charges d'exploitation		
Achats de marchandises		17 960
Variation des stocks de marchandises		500
Achats stockés d'approv. :		
Matières premières		180 200
Variation des stocks d'approv. :		6 890
Services extérieurs		23 480
Autres services extérieurs		8 650
Impôts, taxes et vers. assimilés		6 100
Charges de personnel :		
Salaires et traitements		35 100
Charges sociales		17 500
Dotations aux amortissements et aux provisions :		
Sur immobilisations : dotations aux amortissements		7 000
Sur actif circulant : dotations aux provisions		1 300
Total exploitation		**304 680**
Charges financières		
Dotations aux amortissements et provisions		1 340
Intérêts et charges assimilées		3 980
Charges nettes/cessions de VMP		320
Total financier		**5 640**
Charges exceptionnelles		
Sur opérations de gestion		210
Sur opérations en capital :		
Valeurs comptables des éléments immobilisés cédés		3 800
Dotations aux amortissements et provisions		190
Total exceptionnel		**4 200**
Impôt sur les bénéfices		**21 837**
Solde créditeur = BÉNÉFICE		**43 683**
TOTAL GÉNÉRAL		**380 040**

Produits HT	31/12/N	31/12/N–1
Produits d'exploitation		
Ventes de marchandises		23 100
Production vendue :		
Biens		335 650
Produits des activités annexes		3 600
Montant net du chiffre d'affaires		362 350
Production stockée :		
Produits		5 400
Reprise sur provisions et amortissements		620
Autres produits		2 100
Total exploitation		**370 470**
Produits financiers		
De participations		3 450
Autres intérêts et produits assimilés		1 200
Reprises sur provisions, transferts de charges		430
Produits nets sur cessions de VMP		1 670
Total financier		**6 750**
Produits exceptionnels		
Sur opérations de gestion		80
Sur opérations en capital :		
Produits des cessions d'éléments d'actif		2 740
Total exceptionnel		**2 820**
Solde débiteur = PERTE		
TOTAL GÉNÉRAL		**380 040**

Annexe 3 ◘ Données comptables de l'UC Caribou au 31/12/N

– Achats de marchandises : 35 000 €.
– Ventes de marchandises : 78 500 €.
– Frais de personnel : 15 000 €.
– Publicité : 2 000 €.
– Impôts et taxes : 8 600 €.
– Charges d'intérêts : 1 300 €.
– Dotations aux amortissements : 5 000 €.
– Escomptes obtenus : 800 €.
– Frais postaux : 250 €.
– Amendes : 30 €.

Annexe 4 ◘ Balance de l'entreprise Claudius au 31/12/N

N°	Libellés	Débit	Crédit
6037	Variation des stocks de marchandises	8 830	
606	Achats non stockés de matières et fournitures	6 520	
607	Achats de marchandises	402 570	
613	Locations	14 490	
615	Entretien et réparations	10 700	
616	Primes d'assurances	31 500	
623	Publicité, publications, relations publiques	15 370	
626	Frais postaux et de télécommunications	550	
627	Services bancaires et assimilés	2 350	
630	Impôts, taxes et versements assimilés	19 060	
641	Rémunérations du personnel	132 450	
645	Charges de sécurité sociale et de prévoyance	56 780	
661	Charges d'intérêts	26 230	
667	Charges nettes sur cessions de VMP	420	
675	Valeurs comptables des éléments d'actif cédés	8 560	
6811	Dotations aux amortissements (immobilisations incorporelles et corporelles)	25 630	
6817	Dotations aux provisions pour dépréciation des actifs circulants	4 500	
6865	Dotations aux provisions pour dépréciation des éléments financiers	1 450	
687	Dotations aux amortissements et aux provisions (charges exceptionnelles)	750	
695	Impôt sur les bénéfices	34 750	
707	Ventes de marchandises		834 210
708	Produits des activités annexes		5 685
750	Autres produits de gestion courante		345
764	Revenus de VMP		2 450
767	Produits nets sur cessions de VMP		760
775	Produits des cessions d'éléments d'actif		9 700
78174	Reprises sur provisions pour dépréciation des créances		560
7866	Reprises sur provisions pour dépréciation des éléments financiers		345
	TOTAUX	**803 460**	**854 055**

23 Les soldes intermédiaires de gestion

Exercice 1 — Calculer les SIG et les ratios

Corrigé ➲ p. 180

Vous êtes gérant(e) de l'entreprise Rassau et vous souhaitez analyser la santé financière de votre société. Vous disposez pour cela des comptes de résultat des années N et N–1 (annexe 1, page 78).

Travail à faire

1. Présentez le tableau des soldes intermédiaires de gestion pour l'année N.

2. Calculez les ratios suivants pour les années N–1 et N et analysez-les :

$$\frac{\text{Valeur ajoutée}}{\text{Chiffre d'affaires}}, \frac{\text{Charges de personnel}}{\text{Valeur ajoutée}}, \frac{\text{Résultat d'exploitation}}{\text{Chiffre d'affaires}}, \frac{\text{EBE}}{\text{Chiffre d'affaires}}.$$

Exercice 2 — Calculer les SIG et les analyser

Corrigé ➲ p. 181

M. David possède une entreprise de couverture. Vous êtes stagiaire dans sa société ; il vous confie le résultat de ses affaires pour les deux dernières années (annexe 2, page 78).

Travail à faire

1. Calculez les SIG des années 1 et 2.

2. Donnez votre avis quant à l'évolution de la situation financière de l'entreprise.

Exercice 3 — Calculer des SIG

Corrigé ➲ p. 182

Vous venez d'être embauché(e) chez Dufossez SA. Le directeur financier vous fournit son compte de résultat (annexe 3, page 79).

Travail à faire

Calculez les SIG.

Exercice 4 — Calculer et analyser les SIG

Corrigé ➲ p. 183

Adjoint(e) du directeur financier de la société Lespagnol, vous disposez du compte de résultat fourni en annexe 4, page 80.

Travail à faire

1. Calculez les SIG.

2. Analysez ces résultats par le calcul des ratios suivants : taux de marge commerciale et taux de marge bénéficiaire.

Annexe 1 ○ Compte de résultat de l'entreprise Rassau

Charges	N	N–1	Produits	N	N–1
Charges d'exploitation			**Produits d'exploitation**		
Achats de marchandises			Ventes de marchandises		
Variation de stock			Production vendue	877 881,60	736 225,80
Achats de mat. 1res et autres approv.	158 561,20	128 588,60	Sous-total A : montant net du CA	877 881,60	736 225,80
Variation de stock	1 284,40	– 8 595,40	Production stockée		
Autres achats et charges externes	209 829,40	203 742,40	Production d'exploitation		
Impôts, taxes et vers. assimilés	25 887,40	18 370,00	Subventions d'exploitation	326,00	
Salaires et traitements	286 532,80	244 445,00	Reprises sur provisions	20 501,20	
Charges sociales	93 683,60	76 189,40	Sous-total B	20 827,20	
Dot. aux amort. ^{s}/ immob.	38 250,60	24 589,20			
Dot. aux prov. ^{s}/ actif circulant	8 442,00	13 466,80			
Autres charges	29 973,20				
TOTAL	**852 444,60**	**700 796,00**	**TOTAL**	**898 708,80**	**736 225,80**
Quote-part sur op. en commun			Quote-part sur op. en commun		
Intérêts et charges assimilés	6 119,00	4 325,80	Produits financiers		
			D'autres valeurs mobilières		4 355,40
			Autres intérêts et pduits assim.		
TOTAL	**6 119,00**	**4 325,80**	**TOTAL**		**4 355,40**
Charges exceptionnelles		2 029,60	**Produits exceptionnels**	3 987,40	830,80
Sur opérations de gestion		5 581,40	Sur opération de gestion		6 000,00
Sur opérations en capital		6 000,00	Sur opération en capital		
TOTAL		**13 611,00**	**TOTAL**	**3 987,40**	**6 830,80**
Participation des salariés					
Impôt sur les bénéfices	16 481,20	11 317,00			
TOTAL DES CHARGES	**875 044,80**	**730 049,80**	**TOTAL DES PRODUITS**	**902 696,20**	**747 412,00**
Solde créditeur : bénéfice	27 651,40	17 362,20	Solde débiteur : perte		
TOTAL GÉNÉRAL	**902 696,20**	**747 412,00**	**TOTAL GÉNÉRAL**	**902 696,20**	**747 412,00**

Annexe 2 ○ Comptes de résultat des années 1 et 2 (entreprise de M. David)

	Année 1	**Année 2**
Achats de marchandises		
Assurances	3 800,00	3 876,00
Carburant	3 000,00	3 060,00
Charges sociales	36 754,71	61 984,28
Chiffre d'affaires	275 000,00	398 750,00
Crédit-bail véhicule	4 370,00	4 457,00
Eau + Énergie	640,00	652,80
Entretien	1 400,00	1 428,00
Fournitures de bureau	700,00	714,00
Honoraires	2 600,00	2 652,00
Impôts et taxes	3 761,00	5 787,35
Location	5 500,00	5 610,00
Matières premières	93 500,00	135 575,00
Petit outillage	2 500,00	2 550,00
Produits d'entretien		
Publicité		
Réceptions	750,00	765,00
Salaires	87 511,22	147 581,62
Services bancaires	1 200,00	1 224,00
Téléphone - Poste	2 100,00	2 142,00

Annexe 3 ⭘ Compte de résultat de la SA Dufossez

PRODUITS		
Produits d'exploitation		
Ventes de marchandises	135 522,00	
Production vendue	1 365,00	
Chiffre d'affaires		136 887,00
Reprises sur provisions		1 016,00
TOTAL		**137 903,00**
Produits financiers		**68,00**
Intérêts et produits assimilés	68,00	
Produits exceptionnels		**622,00**
Sur opérations de gestion	63,00	
Sur opérations en capital	20,00	
Reprises sur provisions	539,00	
TOTAL		**138 593,00**
RÉSULTAT		240,00
TOTAL GÉNÉRAL		**138 833,00**
CHARGES		
Charges d'exploitation		**104 178,00**
Achats de marchandises	108 918,00	
Variations de stocks de marchandises	– 4 740,00	
Consommations de l'exercice en provenance de tiers		**7 385,00**
Achats stockés d'approvisionnements	729,00	
Achats non stockés de matières et fournitures	261,00	
Services extérieurs		
Personnel extérieur	5 579,00	
Crédits-bails	816,00	
Impôts, taxes et versements assimilés		**1 284,00**
Charges de personnel		**17 728,00**
Salaires et traitements	12 127,00	
Charges sociales	5 601,00	
Dotations aux amortissements et provisions		**2 547,00**
Sur immobilisations : aux amortissements	873,00	
Sur actif circulant : aux provisions	1 424,00	
Pour risques et charges : aux provisions	250,00	
Autres charges		58,00
TOTAL		**133 180,00**
Charges financières		**4 193,00**
Intérêts et charges assimilés	4 193,00	
Charges exceptionnelles		**1 307,00**
Sur opérations de gestion	60,00	
Sur opérations en capital	1 247,00	
Impôt sur les bénéfices		153,00
TOTAL GÉNÉRAL		**138 833,00**

Annexe 4 ○ Compte de résultat de la société Lespagnol

Produits d'exploitation	
Ventes de marchandises	9 000
Production vendue	19 600
Montant net du chiffre d'affaires	28 600
Production stockée	246
Production immobilisée	50
Subventions d'exploitation	44
Reprises sur amortissements et provisions	60
Autres produits	200
Total 1	**29 200**
Charges d'exploitation	
Achats de marchandises	4 196
Variations du stock de marchandises	– 196
Achats de matières et autres approvisionnements	90
Variations du stock de matières premières	10
Autres achats et charges externes	2 340
Impôts et taxes	2 690
Salaires et traitements	9 180
Charges sociales	4 468
Dotations aux amortissements et provisions	1 572
Autres charges	50
Total 2	**24 400**
Résultat d'exploitation	**4 800**

Produits financiers	
Produits financiers de participation	1 600
Autres intérêts et produits assimilés	900
Reprises sur amortissements et provisions	80
Différences positives de change	–
Produits nets sur cessions de valeurs mobilières de placement	–
Total 3	**2 580**
Charges financières	
Dotations aux amortissements et provisions	680
Intérêts et charges assimilées	1 780
Différences négatives de change	–
Charges nettes sur cession de valeurs mobilières de placement	–
Total 4	**2 460**
Résultat financier	**120**
Résultat courant	**4 920**
Produits exceptionnels	
Sur opérations de gestion	–
Sur opérations en capital	900
Reprises sur amortissements et provisions	40
Total 5	**940**
Charges exceptionnelles	
Sur opérations de gestion	–
Sur opérations en capital	240
Dotations aux amortissements et provisions	460
Total 6	**700**
Résultat exceptionnel	**240**
Participation des salariés aux fruits de l'expansion	374
Impôt sur les bénéfices	1 786
Résultat	**3 000**

24 La capacité d'autofinancement

Exercice 1 — Calculer la capacité d'autofinancement

Corrigé ➲ p. 184

La société Manseur fabrique des composants pour les moteurs de centrales nucléaires. Elle a subi au cours des dernières années des restructurations à cause de la mauvaise conjoncture économique du secteur. Vous êtes stagiaire et votre tuteur vous confie une étude sur la santé financière de l'entreprise Manseur.
Vous disposez des documents suivants (annexes 1 et 2, pages 82 et 83) :
- le bilan au 31/12/N–1 ;
- le bilan au 31/12/N.

Au cours de l'année N, l'entreprise a cédé une machine-outil pour un montant de 31 700 €. Le prix d'achat de ce matériel était de 60 000 €, le montant des amortissements s'élève à 6 000 €.

Travail à faire

Calculez le montant de la CAF pour l'année N.

Exercice 2 — Calculer la capacité d'autofinancement

Corrigé ➲ p. 184

L'entreprise Dubosc commercialise des plafonds tendus dans l'agglomération lilloise. Elle souhaite développer son activité en étendant sa zone de chalandise, car elle s'est rendu compte que la demande est importante et qu'elle est la seule société sur le secteur Nord-Pas-de-Calais. En tant que responsable du service comptable, vous devez mesurer la capacité de votre entreprise à s'autofinancer. Vous avez à votre disposition le compte de résultat de l'année N (annexe 3, page 84).

Travail à faire

À partir du compte de résultat, calculez la CAF.

Exercice 3 — Calculer la capacité d'autofinancement et les soldes intermédiaires de gestion

Corrigé ➲ p. 185

Les établissements Scieur, négociants en matériaux, ont l'intention de recourir à un emprunt bancaire pour financer la construction de nouveaux locaux, qui leur permettront d'offrir à leurs clients un hall d'exposition plus grand. M. Scieur souhaite préparer son rendez-vous avec le conseiller financier et vous confie son compte de résultat (annexe 4, page 84).

Travail à faire

À partir du compte de résultat, calculez les SIG et la CAF.

Annexe 1 ○ Bilan de l'entreprise Manseur après répartition au 31/12/N–1

ACTIF	Brut	Amortissement	Net
Immobilisations incorporelles			
Frais d'établissement	20 000,00	6 666,67	13 333,33
Frais de recherche et développement			
Concessions, brevets, licences	166 666,67		166 666,67
Fonds commercial			
Immobilisations corporelles			
Terrains	100 000,00		100 000,00
Constructions	533 333,33	26 666,67	506 666,67
Installations techniques, outillage	235 466,67	33 933,33	201 533,33
Autres immobilisations corporelles	66 666,67		61 666,67
Immobilisations financières			
Participations			
Autres titres immobiliers			
Prêts			
Autres	8 400,00		8 400,00
TOTAL	**1 130 533,33**	**67 266,67**	**1 063 266,67**
Actif circulant			
Matières premières	71 666,67		71 666,67
Encours de production			
Produits intermédiaires	383 333,33	18 800,00	364 533,33
Créances d'exploitation	34 666,67		34 666,67
Créances clients	142 400,00	10 333,33	132 066,67
Autres	33 133,33		33 133,33
Créances diverses	26 533,33		26 533,33
Valeurs mobilières de placement			
Autres titres	12 933,33		12 933,33
Disponibilités	129 200,00		129 200,00
Charges constatées d'avance	3 400,00		3 400,00
TOTAL	**837 266,67**	**29 133,33**	**808 133,33**
TOTAL GÉNÉRAL	**1 967 800,00**	**96 400,00**	**1 871 400,00**

PASSIF	
Capitaux propres	
Capital	1 333 333,33
Réserves	
Réserve légal	21 666,67
Autres	50 000,00
Report à-nouveau	1 666,67
TOTAL	**1 406 666,67**
Provisions pour risques	53 333,33
TOTAL	**53 333,33**
Dettes	
Dettes financières	
Emprunts et dettes auprès des éts de crédit*	93 933,33
Dettes d'exploitation	
Dettes fournisseurs	163 466,67
Dettes fiscales et sociales	19 600,00
Autres	10 333,33
Dettes diverses	
Autres**	115 200,00
Produits constatés d'avance	4 533,33
TOTAL	**403 066,67**
TOTAL GÉNÉRAL	**1 863 066,67**

* dont concours bancaires courants 40 333,33.

** dont dividendes à payer : 93 333,33.

Annexe 2 ○ Bilan de l'entreprise Manseur avant répartition au 31/12/N

ACTIF	Brut	Amortissement	Net
Capital souscrit non appelé	250 000,00		250 000,00
Immobilisations incorporelles			
Frais d'établissement	26 666,67	16 666,67	10 000,00
Frais de recherche et développement			
Concessions, brevets, licences	166 666,67		166 666,67
Fonds commercial			
Immobilisations corporelles			
Terrains	160 000,00		160 000,00
Constructions	533 333,33	53 333,33	480 000,00
Installations techniques, outillage	304 266,67	53 533,33	250 733,33
Autres immobilisations corporelles	66 666,67	5 000,00	61 666,67
Immobilisations financières			
Participations			
Autres titres immobiliers			
Prêts			
Autres	16 933,33		16 933,33
TOTAL	**1 524 533,33**	**128 533,33**	**1 396 000,00**
Actif circulant			
Matières premières	100 000,00		100 000,00
Encours de production			
Produits intermédiaires	376 533,33	24 933,33	351 600,00
Avances et acomptes sur commandes	36 666,67		36 666,67
Créances d'exploitation			–
Créances clients	132 133,33	13 733,33	118 400,00
Autres	24 266,67		24 266,67
Créances diverses	26 866,67		26 866,67
Valeurs mobilières de placement			–
Autres titres	13 533,33		13 533,33
Disponibilités	149 800,00		149 800,00
Charges constatées d'avance	2 933,33		2 933,33
TOTAL	**862 733,33**	**38 666,67**	**824 066,67**
TOTAL GÉNÉRAL	**2 387 266,67**	**167 200,00**	**2 220 066,67**

PASSIF	
Capitaux propres	
Capital (dont versé 1 416 666,66)	1 666 666,67
Primes d'émission	26 666,67
Réserves	
Réserve légale	21 666,67
Autres	50 000,00
Report à-nouveau	1 666,67
Résultat de l'exercice	75 000,00
TOTAL	**1 841 666,67**
Provisions pour risques	60 000,00
TOTAL	**60 000,00**
Dettes	
Dettes financières	
Emprunts et dettes auprès des éts de crédit*	126 600,00
Dettes d'exploitation	
Dettes fournisseurs	141 533,33
Dettes fiscales et sociales	21 066,67
Autres	11 200,00
Dettes diverses	
Autres	13 133,33
Produits constatés d'avance	4 866,67
TOTAL	**318 400,00**
TOTAL GÉNÉRAL	**2 220 066,67**

* dont concours bancaires courants : 46 666,67.

Annexe 3 ○ Compte de résultat de l'entreprise Dubosc (année N)

Produits d'exploitation		**Produits financiers**	
Ventes de marchandises	22 500	Produits financiers de participation	8 000
Production vendue	49 000	Autres intérêts et produits assimilés	4 500
Montant net du chiffre d'affaires	71 500	Reprises sur amortissements et provisions	400
Production stockée	615		
Production immobilisée	125		
Subventions d'exploitation	110		
Reprises sur amortissements et provisions	150		
Autres produits	1 000		
TOTAL	**73 500**	**TOTAL**	**12 900**
Charges d'exploitation		**Charges financières**	
Achats de marchandises	10 490	Dotations aux amortissements et provisions	680
Variations du stock de marchandises	– 490	Intérêts et charges assimilées	125
Achats de matières et autres approv.	225	**TOTAL**	**805**
Variations du stock de matières	50		
Autres achats et charges externes	5 850	**RÉSULTAT FINANCIER**	**12 095**
Impôts et taxes	6 725	**RÉSULTAT COURANT AVANT IMPÔT**	**24 445**
Salaires et traitements	22 950		
Charges sociales	11 170	Participation des salariés aux fruits de l'expansion	935
Dotations aux amortissements et provisions	3 930		
Autres charges	250	Impôt sur les bénéfices	4 465
TOTAL	**61 150**		
RÉSULTAT D'EXPLOITATION	**12 350**	**RÉSULTAT**	**19 045**

Annexe 4 ○ Compte de résultat des établissements Scieur (année N)

Charges			**Produits**		
Achats de marchandises	87 504		Ventes de marchandises	270 500	
Variations de stocks march.	– 3 429		Production vendue	9 654	
Achats stockés d'approv.	345		Reprises s/ prov. et amort.		1 016
Achats non stockés mat. & fourn.	567		Intérêts et produits assimilés	987	
Personnel extérieur	3 244		Pduits except. s/ op. de gestion	325	
Crédits-bails	173		Produits cessions d'élts d'actif	3 213	
Impôts, taxes et vers. assimilés	4 322		Reprises s/ prov. et transf. charges	783	
Salaires et traitements	15 266				
Charges sociales	10 178				
Sur immob. : aux amort.	543				
Sur actif circulant : aux provisions	765				
Pour risques & charges : aux prov.	4 124				
Autres charges		765			
Intérêts et charges assimilés	345				
Charges except. s/ op. gestion	2 011				
Charges except. s/ op. en cap. – val. comptable des élts immob. cédés	330				
Impôt sur les bénéfices		9 876			
RÉSULTAT		149 549			
TOTAL GÉNÉRAL		**286 478**	**TOTAL GÉNÉRAL**		**286 478**

25 Le bilan comptable

Exercice 1

Corrigé ➲ p. 186

Déterminer les apports personnels, établir un bilan d'ouverture

Début janvier N, M. et Mme Viort décident de créer un commerce de produits bio. Ils acquièrent un local commercial qu'ils aménagent.
Ils apportent à leur exploitation : un local : 65 000 € ; un ordinateur : 1 500 € ; une caisse enregistreuse : 400 € ; du mobilier de bureau : 500 € ; des marchandises : 18 500 €.
Ils font aménager le magasin pour un montant de 15 800 €.
M. Viort ouvre un compte au Crédit Lyonnais, dépose 9 500 € et verse 500 € d'espèces en caisse.
Il a une dette envers le fournisseur Valfrais d'un montant de 8 500 €.
Toutes ces opérations ont été financées par un apport personnel.

Travail à faire

1. Déterminez le montant des apports personnels.

2. Établissez le bilan d'ouverture du magasin au 1er janvier N.

Exercice 2

Corrigé ➲ p. 186

Calculer le patrimoine, présenter le bilan

Dans la comptabilité de l'unité commerciale Salto au 31/12/N, on peut lire les comptes suivants : immobilisations : 54 000 € ; stocks : 9 500 € ; créances clients : 12 300 € ; disponibilités : 4 700 € ; emprunts : 15 000 € ; dettes fournisseurs : 6 000 € ; autres dettes 1 500 €.

Travail à faire

1. Calculez le patrimoine de l'unité commerciale Salto.

2. Présentez le bilan.

Exercice 3

Corrigé ➲ p. 187

Établir un bilan, déterminer le résultat

Le manageur de l'unité commerciale Argon, spécialisée dans la distribution d'articles d'électroménager, vous demande de présenter son bilan pour l'exercice N. Il vous remet la balance (annexe 1, page 86).

Travail à faire

1. Calculez le résultat de l'exercice N.

2. Présentez le bilan de l'exercice N (annexe 2, page 87).

Exercice 4 Déterminer le capital, établir un bilan

Corrigé ○ p. 188

Mme Bricout, responsable de la société ID.com, qui vend du matériel informatique sur son site Internet, vous communique la balance (annexe 3, page 88). Elle souhaite que vous établissiez le bilan de sa société pour l'exercice N.

Travail à faire

1. Déterminez le montant du capital de la société ID.com.

2. Établissez le bilan de l'exercice N.

Annexe 1 ○ Balance de l'unité commerciale Argon au 31/12/N

N° comptes	Comptes	Soldes débiteurs	Soldes créditeurs
101	Capital		350 000
120	Résultat		?
151	Provisions pour risques		7 900
164	Emprunt, dettes auprès des étab. de crédit		184 500
201	Frais d'établissement	15 000	
207	Fonds commercial	65 400	
211	Terrains	35 000	
213	Constructions	780 000	
215	Inst. tech., mat. et outil.	55 000	
2183	Matériel de bureau et informatique	22 300	
261	Titres de participation	15 000	
274	Prêts	6 700	
2801	Amort. frais établissements		5 000
2813	Amort. constructions		120 000
2815	Amort. ITM et O.		25 000
28183	Amort. mat. de bureau et informatique		6 550
371	Stocks de marchandises	20 900	
401	Fournisseurs		107 300
404	Fournisseurs d'immobilisations		55 000
411	Clients	66 040	
416	Clients douteux	6 900	
421	Personnel, rémunérations dues		98 420
431	Sécurité sociale		46 700
444	Impôt sur les bénéfices		41 500
491	Prov. pour créances douteuses		3 800
512	Banque	43 250	
530	Caisse	6 530	
Total		**1 138 020**	**1 051 670**

Annexe 2 ○ Bilan de l'unité commerciale Argon au 31/12/N

Actif	Brut	Amort. et prov.	Net	Passif	Net
Actif immobilisé				**Capitaux propres**	
Immobilisations incorporelles :				Capital	
Frais d'établissement				**Résultat de l'exercice**	
Fonds commercial				**Total I**	
Immobilisations corporelles :				**Provisions pour risques et charges**	
Terrains				Provisions pour risques	
Constructions				**Total II**	
Inst. tech., mat. et out. ind.				**Dettes**	
Autres				*Dettes financières :*	
Immobilisations financières :				Emp., dettes aup. étab. crédit	
Titres immobilisés					
Prêts					
Total I				*Dettes d'exploitation :*	
Actif circulant				Dettes fournisseurs et comptes rattachés	
Stocks et en-cours :				Dettes fiscales et sociales	
Marchandises					
Créances d'exploitation :				*Dettes diverses :*	
Créances clients et comptes rattachés				Dettes sur immo. et comptes rattachés	
				Dettes fiscales (IS)	
Disponibilités :				**Total III**	
Banque					
Caisse					
Total II					
TOTAL GÉNÉRAL				**TOTAL GÉNÉRAL**	

Annexe 3 ○ Balance de l'entreprise JD.com au 31/12/N

N° comptes	Comptes	Soldes débiteurs	Soldes créditeurs
101	Capital		?
1061	Réserve légale		22 500
120	Résultat		44 670
157	Provisions pour charges		7 900
164	Emprunt, dettes auprès des étab. crédit		88 500
201	Frais d'établissement	9 000	
211	Terrains	12 500	
213	Constructions	67 000	
215	Inst. tech., mat. et out.	165 800	
2182	Matériel de transport	35 000	
2183	Mat. de bureau et informatique	11 900	
272	Titres immobilisés	13 400	
275	Dépôts et cautionnements versés	3 700	
2801	Amort. frais établissements		6 000
2813	Amort. constructions		55 000
2815	Amort. ITM et O.		65 900
28182	Amort. mat. de transport		23 400
28183	Amort. mat. de bureau et informatique		9 540
311	Stocks de matières premières	15 000	
391	Prov. pour dépréciation des mat. premières		3 560
355	Stocks de produits finis	32 000	
401	Fournisseurs		107 300
404	Fournisseurs d'immobilisations		14 300
411	Clients	84 500	
416	Clients douteux	15 250	
421	Personnel, rémunérations dues		43 800
431	Sécurité sociale		21 400
491	Provisions pour créances douteuses		5 500
503	VMP actions	9 600	
512	Banque	64 250	
530	Caisse	16 030	
Total		**554 930**	**519 270**

26 Le bilan fonctionnel

Exercice 1

Corrigé ○ p. 189

Présenter le bilan fonctionnel, calculer le FRNG, le BFR, la trésorerie nette et les ratios

Implantée à Villeneuve-d'Ascq, l'unité commerciale Hèdi est spécialisée dans la distribution d'équipements sportifs. Sa clientèle est composée d'associations sportives, de collectivités locales et de particuliers.
Face à une demande de plus en plus importante, le manageur envisage de développer son activité en effectuant de nouveaux investissements.
Stagiaire dans cette unité commerciale, vous êtes chargé(e) de traiter ce dossier. Vous disposez du bilan comptable (annexe 1, page 90) et de données complémentaires (annexe 2, page 90).

Travail à faire

1. Complétez le bilan fonctionnel présenté en annexe 3, page 91.
2. Calculez le FRNG et le BFR en distinguant le BFR d'exploitation et le BFR hors exploitation.
3. Déterminez le montant de la trésorerie nette.
4. Exprimez puis vérifiez la relation existant entre le FRNG, le BFR et la trésorerie nette.
5. Calculez les ratios significatifs du bilan : ratio de financement, ratio d'endettement et ratio de rendement des capitaux.
6. Calculez les ratios de rotation (crédit clients, crédit fournisseurs et durée de stockage).
7. Analysez la situation de l'unité commerciale.

Exercice 2

Corrigé ○ p. 191

Compléter et analyser un bilan fonctionnel, calculer le FRNG, le BFR, la trésorerie nette et les ratios

La société Électron est spécialisée dans la fabrication et la distribution de composants électroniques. Elle souhaite se développer et envisage de demander un prêt à sa banque. Avant de prendre rendez-vous avec le banquier, le manageur vous demande d'analyser la situation financière de la société. Vous disposez du bilan comptable (annexe 6, page 92) et de données complémentaires (annexe 4, page 91).

Travail à faire

1. Complétez le bilan fonctionnel présenté en annexe 5, page 91.
2. Calculez le FRNG et le BFR. Déterminez le montant de la trésorerie nette.
3. Exprimez puis vérifiez la relation existant entre le FRNG, le BFR et la trésorerie nette.
4. Calculez les ratios significatifs du bilan : ratio de financement, ratio d'endettement, ratio de rendement des capitaux et ratio de liquidité générale.
5. Calculez les ratios de rotation (crédit clients, crédit fournisseurs et durée de stockage).
6. Analysez la situation financière de la société Électron.
7. Proposez des solutions pour améliorer la situation financière et pour supprimer les concours bancaires.

Annexe 1 ○ Bilan de l'UC Hèdi au 31/12/N

Actif	Brut	Amort. Et prov.	Net
Actif immobilisé			
Immobilisations incorporelles :			
Frais d'établissement	4 000	2 000	2 000
Fonds commercial	200 000		200 000
Immobilisations corporelles :			
Constructions	800 000	200 000	600 000
Inst. tech., mat. et out. ind.	293 000	197 000	96 000
Autres	153 800	110 000	43 800
Immobilisations financières :			
Titres de participation	12 300		12 300
Prêts	9 000		9 000
Total I	**1 472 100**	**509 000**	**963 100**
Actif circulant			
Stocks et en-cours :			
Marchandises	240 000		240 000
Créances d'exploitation :			
Créances clients, comptes rattachés	310 000	21 000	289 000
Autres	35 000		35 000
Créances diverses :			
Valeurs mobilières de placement	54 600		54 600
Disponibilités	160 000		160 000
Total II	**799 600**	**21 000**	**778 600**
TOTAL GÉNÉRAL	**2 271 700**	**530 000**	**1 741 700**

Passif	Net
Capitaux propres	
Capital	550 000
Réserves :	
Réserve légale	20 500
Réserves statutaires ou contractuelles	60 000
Résultat de l'exercice	**44 000**
Total I	**674 500**
Provisions pour risques et charges	
Provisions pour charges	**40 500**
Total II	**40 500**
Dettes	
Dettes financières :	
Emp., dettes aup. étab. crédit[1]	8 700
Emprunts et dettes financières diverses	310 000
Dettes d'exploitation :	
Dettes fournisseurs et cptes rattachés	611 000
Dettes fiscales et sociales	46 000
Dettes diverses :	
Dettes fiscales (IS)	18 000
Autres	33 000
Total III	**1 026 700**
TOTAL GÉNÉRAL	**1 741 700**

1. Dont concours bancaires courants : 8 700.

Annexe 2 ○ Renseignements complémentaires pour le calcul des ratios (UC Hèdi)

– Chiffre d'affaires HT : 3 800 400 €.
– Achats HT : 2 951 000 €.
– Taux de TVA : 20 %.

Annexe 3 ○ Bilan fonctionnel (UC Hèdi)

Actif	Montants	Passif	Montants
Emplois stables Immobilisations incorporelles Immobilisations corporelles Immobilisations financières		**Ressources stables** Capitaux propres Amortissements et provisions Dettes financières stables	
Total emplois stables		**Total ressources stables**	
Actif circulant Actif circulant exploitation : – Stocks – Créances d'exploitation Actif circulant hors exploitation		**Passif circulant** Dettes d'exploitation Dettes hors exploitation	
Total actif circulant		**Total passif circulant**	
Trésorerie actif		**Trésorerie passif**	
TOTAL GÉNÉRAL		**TOTAL GÉNÉRAL**	

Annexe 4 ○ Données complémentaires pour le calcul des ratios (société Électron)

- Chiffre d'affaires TTC : 645 000 €.
- Stock initial de matières premières : 14 000 €.
- Stock initial de produits finis : 42 000 €.
- Achats TTC : 565 000 €.
- Coût d'achat des matières premières utilisées : 270 000 €.
- Coût de production des produits vendus : 490 000 €
- Taux de TVA : 20 %.

Annexe 5 ○ Bilan fonctionnel (société Électron)

Actif	Montants	Passif	Montants
Emplois stables Immobilisations incorporelles Immobilisations corporelles Immobilisations financières		**Ressources stables** Capitaux propres Amortissements et provisions Dettes financières stables	
Total emplois stables		**Total ressources stables**	
Actif circulant Actif circulant exploitation : – Stocks – Créances d'exploitation Actif circulant hors exploitation		**Passif circulant** Dettes d'exploitation Dettes hors exploitation	
Total actif circulant		**Total passif circulant**	
Trésorerie actif		**Trésorerie passif**	
TOTAL GÉNÉRAL		**TOTAL GÉNÉRAL**	

Annexe 6 ○ Bilan de la société Électron au 31/12/N

Actif	Brut	Amort. et prov.	Net	Passif	Net
Actif immobilise				**Capitaux propres**	
Immobilisations incorporelles :				Capital	40 000
Frais d'établissement	6 200	4 100	2 100	*Réserves :*	
				Réserve légale	3 000
Immobilisations corporelles :				Réserves statut. ou contract.	6 200
Terrains	9 000		9 000	**Résultat de l'exercice**	**8 300**
Constructions	21 200	3 450	17 750	**Total I**	**57 500**
Install. tech., mat. et out. ind.	61 000	23 900	37 100	**Provisions risques et charges**	
Autres	14 000	3 536	10 464	Provisions pour risques	0
				Provisions pour charges	0
Immobilisations financières :				**Total II**	0
Titres immobilisés	12 300		12 300	**Dettes**	
Total I	**123 700**	**34 986**	**88 714**	*Dettes financières :*	
Actif circulant				Emp., dettes aup. étab. crédit[2]	65 468
Stocks et en-cours :				Emp. et dettes financ. diverses	0
Matières premières	12 600	2 658	9 942		
Produits finis	39 100	1 864	37 236	*Dettes d'exploitation :*	
Marchandises			0	Dettes fournis., cptes rattachés	50 845
				Dettes fiscales et sociales	6 700
Créances d'exploitation :					
Créances Clients	43 326	5 500	37 826	*Dettes diverses :*	
Autres	11 400		11 400	Dettes sur immo.,cptes rattachés	5 230
Créances diverses	2 155		2 155	Dettes fiscales (IS)	6 490
Valeurs mobilières de placement	6 700	2 178	4 522	Autres	0
Disponibilités	2 438		2 438	**Comptes de régularisation**	
Comptes de régularisation				Produits constatés d'avance[1]	2 000
Charges constatées d'avance[1]	0		0		
Total II	**117 719**	**12 200**	**105 519**	**Total III**	**136 733**
TOTAL GÉNÉRAL	**241 419**	**47 186**	**194 233**	**TOTAL GÉNÉRAL**	**194 233**

1. Concernent l'exploitation.
2. Dont concours bancaires courants : 10 550.

27 Les amortissements et les provisions

Exercice 1

Corrigé ➲ p. 193

Présenter des plans d'amortissement linéaire, dégressif, et en fonction du nombre d'unités de production (nouvelle méthode d'amortissement)

Le manageur de l'unité commerciale Carpi vous demande de réaliser les plans d'amortissement. Il vous transmet les informations suivantes concernant différentes immobilisations :

– Le mobilier commercial, acquis le 20/03/N, d'une valeur de 12 750 € HT, a une durée d'utilisation estimée à 5 ans. La méthode d'amortissement retenue est le mode linéaire.

– L'ordinateur acquis le 15/06/N pour 7 500 € HT a une durée de vie probable de 4 ans. Les frais de mise en service se sont élevés à 500 €. Le mode d'amortissement dégressif a été retenu. Le coefficient dégressif est 1,25.

– La voiture de tourisme achetée le 10/10/N, d'une valeur HT de 18 400 €, a une durée de vie probable de 5 ans. Elle sera amortie selon le mode dégressif. Le coefficient dégressif est 1,75.

– Le véhicule de livraison acquis le 01/01/N, d'une valeur HT de 35 000 €, a une durée d'utilisation de 4 ans et le prix de cession est estimé à 2 000 € à la fin de la quatrième année. Le nombre de kilomètres parcourus est estimé à 200 000 sur 4 ans, répartis de la façon suivante : 70 000 en N, 60 000 en N+1, 40 000 en N+2, 30 000 en N+3. Il sera amorti en fonction du nombre d'unités de production.

Toutes les immobilisations sont soumises à la TVA au taux de 20 %.

Travail à faire

1. Calculez le coût d'acquisition des biens amortissables.

2. Présentez les tableaux d'amortissement des immobilisations (annexe 1, page 94).

3. Quelle sera la VNC de l'ordinateur au 31/12/N+2 ?

Exercice 2

Corrigé ➲ p. 194

Calculer une provision pour dépréciation des stocks

L'état des stocks de l'unité commerciale Starmicro montre que 5 micros (prix de vente unitaire TTC : 801,32 €) ont été dépréciés de 30 % en N.

Travail à faire

Calculez le montant de la provision pour dépréciation du stock.

Exercice 3

Corrigé ➲ p. 194

Déterminer les provisions pour dépréciation des comptes clients

Le responsable de la société Buro.fr vous remet l'état des créances douteuses au 31/12/N (annexe 2, page 94) et vous demande d'établir le tableau des provisions pour dépréciation des comptes clients pour l'exercice N.

Travail à faire

Complétez le tableau des provisions pour dépréciation des comptes clients (annexe 3, page 94), la TVA étant au taux normal.

Annexe 1 ○ Tableaux d'amortissement des immobilisations (UC Carpi)

Ordinateur

Années	VCN début	Annuités	VCN fin
N			
N+1			
N+2			
N+3			

Véhicule de tourisme

Années	VCN début	Annuités	VCN fin
N			
N+1			
N+2			
N+3			
N+4			

Mobilier

Années	VCN début	Annuités	Cumul	VCN fin
N				
N+1				
N+2				
N+3				
N+4				
N+5				

Véhicule de livraison

Années	VCN début	Calcul des annuités	Annuités	VCN fin
N				
N+1				
N+2				
N+3				

Annexe 2 ○ État des créances douteuses au 31/12/N de la société Buro.fr

Clients	Montant TTC	Provision N–1	Observations
Mirco	13 754 €	3 000	Porter la provision à 40 %.
Netinfo	5 980 €	1 500	Paiement : 2 500 ; la provision doit être portée à 10 %.
La Firme	8 611,20 €	4 500	Le client est insolvable.

Annexe 3 ○ Tableau des provisions pour créances douteuses

Nom des clients douteux	Créances au 31/12/N		Provisions nécessaires au 31/12/N		Provisions antérieures N–1	Réajustements		Créances irrécouvrables	
	TTC	HT	%	Montant		Dotations	Reprises	Montant HT	TVA
Mirco									
Netinfo									
La Firme									
				Totaux					

28 La rentabilité des investissements

Exercice 1

Corrigé ➲ p. 195

Calculer les flux nets de trésorerie constants et la valeur actuelle nette (VAN) avec une valeur résiduelle

Le manageur de l'unité commerciale Gelor, spécialiste dans la distribution de produits surgelés, doit renouveler son matériel frigorifique. Vous disposez du projet d'investissement à réaliser (annexe 1, page 96).

Travail à faire

1. Déterminez les flux nets de trésorerie pour le matériel en complétant l'annexe 2, page 96.

2. Calculez la VAN et concluez.

Exercice 2

Corrigé ➲ p. 195

Choisir entre deux investissements, calculer les flux nets de trésorerie, la VAN et le taux de profitabilité

L'unité commerciale Cuisine Plus souhaite développer son activité et hésite entre deux propositions (annexe 3, page 96).

Travail à faire

1. Présentez les tableaux des flux nets de trésorerie actualisés pour chaque investissement en complétant l'annexe 4, page 97.

2. Calculez pour chaque proposition la VAN et le taux de profitabilité.

3. Présentez vos conclusions dans une courte note.

Exercice 3

Corrigé ➲ p. 196

Déterminer la rentabilité d'un investissement, calculer la VAN, le taux interne de rentabilité (TIR) et le délai de récupération

La société TransNord veut augmenter son chiffre d'affaires. Le responsable a mené une étude de marché et il doit augmenter sa flotte de matériel de transport. Il vous remet un dossier (annexe 5, page 97) et vous demande d'étudier la rentabilité des investissements envisagés.

Travail à faire

1. Présentez les tableaux des flux nets de trésorerie actualisés (sur le modèle de l'annexe 4).

2. Calculez la VAN.

3. Calculez le taux de rentabilité interne (TIR) en utilisant les taux d'actualisation de 15 % et 18 %.

4. Calculez le délai de récupération du capital investi (annexe 6, page 97).

Exercice 4 Étudier la rentabilité d'un investissement et ses modes de financement

Corrigé ○ p. 198

La responsable de l'unité commerciale de Swarte projette d'investir dans une nouvelle machine pour son imprimerie. Elle hésite entre trois options pour financer son investissement : le financement par fonds propres, le financement par emprunt ou le crédit-bail avec option d'achat. Elle vous demande d'étudier les possibilités de financement et vous remet pour ce faire un dossier (annexe 7, page 98).

Travail à faire

1. Présentez les flux nets de trésorerie (FNT) pour les trois options en complétant l'annexe 8, page 98.

2. Calculez la VAN pour chaque mode de financement.

3. Quel est le mode de financement à retenir pour réaliser l'investissement ?

Annexe 1 ○ Projet de renouvellement du matériel frigorifique (UC Gelor)

- Valeur d'acquisition HT des armoires réfrigérantes : 45 000 €, acquises début d'année N.
- Mode d'amortissement de l'investissement : linéaire, sur 4 ans.
- Le matériel permettrait de réaliser un chiffre d'affaires annuel supplémentaire de 90 000 € et entraînerait des charges annuelles d'un montant de 55 000 €.
- La valeur résiduelle à la fin de la quatrième année est estimée à 5 000 €.
- Vous retiendrez un taux d'impôt sur les sociétés de 33,33 % et un taux d'actualisation de 13 %.

Annexe 2 ○ Tableau des flux nets de trésorerie (UC Gelor)

Années	N... N+3
Chiffre d'affaires – Dépenses – Dotations aux amortissements	
= Résultat avant IS – Impôt sur les sociétés	
= Résultat net comptable + Dotations aux amortissements	
= Flux nets de trésorerie	

Annexe 3 ○ Étude des deux projets d'investissement (UC Cuisine Plus)

- **Projet 1 :** agrandissement de la surface actuelle de vente pour un montant de 485 000 € en début d'année N. Les recettes annuelles supplémentaires dégagées par l'investissement seraient de : 500 000 € pour N, 550 000 € pour N+1, 575 000 € pour N+2, 620 000 € pour N+3 et 660 000 € pour N+4. Les charges annuelles (amortissements compris) s'élèveraient à 550 000 € en N, 450 000 € en N+1 et N+2, 490 000 € en N+3 et N+4.
- **Projet 2 :** implantation d'une nouvelle surface de vente à Nantes, montant de l'investissement : 2 000 000 €, début N. Les recettes attendues seraient de : 1 420 000 € pour N, 1 480 000 € pour N+1 et 1 650 000 € pour les trois années suivantes. Les charges (amortissements compris) ont été estimées à 1 200 000 € les deux premières années et à 900 000 € les trois années suivantes.

Les deux investissements sont amortis en linéaire sur 5 ans. Vous retiendrez un taux d'impôt sur les sociétés de 33,33 % et un taux d'actualisation de 11 %. La valeur résiduelle sera considérée comme nulle.

Annexe 4 ○ Tableau des flux nets de trésorerie (UC Cuisine Plus)

Tableau des flux nets de trésorerie du projet 1

Années	N	N+1	N+2	N+3	N+4
Chiffre d'affaires – Dépenses (amortissements compris)					
= Résultat avant IS – Impôt sur les sociétés					
= Résultat net comptable + Dotations aux amortissements					
= Flux nets de trésorerie					
FNT actualisés					

Tableau des flux nets de trésorerie du projet 2

Années	N	N+1	N+2	N+3	N+4
Chiffre d'affaires – Dépenses (amortissements compris)					
= Résultat avant IS – Impôt sur les sociétés					
= Résultat net comptable + Dotations aux amortissements					
= Flux nets de trésorerie					
FNT actualisés					

Annexe 5 ○ Informations relatives à l'investissement envisagé par TransNord

- Valeur d'achat HT du matériel de transport : 1 375 000 €, acquis début d'année N.
- Mode d'amortissement de l'investissement : linéaire, sur 5 ans.
- Le matériel permettrait de réaliser un chiffre d'affaires annuel supplémentaire de : 1 400 000 € pour N, 1 430 000 € pour N+1, 1 455 000 € pour N+2, 1 530 000 € pour N+3 et 1 585 000 € pour N+4. Les charges annuelles (amortissements non compris) s'élèveraient à 940 000 € en N, 945 000 € en N+1, 955 000 € en N+2, 975 000 € en N+3 et 995 000 € en N+4.
- La valeur résiduelle est nulle.
- Vous retiendrez un taux d'impôt sur les sociétés de 33,33 % et un taux d'actualisation de 10 %.

Annexe 6 ○ Délai de récupération (société TransNord)

Années	N	N+1	N+2	N+3	N+4
FNT actualisés					
FNT actualisés cumulés					

Annexe 7 ○ Projet de financement (UC de Swarte)

➡ Montant de l'investissement : 200 000 €, amortissable en linéaire sur 4 ans. La valeur résiduelle est nulle. Le taux d'actualisation à retenir est de 11,5 %. On ne tient pas compte de l'incidence fiscale. Le chiffre d'affaires pour les deux premières années serait de 150 000 €, et de 175 000 € pour les deux années suivantes. Les charges s'élèveraient à 85 000 € pour les deux premières années, et à 65 000 € pour les deux années suivantes.

➡ Modes de financement :

a) financement par fonds propres ;

b) financement par emprunt de 150 000 € remboursable en quatre annuités constantes au taux de 7 % et le reste sur fonds propres ;

c) financement par crédit-bail avec option d'achat : loyer annuel : 70 000 € payable en fin d'année ; valeur en fin de contrat : 15 000 €.

Annexe 8 ○ Flux nets de trésorerie pour les trois options (UC de Swarte)

a) Financement par fonds propres

Années	0	1	2	3	4
Investissement Chiffre d'affaires – Charges – Amortissements					
= Résultat d'exploitation + Amortissements					
= FNT					
FNT actualisés					

b) Financement par emprunt

Années	0	1	2	3	4
Investissement Chiffre d'affaires – Charges – Amortissements					
= Résultat d'exploitation + Amortissements – Remboursement de l'emprunt					
= FNT					
FNT actualisés					

c) Financement par crédit-bail avec option d'achat

Années	0	1	2	3	4
Chiffre d'affaires – Charges – Loyer					
= Résultat d'exploitation + Option d'achat					
= FNT					
FNT actualisés					

29 Le financement des investissements

Exercice 1 Rembourser un emprunt par amortissement constant

Corrigé ➲ p. 199

L'unité commerciale Topor emprunte la somme de 80 000 € remboursable en 4 ans par amortissement constant. Le banquier lui propose un taux d'intérêt de 6 % par an.

Travail à faire

Présentez le plan d'amortissement de l'emprunt (annexe 1, page 100).

Exercice 2 Rembourser un emprunt par annuité constante

Corrigé ➲ p. 199

Le manageur de l'unité commerciale Isis souhaite développer son activité et envisage d'investir dans de nouvelles caisses enregistreuses. Pour financer son investissement, il obtient de la banque un prêt de 65 000 € remboursable en 5 ans par annuité constante au taux de 7,5 % l'an.

Travail à faire

1. Calculez le montant de l'annuité de l'emprunt.

2. Établissez le tableau de remboursement de l'emprunt (annexe 2, page 100).

Exercice 3 Rembourser par mensualités ou par semestrialités

Corrigé ➲ p. 200

Mme Lemon souhaite concrétiser deux projets :
- **Projet 1 :** pour financer l'agrandissement de son magasin, elle désire emprunter à sa banque la somme de 130 000 € au taux annuel de 6,6 % sur 5 ans. Les remboursements sont mensuels.
- **Projet 2 :** elle envisage un prêt de 15 000 € pour financer la création de son site d'e-commerce. Cet emprunt sera remboursé par 8 semestrialités. Le taux proposé par le banquier est de 7 %.

Travail à faire

1. Calculez le montant de la mensualité du projet 1.

2. Calculez le montant de la semestrialité du projet 2.

Exercice 4 Comparer les modes de financement d'un projet d'investissement

Corrigé ➲ p. 200

La responsable de l'unité commerciale Sarah projette d'investir dans un nouveau matériel pour son réseau de franchise. Elle hésite entre deux options : le financement par emprunt classique ou le crédit-bail avec option d'achat. Le coût du projet est de 150 000 €. Elle vous demande d'étudier les possibilités de financement et vous remet pour ce faire un dossier (annexe 3, page 100).

Travail à faire

1. Calculez l'annuité constante du remboursement de l'emprunt.

2. Déterminez le mode de financement le plus favorable, avec un taux d'actualisation de 6 %.

Exercice 5 — Calculer la première et la dernière annuité (annuité constante)

Corrigé ○ p. 200

La société Fogor emprunte la somme de 35 000 € au taux de 7,25 % l'an. L'emprunt doit être remboursé par annuité constante sur 8 ans.

Travail à faire

1. Calculez le montant de l'annuité de remboursement.

2. Présentez la première et la dernière ligne du tableau de remboursement (annexe 4, page 100).

Annexe 1 ○ Plan d'amortissement de l'emprunt par amortissement constant

Années	Capital restant dû en début de période	Intérêts	Amortissements	Annuités	Capital restant dû en fin de période
1					
2					
3					
4					

Annexe 2 ○ Plan d'amortissement de l'emprunt par annuité constante

Années	Capital restant dû en début de période	Intérêts	Amortissements	Annuités	Capital restant dû en fin de période
1					
2					
3					
4					
5					

Annexe 3 ○ Projet de financement (UC Sarah)

- **Option 1 :** emprunt classique sur 5 ans, remboursable par annuité constante au taux de 8 % l'an. La première annuité est payable un an après la mise à disposition des fonds. La banque demande un apport personnel de 20 % de la valeur de l'investissement.
- **Option 2 :** crédit-bail pendant 5 ans. L'unité commerciale est tenue de verser un loyer de 42 000 € payable en fin d'année. À l'issue du contrat, elle pourra soit mettre fin au contrat en rendant le bien au bailleur, soit racheter le bien en versant une somme de 7 500 €.

Annexe 4 ○ Tableau d'amortissement de l'emprunt (société Fogor)

Années	Capital restant dû en début de période	Intérêts	Amortissements	Annuités	Capital restant dû en fin de période
1					
–					
8					

30 L'analyse statistique

Exercice 1

Corrigé ➲ p. 201

Calculer la dépendance entre deux variables

La société Benjamin a relevé ses dépenses en frais de personnel et son chiffre d'affaires de N–5 à N–1 (annexe 1, page 103).

Travail à faire

1. Calculez le coefficient de corrélation entre les variables.

2. Peut-on conclure qu'il existe une relation entre les frais de personnel et le chiffre d'affaires ? Justifiez votre réponse.

Exercice 2

Corrigé ➲ p. 202

Calculer des commissions de vente

Le magasin Harney de Mons vend des motos. La commission obtenue par le concessionnaire en fin d'année est fonction du modèle vendu.

Travail à faire

À partir de l'annexe 2, page 103, calculez la commission annuelle moyenne de la concession.

Exercice 3

Corrigé ➲ p. 202

Calculer les moyennes, les médianes et la dispersion

Vous disposez des salaires annuels nets des Français pour les années N et N + 1 (annexe 3, page 103).

Travail à faire

Analysez l'évolution des salaires annuels nets entre N et N + 1 en utilisant les notions de moyenne, de médiane et de dispersion. La première classe est limitée inférieurement à 24 000 €, et la dernière, à la limite supérieure de 240 000 €.

Exercice 4

Corrigé ➲ p. 203

Calculer les moyennes et les écarts types

Vous êtes gestionnaire de portefeuilles dans une banque. Les clients dont vous avez la charge ont des patrimoines variés.

Travail à faire

À partir de l'annexe 4, page 103 :

1. Présentez la série sous forme d'une série classée (borne supérieure égale à 150 000 000 €).

2. Calculez le patrimoine moyen.

3. Calculez l'écart type des patrimoines.

Exercice 5 — Calculer des moyennes

Corrigé ➲ p. 203

Vous avez parcouru 4 784 km en voiture pour des déplacements professionnels. Pour le remboursement de vos frais, vous avez listé divers éléments (annexe 5, page 104).

Travail à faire

1. Calculez : la consommation moyenne pour 100 km ; le prix moyen d'un litre de carburant à la pompe ; le prix moyen du litre de carburant acheté lors du voyage.

2. Calculez les écarts types relatifs à : la distribution des prix du carburant ; la distribution représentant votre consommation.

Exercice 6 — Calculer une médiane

Corrigé ➲ p. 204

Votre entreprise a établi la répartition des salaires des ouvriers (annexe 6, page 104).

Travail à faire

Calculez le salaire médian.

Exercice 7 — Calculer des coefficients de corrélation

Corrigé ➲ p. 204

Deux séries sont fournies en annexe 7, page 104.

Travail à faire

Calculez le coefficient de corrélation et commentez.

Exercice 8 — Calculer la dispersion

Corrigé ➲ p. 205

Vous travaillez chez un fabricant de pneus. Vous avez collecté des informations (annexe 8, page 104)

Travail à faire

Indiquez quelle marque de pneus est statistiquement la plus fiable.

Exercice 9 — Appliquer des calculs statistiques

Corrigé ➲ p. 206

Vous avez relevé la taille de tous les élèves de votre classe (annexe 9, page 104).

Travail à faire

Calculez : la taille moyenne des individus ; la taille médiane ; la dispersion des tailles ; la concentration des tailles.

Annexe 1 ⭘ Évolution du CA et des frais de personnel de la société Benjamin (chiffres en millions d'euros)

Années	N–5	N–4	N–3	N–2	N–1
Frais de personnel	3,7	4	4,3	4,5	4,9
Chiffre d'affaires	60	90	120	200	220

Annexe 2 ⭘ Ventes de motos Harley Davidson chez le concessionnaire

Modèle	**Ventes annuelles**	**% de commission**	**Prix de vente (en €)**
Donation	39	5	18 195
King	25	6	20 495
Sport	30	7	19 965
Sporting	35	3	7 795
Fat	50	8	20 395
Nina	40	6	17 395
Elect	20	10	24 795

Annexe 3 ⭘ Salaire moyen des Français

Tranches salariales	**Moyenne N en %**	**Moyenne N cumulée**	**Moyenne N + 1 en %**	**Moyenne N + 1 cumulée**
– 30 000 €	30	30	24	24
30 – 36 000 €	19	49	15	39
36 – 40 000 €	10	59	11	50
40 – 50 000 €	17	76	20	70
50 – 60 000 €	9	85	11	81
60 – 80 000 €	8	93	10	91
80 – 90 000 €	2	95	3	94
+ 90 000 €	5	100	7	100

Annexe 4 ⭘ Répartition de la fortune des Français

Fortune des Français en N	**Nombre de Français âgés de plus de 20 ans propriétaires d'un gros patrimoine**
64 000 000 et plus	700
32 000 00 et plus	3 500
10 800 000 et plus	18 800
7 200 000 et plus	45 700
5 400 000 et plus	226 000
3 600 000 et plus	575 000
2 500 000 et plus	1 205 000

Tableau établi en total cumulé : 700 personnes âgées de plus de 20 ans ont un patrimoine de 64 000 000 € et plus, et plus de 3 500 personnes ont un patrimoine supérieur à 32 000 000 €.

Annexe 5 ● Achats de carburant

Pays	Prix du litre de carburant (x_i)	Nombre de litres achetés dans chaque pays (n_i)
France	1,516	120
Belgique	1,610	75
Allemagne	1,517	45
Autriche	1,349	25
Italie	1,764	40
Croatie	1,347	100
Bosnie	1,202	50
Monténégro	1,350	60
Grèce	1,720	35

Annexe 6 ● Salaires

Salaire mensuel nets en €	Nombre de salariés concernés
1 000 – 2 000	8
2 500 – 3 000	6
3 000 – 3 500	3
3 500 – 4 000	2
4 000 – 4 500	6
2 000 – 2 500	7

Annexe 7 ● Rapport entre le nombre de lecteurs MP3 et le nombre de dépressions

Année	Nombre de lecteurs MP3 en milliers	Nombre de dépressions pour 1 000 habitants
N	1 350	8
N – 1	1 960	8
N – 2	2 270	9
N – 3	2 483	10
N – 4	2 730	11
N – 5	3 091	11
N – 6	3 647	12
N – 7	4 620	16
N – 8	5 497	18
N – 9	6 260	19
N – 10	7 012	20
N – 11	7 618	21
N – 12	8 131	22
N – 13	8 593	23

Annexe 8 ● Nombre de km par pneu

Longévité en km	Pneu M	Pneu D
6 000 – 10 000	8	22
10 000 – 18 000	16	15
18 000 – 20 000	20	15
20 000 – 28 000	60	40
28 000 – 36 000	40	38
36 000 – 44 000	30	40
44 000 – 52 000	16	18
52 000 – 60 000	10	12

Annexe 9 ● Taille des élèves

Taille en cm	Nombre d'élèves concernés
150 – 155	1
155 – 160	0
160 – 165	1
165 – 170	3
170 – 175	6
175 – 180	4
180 – 185	5
185 – 190	2
190 – 195	1

31 Les prévisions

Exercice 1 — Établir des prévisions de vente

Corrigé ▶ p. 207

La société Baligand commercialise des jeux d'extérieur pour les collectivités. Les chiffres d'affaires réalisés sont donnés en annexe 1, page 107.

Travail à faire

Vous êtes chargé(e) d'établir la prévision de chiffre d'affaires pour les années N+1 et N+2.

1. Établissez la prévision selon la méthode des moindres carrés.

2. Établissez la prévision selon la méthode des points extrêmes.

3. Représentez graphiquement le nuage de points, la droite des moindres carrés, la droite des points extrêmes et la prévision N+1 et N+2.

4. Donnez votre avis sur les différentes méthodes.

Exercice 2 — Calculer des coefficients saisonniers

Corrigé ▶ p. 208

Employé(e) dans une société de téléprospection, vous avez relevé le nombre d'appels passés par les téléprospecteurs chaque jour et à chaque heure (annexe 2, page 107).
On donne l'équation : $y = 0{,}00297x + 17{,}29$.

Travail à faire

Calculez la valeur du coefficient saisonnier des plages horaires 8 h – 10 h et 12 h – 14 h.

Exercice 3 — Établir des prévisions d'absentéisme

Corrigé ▶ p. 209

Le proviseur adjoint de votre lycée a relevé les absences des élèves de BTS MUC jour après jour entre les vacances de Noël et les vacances de février, soit six semaines (annexe 3, page 107).
Les absences suivent une tendance qui semble montrer que leur chiffre augmente quand le nombre de jours de cours augmente. Cette tendance suit la règle : $y = 0{,}11x + 2{,}85$.
Il semble aussi que certains jours soient plus favorables à l'absentéisme.

Travail à faire

Professeur en BTS MUC, vous souhaitez organiser un devoir surveillé le mardi de la semaine n° 15. Estimez le pourcentage d'élèves présents au devoir en supposant que les facteurs influençant le taux d'absentéisme soient stables.

Exercice 4 — Établir des prévisions d'indice

Corrigé ▶ p. 210

L'indice de disparité de consommation (IDC) de la région Nord pour les outils de jardinage a évolué au cours des années (annexe 4, page 107).

Travail à faire

Calculez la valeur prévisible de l'indice pour l'année N + 2.

Exercice 5

Corrigé ➲ p. 210

Tenir compte des variations saisonnières

L'annexe 5, page 107, donne la répartition des ventes d'ordinateurs portables du magasin Baudson. La tendance de ces données a la forme suivante : $y = 0,15x + 13,23$. Mais les ventes d'ordinateurs sont sujettes aux variations saisonnières.

Travail à faire

M. Baudson souhaite connaître le nombre d'ordinateurs qu'il va vendre au 3e trimestre N + 1. À combien estimez-vous ces ventes ?

Exercice 6

Corrigé ➲ p. 211

Calculer des tendances

Destrelan est une chaîne de magasins spécialisés dans la vente de télévisions. Les ventes de téléviseurs du groupe se répartissent selon les marques comme précisé en annexe 6, page 108.

Travail à faire

1. Déterminez la tendance représentant l'évolution de la marque Pony de N – 24 à N.

2. Déterminez la même tendance pour la marque Phils.

3. Représentez graphiquement les réponses aux questions 1 et 2.

Exercice 7

Corrigé ➲ p. 213

Calculer des moyennes mobiles

M. Hostachy est gérant d'une entreprise d'import-export. Il a vu son chiffre d'affaires avec la Hongrie évoluer au cours des trois dernières années (annexe 7, page 108)

Travail à faire

Calculez les moyennes mobiles sur quatre trimestres.

Exercice 8

Corrigé ➲ p. 214

Calculer des moyennes mobiles

La société de M. Vileroy est spécialisée dans l'importation d'antiquités en provenance de la Belgique. Stagiaire dans son entreprise, vous disposez des informations de l'annexe 8, page 108.

Travail à faire

1. Représentez graphiquement ces données.

2. Calculez les moyennes mobiles de la série en prenant en compte des périodes de 6 mois.

3. Représentez graphiquement la tendance sur le graphique précédent.

Annexe 1 ○ Évolution du chiffre d'affaires (société Baligand)

Années	CA (en milliers d'euros)
N–6	2 480
N–5	2 600
N–4	2 760
N–3	2 900
N–2	3 300
N–1	3 500
N	3 700

Annexe 2 ○ Évolution du nombre d'appels selon l'heure

	8 h – 10 h	10 h – 12 h	12 h – 14 h	14 h – 16 h	16 h – 18 h
Lundi	32	24	4	20	26
Mardi	26	23	1	16	18
Mercredi	20	25	2	17	21
Jeudi	18	16	0	14	19
Vendredi	22	24	4	30	36

Annexe 3 ○ Nombre d'élèves absents

	Lundi	Mardi	Mercredi	Jeudi	Vendredi	Samedi
Semaine n° 8	8	5	3	1	4	5
Semaine n° 9	6	4	4	0	3	4
Semaine n° 10	10	6	2	2	1	2
Semaine n° 11	9	4	0	1	3	4
Semaine n° 12	11	7	4	3	5	5
Semaine n° 13	14	9	7	6	8	10

Annexe 4 ○ IDC de l'outillage

Années	Indice de disparité de consommation	Années	Indice de disparité de consommation
N – 18	85	N – 8	98
N – 17	82	N – 7	104
N – 16	83	N – 6	109
N – 15	86	N – 5	101
N – 14	93	N – 4	101
N – 13	99	N – 3	108
N – 12	95	N – 2	113
N – 11	94	N – 1	118
N – 10	96	N	116
N – 9	94		

Annexe 5 ○ Vente d'ordinateurs portables (magasin Baudson)

Années	Trimestres			
	1er	2e	3e	4e
N – 3	12	14	22	10
N – 2	11	15	23	12
N – 1	14	18	25	9
N	10	16	24	11

Annexe 6 ◘ Ventes de téléviseurs (groupe Destrelan)

Années	Pony	Thom	Sung	Phils	TOTAL
N	910	622	201	79	1 812
N – 1	852	578	181	77	1 688
N – 2	947	693	187	90	1 917
N – 3	900	661	203	91	1 855
N – 4	778	616	187	95	1 676
N – 5	722	605	170	91	1 588
N – 6	675	638	145	92	1 550
N – 7	633	611	114	96	1 454
N – 8	558	575	95	87	1 315
N – 9	537	578	90	85	1 290
N – 10	525	588	81	83	1 277
N – 11	474	594	76	81	1 225
N – 12	417	601	64	82	1 164
N – 13	371	580	40	73	1 064
N – 14	329	563	4	72	968
N – 15	298	542		73	913
N – 16	306	523		67	896
N – 17	264	491		62	817
N – 18	230	487		62	779
N – 19	214	493		63	770
N – 20	198	462		58	718
N – 21	204	431		57	692
N – 22	186	382		55	623
N – 23	170	371		52	593
N – 24	153	405		51	609

Annexe 7 ◘ Évolution du chiffre d'affaires avec la Hongrie (en milliers d'euros)

Années	1er trimestre	2e trimestre	3e trimestre	4e trimestre
N – 2	2,5	3,1	2,8	3,5
N – 1	4,3	3,7	5,1	3,9
N	4,5	3,4	2,9	2,5

Annexe 8 ◘ Ventes d'antiquités de M. Vileroy (en milliers d'euros)

Mois	Année N	Année N + 1
Janvier	800	3 900
Février	900	2 800
Mars	1 000	3 000
Avril	1 300	4 100
Mai	1 500	4 300
Juin	1 600	5 400
Juillet	2 300	6 200
Août	2 700	5 400
Septembre	2 900	7 400
Octobre	3 600	8 300
Novembre	4 600	9 200
Décembre	4 900	10 980

32 La gestion budgétaire

Exercice 1 — Établir un budget prévisionnel de trésorerie

Corrigé ○ p. 215

Le responsable de l'unité commerciale Rayane, spécialisée dans la distribution de jeux vidéo, vous demande de réaliser son budget de trésorerie prévisionnel pour le troisième trimestre N. Vous disposez des informations des annexes 1 et 2, pages 109 et 110.

Travail à faire

1. À l'aide des renseignements fournis en annexes 1 et 2, complétez les états prévisionnels de trésorerie (annexe 3, page 110).

2. Commentez la situation prévisionnelle de trésorerie de l'unité commerciale Rayane.

Exercice 2 — Établir un budget des approvisionnements avec un taux de marge, établir un budget de trésorerie, commenter la situation

Corrigé ○ p. 216

La société Sarah distribue du matériel de musique. Début avril N, le manageur vous demande de préparer son budget de trésorerie prévisionnel pour le deuxième trimestre N. Vous disposez des données des annexes 4 et 5, page 111.
Il est prévu une augmentation des ventes de 15 % pour le 2e trimestre N par rapport au 2e trimestre N–1. Les ventes du 2e trimestre N–1 étaient les suivantes : avril : 130 000 ; mai : 96 000 ; juin : 145 600. Les achats du 2e trimestre N sont évalués par rapport au budget des ventes ; le taux de marge est de 70 %.

Travail à faire

1. Présentez le budget des ventes et des approvisionnements (annexe 6, page 112, 1re partie du document : achats et ventes).

2. Présentez le budget de trésorerie pour le 2e trimestre N (annexe 6, page 112, 2e partie du document : TVA, encaissements, décaissements et trésorerie).

3. Commentez le budget. Quelles solutions préconiseriez-vous pour remédier aux éventuels problèmes de trésorerie ?

Annexe 1 ○ Extrait de la balance au 30 juin (UC Rayane)

N° des comptes	Intitulés des comptes	Soldes	
		Débiteurs	Créditeurs
164	Emprunt auprès des établissements de crédit		25 000
401	Fournisseurs [1]		26 700
411	Clients [2]	33 600	
430	Sécurité sociale et autres organismes sociaux		13 500
445510	État – TVA à décaisser		5 820
512	Banque	20 000	
530	Caisse	5 510	

1. Payables en juillet. 2. Encaissées en juillet.

Annexe 2 ○ Informations complémentaires (UC Rayane)

• **Achats et ventes**

Les achats et les ventes sont soumis au taux de TVA de 20 %. Ils seraient les suivants pour le 3e trimestre N :

Achats et ventes	Juillet N	Août N	Septembre N
Ventes HT	65 000,00	95 000,00	120 000,00
Achats HT	25 000,00	35 000,00	56 000,00
Achats d'immobilisations HT		16 500,00	

Les achats sont payés à 30 jours fin de mois. Les ventes sont encaissées pour 60 % au comptant et le reste à 30 jours fin de mois.

• **Investissement et emprunt**

Un investissement est prévu pour la première quinzaine d'août pour un montant HT de 16 500 €. Il sera payé le mois même en totalité.
Un emprunt de 25 000 € a été contracté en juillet N–1 à amortissement constant sur 5 ans au taux de 6 % l'an. La première annuité sera remboursée le 1er août N.

• **Charges de personnel et charges sociales**

Les salaires s'élèvent à 9 000 € et sont payés le 30 de chaque mois. Les charges sociales s'élèvent à 13 500 € et sont réglées le 15 du mois qui suit chaque trimestre.

• **Impôt sur les sociétés et TVA**

Le troisième acompte de l'impôt sur les sociétés est à payer pour le 15 septembre N (18 700 €). La TVA à décaisser est réglée le mois suivant.

Annexe 3 ○ Budget prévisionnel de trésorerie (UC Rayane)

Achats et ventes	Juillet N	Août N	Septembre N
Ventes HT			
Ventes TTC			
Achats HT			
Achats TTC			
Achats d'immobilisations HT			
Budget de TVA	**Juillet N**	**Août N**	**Septembre N**
TVA collectée			
TVA déductible sur ABS			
TVA déductible sur immobilisations			
TVA à payer			
TVA à décaisser			
Budget des encaissements	**Juillet N**	**Août N**	**Septembre N**
Clients			
Ventes 60 %			
Ventes 40 %			
Totaux			

...

…

Budget des décaissements	Juillet N	Août N	Septembre N
Fournisseurs			
Charges sociales			
TVA à décaisser			
Achats			
Salaires			
Immobilisations			
Emprunt			
Impôt sur les sociétés			
Totaux			
Budget de trésorerie	**Juillet N**	**Août N**	**Septembre N**
Trésorerie initiale			
Encaissements			
Décaissements			
Trésorerie fin de mois			

Annexe 4 ○ Extrait de la balance au 31 mars (UC Sarah)

N° des comptes	Intitulés des comptes	Soldes	
		Débiteurs	Créditeurs
401	Fournisseurs		58 670
403	Fournisseurs-effets à payer		43 480
411	Clients	23 670	
413	Clients-effets à recevoir	67 450	
430	Sécurité sociale et autres organismes sociaux		15 000
44551	État – TVA à décaisser		7 845
512	Banque	50 000	
530	Caisse	15 700	

Annexe 5 ○ Informations complémentaires (UC Sarah)

La société Sarah est soumise à une TVA au taux de 20 % pour toutes ses opérations. On vous précise également que :

- les ventes sont encaissées pour 20 % au comptant et le reste à 60 jours fin de mois. Les clients de la balance seront encaissés en avril, et les clients-effets à recevoir en mai ;
- les achats sont réglés pour 10 % au comptant, 60 % à 30 jours fin de mois, et 30 % à 60 jours fin de mois. Les fournisseurs de la balance seront payés en avril, et les fournisseurs-effets à payer en mai ;
- la TVA à décaisser est payée le mois suivant et un emprunt est remboursé chaque mois pour un montant de 8 500 € ;
- un matériel a été acheté et payé en totalité en mai (48 600 € HT). Des dividendes (16 900 €) seront versés aux actionnaires en juin ;
- les salaires s'élèvent à 30 000 € et sont payés le 30 de chaque mois. Les charges sociales (15 000 €) sont réglées le 15 du mois suivant ;
- le 2e acompte de l'impôt sur les sociétés est à payer le 15 juin (18 400 €) ;
- une augmentation de capital a lieu en mai ; montant encaissé : 20 000 €.

Annexe 6 ○ Budget prévisionnel de trésorerie (UC Sarah)

Budget des achats et ventes	Avril	Mai	Juin
Ventes HT			
Ventes TTC			
Achats HT			
Achats TTC			
Achats d'immobilisations HT			
Budget de TVA	**Avril**	**Mai**	**Juin**
TVA collectée			
TVA déductible sur ABS			
TVA déductible sur immobilisations			
Crédit de TVA			
TVA à payer			
TVA à décaisser			
Budget des encaissements	**Avril**	**Mai**	**Juin**
Clients (balance)			
Clients-effets à recevoir (balance)			
Ventes avril			
Ventes mai			
Ventes juin			
Augmentation de capital			
Totaux			
Budget des décaissements	**Avril**	**Mai**	**Juin**
Fournisseurs (balance)			
Fournisseurs-effets à payer (balance)			
Dividendes			
Salaires			
Charges sociales			
TVA à décaisser			
Achats d'avril			
Achats de mai			
Achats de juin			
Immobilisations			
Emprunt			
Impôt sur les sociétés			
Totaux			
Budget de trésorerie	**Avril**	**Mai**	**Juin**
Trésorerie initiale			
Encaissements			
Décaissements			
Trésorerie fin de mois			

33 La gestion des risques

Exercice 1 Gérer un risque et ses conséquences

Corrigé p. 218

L'Italie Gourmande est une enseigne commercialisant des produits alimentaires en provenance directe de l'Italie. Les pâtes, les saucissons, les sauces et le fromage sont les produits vedettes de cette unité commerciale. M. Albertini gère la boutique parisienne du IIe arrondissement. En arrivant mardi matin, une très mauvaise surprise l'attendait : le meuble froid qui contenait certains produits frais (annexe 1, page 113) est tombé en panne pendant le week-end. Les produits sont devenus impropres à la vente. Le meuble acheté il y a 5 ans peut être réparé (annexe 2, page 114) mais la pièce défaillante devra être commandée et ne sera livrée que dans une semaine.

Travail à faire

1. Évaluez le préjudice (dans le cas où M. Albertini répare le meuble froid) et ses conséquences.

2. M. Albertini envisage le remplacement du meuble froid par un nouveau meuble plus performant. Ne pouvant financer cet achat sur ses fonds propres, il vous demande de le conseiller sur l'option financière la plus favorable (annexe 3, page 114).

Exercice 2 Prévenir le risque client

Corrigé p. 219

La concession automobile Prévost commercialise des véhicules neufs de la marque Peugeot et des véhicules d'occasion toutes marques. L'achat d'un véhicule s'accompagne très souvent d'un crédit. Face au risque d'impayés, la société de crédit Crédit plus, qui travaille en partenariat avec M. Prévost, a mis en place un système d'évaluation du risque client (technique du scoring) (annexes 4 et 5, page 114).
D'autre part, M. Prévost vient d'ouvrir une nouvelle concession automobile dans un local flambant neuf. Ce dernier est composé de deux grandes zones : l'espace accueil, et les ateliers (réservés au personnel). Très soucieux de la sécurité de ses clients au niveau de l'espace accueil, il vous demande de réfléchir sur les éléments qui nécessiteront un contrôle lors du diagnostic sécurité mensuel.

Travail à faire

1. Évaluez le score affecté à chaque client (annexe 6, page 114) et décidez de l'attribution du prêt.

2. Concevez la grille de diagnostic sécurité pour l'espace accueil.

Annexe 1 Stocks de produits dans le meuble froid

Produits	Quantités en stocks	Prix d'achat	Prix de vente
Mozzarella	8 kg	5,50 € le kilo	9,00 € le kilo
Taleggio	3 kg	6,00 € le kilo	10,00 € le kilo
Lasagnes	20 barquettes de 500 g	4,50 € le kilo	9,90 € le kilo
Pizzas	10 pizzas (une pizza = 250 g)	7,90 € le kilo	13,50 € le kilo
Escalopes de veau panées	3 kg	9,30 € le kilo	14,50 € le kilo

Annexe 2 ○ Coût de la réparation du meuble froid

La réparation du meuble est évaluée à 464,58 €.

Annexe 3 ○ Achat d'un nouveau meuble froid

Coût total de l'acquisition du meuble froid : **15 200 €**

Durée de vie moyenne : **5 ans**

Option 1 : crédit simple	**Option 2 : crédit-bail**
– Durée du crédit : 4 ans. – Remboursement par mensualités constantes (remboursables au taux mensuel proportionnel). – Apport personnel : 10 %. – Taux annuel : 5,5 %.	– Durée du crédit : 4 ans. – Loyer mensuel : 9,5 % de l'investissement. – Dépôt de garantie : 10 % du prix de vente récupérables en fin de contrat. – Option d'achat possible à l'issue des 4 ans.

Annexe 4 ○ Évaluation du risque client

– Pour déposer une demande de prêt, le client doit justifier de ses revenus, de ses charges (autres prêts, loyers…) et de sa situation professionnelle.

– Le risque client correspond à une note globale qui prend en compte trois critères : les revenus, les charges et la situation professionnelle.

Critères / Notes	10 points	20 points	30 points	40 points
Revenus	0 à 999 €	1 000 à 1 999 €	2 000 à 3 000 €	+ de 3 000 €
Charges	+ de 1 200 €	800 à 1 199 €	500 à 799 €	0 à 499 €
Situation professionnelle	Sans emploi, chômage	Ouvriers, employés	Cadres, professions libérales	Fonctionnaires

Annexe 5 ○ Cotation du risque

110 à 120 points	80 à 100 points	30 à 70 points
Risque faible	Risque moyen	Risque élevé

Annexe 6 ○ Dossiers clients

Clients	Revenus	Charges	Situation professionnelle
Carré	2 200 €	650 €	Enseignant
Dumont	1 500 €	400 €	Ouvrier
Leleu	3 000 €	1 200 €	Cadre

1. L'organisation de l'équipe commerciale ○ Management

Exercice 1 ○ page 7

1. Caractéristiques de l'organisation d'un magasin Carrefour

La structure d'un magasin Carrefour est simple et organisée sur le mode pyramidal. On dénombre trois niveaux hiérarchiques : le directeur du magasin, les cadres et les employés. Cette organisation permet une certaine rapidité de transmission des informations et la mise en œuvre d'un management de proximité.

Chaque fonction est ventilée selon son domaine d'activité : accueil/caisses, alimentaire, non alimentaire, technique/support. Cela correspond à l'organisation du point de vente.

Pour chaque secteur, on repère des niveaux de responsabilités différents. Ainsi, le responsable secteur manage d'autres manageurs ayant plus ou moins d'ancienneté ou d'expérience (manageur métier, manageur métier junior). Ces derniers managent à leur tour des animateurs, des conseillers, des assistants et des équipiers. À noter qu'il existe des dénominations différentes selon les secteurs.

Le management repose sur l'écoute, l'échange et l'information des différents collaborateurs. Sachant que neuf collaborateurs sur dix travaillent au contact du client, cela permet de proposer toujours une offre en adéquation avec les attentes du marché. De même, par une participation active à la vie de l'entreprise, chaque collaborateur trouve une source de motivation et de valorisation.

2. Fiche descriptive du poste de vendeur produits et services chez Carrefour

VENDEUR PRODUITS ET SERVICES

Profil
– Formation dans la vente (Bac pro minimum) et/ou 2 à 3 ans d'expérience dans le domaine concerné.
– Connaissance ou sensibilité au produit (voire passion pour le produit).
– Esprit commerçant.

Ses principales missions
– Être à l'initiative du contact clients.
– Conseiller, guider, convaincre les clients.
– Apporter une expertise-conseil sur des produits techniques et complexes.
– Développer les ventes et fidéliser les clients.
– Mettre en valeur les produits et contrôler l'étiquetage.

Ses qualités
– Sens du contact et du service client.
– Pédagogie, crédibilité et capacité à convaincre.
– Convivialité, tact et adaptabilité.
– Esprit d'initiative.

D'après www.recrute.carrefour.fr

2. L'application du droit du travail dans l'unité commerciale

Management

Exercice 1 page 9

• Légalité de l'annonce

L'annonce n'est pas légale pour deux raisons :
– il est interdit de fixer au préalable le sexe de la personne à recruter ;
– la rémunération minimale est le SMIC (sauf contrat particulier comme le contrat d'apprentissage).

Exercice 2 page 9

1. Avis du médecin du travail ou du médecin traitant pour la première reprise du travail

Il doit avoir l'avis du médecin du travail car il s'agit d'un accident du travail dont la durée est supérieure à 8 jours.

2. Avis du médecin du travail ou du médecin traitant pour la seconde reprise du travail

L'avis du médecin traitant suffira car il s'agit d'un arrêt pour maladie inférieur à 21 jours.

Exercice 3 page 9

1. Présence d'un CHSCT dans l'entreprise

Oui, car l'entreprise compte plus de 50 salariés.

2. Présence d'un délégué du personnel dans l'entreprise

Oui, car l'entreprise compte plus de 11 salariés.

3. Présence d'un délégué syndical dans l'entreprise

Oui, car le nombre de salariés est supérieur à 50.

4. Présence d'un comité d'entreprise

Oui, car le nombre de salariés est supérieur à 50.

5. Présence d'un règlement intérieur dans l'entreprise

Oui, car le nombre de salariés est supérieur à 20.

Exercice 4 page 9

1. Droit de M. Carbonnier à un préavis

Oui, M. Carbonnier a droit à un préavis car il s'agit d'un licenciement économique.

2. Droit de M. Carbonnier aux indemnités de licenciement

Oui, il a droit à des indemnités de licenciement. Le montant légal est de 1/10e de mois de salaire par année d'ancienneté. Les indemnités peuvent être plus élevées si la convention collective le prévoit.

Salaire annuel	40 000,00 €
Salaire mensuel	3 333,33 €
1/10e	333,33 €
Soit pour 5 ans	1 666,67 €

Exercice 5 ○ page 10

1. Objet de la grève

Cette grève soutient plusieurs revendications : une incohérence dans le statut des salariés depuis la filiation de l'entreprise qui les pénalise d'une absence de hausse de salaire de 30 %, la dégradation des conditions de travail et la pression de l'encadrement.

2. Légalité de la grève

Cette grève est considérée comme illicite car elle empêche l'entreprise d'exercer son activité en bloquant l'entrepôt.

3. Le piquet de grève

Le piquet de grève a pour but d'empêcher les salariés d'aller travailler. Il est interdit car la grève est un droit et non une obligation.

4. Incidences économiques de la grève

Les magasins ne sont plus approvisionnés ce qui les empêche de réaliser leur chiffre d'affaires, cela représente un manque à gagner important pour l'entreprise et pourrait générer des licenciements à terme.

Exercice 6 ○ page 10

1. Installation de caméras de surveillance

Un patron ne peut pas installer de caméras de surveillance dans son établissement dans le but de repérer les fautes commises par ses salariés afin de les licencier. Ce moyen de preuve est illicite. Par ailleurs, la mise en place de caméras de surveillance doit se faire après consultation du comité d'entreprise et le personnel doit en être informé. Enfin, ces caméras ne doivent pas porter atteinte à la vie personnelle des salariés.

2. Possibilité de licenciement du salarié

Le patron ne peut pas licencier ce salarié sous prétexte qu'il a reçu quatre avertissements. Il faudrait, pour le licencier, avoir un motif réel et sérieux. L'avertissement n'a aucune incidence sur le contrat du salarié.

3. Soumission d'un salarié à un alcootest

Oui, il est possible de soumettre le salarié à un alcootest si cette procédure figure dans le règlement intérieur ; non, dans les autres cas. En revanche, cette pratique n'a aucun intérêt si ce n'est celui de dissuader le salarié de venir travailler en état d'ivresse ou de prouver qu'une faute lourde a été commise par le salarié sous l'emprise de l'alcool.

Exercice 7 ○ page 10

1. Vacances de M. Bertholet

M. Bertholet ne peut pas prendre l'intégralité de ses vacances en une seule fois ; la 5e semaine est obligatoirement prise séparément.

2. Vacances de M. Yazami

M. Yazami peut prendre l'intégralité de ses congés en une seule fois car il retourne dans son pays d'origine.

3. Nombre de jours de congés de Sophie

Sophie aura droit à 2,5 jours $\times$ 3 = 7,5 jours + 2 jours de congés supplémentaires pour jeune enfant car elle a moins de 21 ans.

4. Report des congés de M. François

M. François ne peut pas reporter ses congés car il était déjà en vacances lorsqu'il est tombé malade.

3. L'individu dans l'organisation ○ Management

Exercice 1 ○ page 13

1. Comparaison des valeurs véhiculées par les deux enseignes

Leroy Merlin	Castorama
– « Mettre l'homme au cœur de l'entreprise ». – Partage du savoir : formation et information des hommes. – Partage du pouvoir : responsabilisation, autonomie, développement des hommes. – Partage de l'avoir : intéressement aux résultats.	– Ressources humaines = ressource de commerce. – Respect. – Travail d'équipe. – Performance. – Développement personnel.

2. Facteurs de motivation des salariés au sein des deux organisations

Leroy Merlin	Castorama
– Politique salariale attractive : fonds commun de placement (en progression de 13 % en 2005), intéressement au chiffre d'affaires, participation aux résultats de l'entreprise). – Ascenseur social accessible : les diplômes importent moins que la motivation et les compétences. – Management participatif : participation à des réunions de réflexion, responsabilisation, initiative et autonomie des salariés. – Formations motivantes : formations régulières au sein des instituts de formation « maison ».	– Formations motivantes : formations régulières pour les employés ; mise en place du programme « l'école des talents » intégrant le *e-learning* et des cursus spécifiques de management pour les cadres. – Recrutement diversifié : recrutement de femmes, de collaborateurs de tout niveau d'études et d'expériences variées. – Protection des salariés : le cadre de protection sociale des salariés est le plus intéressant du secteur du bricolage. – Expression des salariés : responsabilisation, expression et autonomie de chaque collaborateur.

3. Conclusions de l'étude

La culture d'entreprise des deux enseignes est très forte. Elle met en avant le management participatif. La motivation des salariés et l'esprit d'équipe sont ainsi favorisés. Ils sont plus épanouis dans leur travail et mieux considérés.

Chez Leroy Merlin, la politique salariale est particulièrement motivante. Pour Castorama, les ressources humaines sont une ressource du commerce dans laquelle il est nécessaire d'investir pour avoir des collaborateurs motivés et performants.

4. Le management de l'équipe commerciale ○ Management

Exercice 1 ○ page 15

1. Organisation de la réunion de présentation du projet

• Préparation de la réunion :
– détermination des participants, choix du lieu et de l'horaire ;
– prévenir les participants (convocation ou affichage ou communication orale) ;
– fixation de l'ordre du jour : la réorganisation de l'atelier créatif ;
– objectifs : présentation du projet de réorganisation de l'atelier créatif, explication du fonctionnement, validation du projet par l'ensemble de l'équipe ;
– installation de la salle (disposition des tables…) ;
– préparation du matériel nécessaire : vidéoprojecteur, PC, photocopies de la nouvelle répartition…

• Animation de la réunion :
– accueil des participants ;
– ordre du jour : réorganisation de l'atelier loisirs créatifs :
  • rappel des objectifs, précision de la durée de la réunion ;
  • présentation des résultats de l'enquête de satisfaction ;
  • nécessité de s'adapter aux besoins de la clientèle ;

• forces et faiblesses de l'atelier et du personnel secteur;
• présentation de la nouvelle répartition;
• parole aux collaborateurs (écoute des réactions et des propositions);
• réponses aux interrogations;
• validation du projet;
• synthèse des points importants;
– conclusion de la réunion, remerciements…

• **Suivi :** mise en place d'un compte-rendu.

2. Réaction de Mme Hochart

• Le problème d'Olga : la peur de ne pas être à la hauteur

Solutions possibles : Mme Hochart doit instaurer un dialogue positif ; elle doit rassurer la vendeuse, lui montrer la confiance qu'elle lui porte. Elle peut envisager la mise en place d'un tutorat avec Danièle, qui a déjà animé des ateliers créatifs. Elle peut prévoir le cas échéant une formation sur l'animation d'ateliers..

• Le problème de Sylvie : le changement de ses habitudes

Solutions possibles : Mme Hochart doit également instaurer un dialogue positif afin d'influencer Sylvie. Elle doit lui montrer l'intérêt de la polyvalence (vente + animation), lui montrer qu'elle est tout à fait capable de s'adapter au changement, lui indiquer que toute l'équipe va subir le changement… Elle peut prévoir, le cas échéant, une formation sur l'animation d'ateliers…

Exercice 2 ○ page 15

1. Analyse de la situation

L'arrivée de Pierre, le nouveau chef de secteur, provoque des tensions dans l'équipe commerciale du secteur blanc. Le vendeur qui réagit le plus mal est Loïc. C'est un vendeur confirmé, un pilier de l'équipe et son ancienneté dans le secteur est la plus grande (4 ans). Loïc discute systématiquement les directives, vraisemblablement pour diverses raisons : le mécontentement d'être encore une fois managé par un nouveau chef de secteur qui va peut-être partir rapidement, le dépit de ne pas avoir été lui-même promu chef de secteur, le sentiment que son ancienneté lui donne le droit de discuter les ordres…

Il entraîne un autre vendeur, Teddy, qui est sûrement proche de Loïc et peut-être très influençable.

Les deux vendeurs se sentent plus forts à deux car ils peuvent faire bloc face à Pierre.

2. Proposition de solutions au conflit

Pour éviter que la situation ne dégénère, Pierre doit réagir vite. Pour résoudre le conflit, il peut adopter la démarche suivante :
– entretien individuel avec les deux vendeurs, les écouter;
– rappel des faits;
– nécessité de résoudre le conflit : dialogue, reconnaissance des compétences des deux vendeurs;
– résolution du conflit : reposer les règles, confier de nouvelles responsabilités…

De plus, face aux résultats en baisse, Pierre doit également mettre en place des actions de remotivation de l'ensemble de l'équipe (organiser un séminaire de motivation d'équipe, accompagner ses collaborateurs, *coaching*…).

5. Les outils du manageur ○ Management

Exercice 1 ○ page 17

1. Performances de M. Berliot

	Réalisations	Objectifs	%
Comptes courants	57	100	57,00 %
Crédits immobiliers	1 000 000	1 500 000	66,67 %
Cartes bancaires	60	80	75,00 %
Produits d'assurances	151	200	75,50 %
Placements	2 750 000	3 000 000	91,67 %
Moyenne			73,167 %

M. Berliot atteint en moyenne 73,16 % des objectifs qui lui ont été fixés.

2. Objectifs de M. Berliot

Il semble que les objectifs qui lui ont été fixés sont trop élevés. En effet, il est le commercial le plus performant et s'il n'atteint pas ses objectifs, c'est qu'il y a un problème. Soit les objectifs ont été fixés de façon arbitraire par la hiérarchie sans aucune concertation ni réalisme, soit le contexte économique local a changé depuis la fixation des objectifs.

3. Niveau de fixation des objectifs pour N+1

Le niveau des objectifs de vente pour N+1 peut être fixé en fonction d'hypothèses diverses pourvu qu'elles soient réalistes.

• Hypothèse 1

On peut prendre les réalisations de M. Berliot et ajouter 10 %. En effet, il faut éviter de se baser sur les objectifs qui avaient été fixés puisqu'ils étaient irréalisables. Il faut cependant éviter également de fixer des objectifs trop bas, qui ne seront pas source d'émulation s'ils peuvent être atteints trop facilement.

Produits	Calcul	Résultat
Comptes courants	57 × 1,10	63
Crédits immobiliers	1 000 000 × 1,10	1 100 000
Cartes bancaires	60 × 1,10	66
Produits d'assurances	151 × 1,10	166
Placements	2 750 000 × 1,10	3 025 000

• Hypothèse 2

En moyenne, M. Berliot atteint 73,16 % de ses objectifs. On peut donc imaginer qu'il est possible de fixer les objectifs de N+1 à ce niveau pour les produits dont les résultats sont inférieurs à la moyenne de 73,16 %. On peut prendre en compte le pourcentage de résultat réalisé et y ajouter une progression pour les produits dont les ventes ont atteint un pourcentage de réalisation supérieur à la moyenne (exemple : + 10 % comme dans l'hypothèse 1).

Produits	Calcul	Résultat
Comptes courants	100 × 0,7316	73
Crédits immobiliers	1 500 000 × 0,7316	1 097 400
Cartes bancaires	60 × 1,10	66
Produits d'assurances	151 × 1,10	166
Placements	2 750 000 × 1,10	3 025 000

Les objectifs pour N+1 sont revus à la baisse par rapport à N. M. Berliot devrait donc plus facilement les atteindre.

Exercice 2 ⊳ page 17

• **Solution 1 : paiement à 30 jours fin de mois**

Dates	31/01	28/02	31/03	30/04	31/05
Trésorerie initiale	8 200	9 700	1 290	3 290	6 090
Encaissements	10 000	20 000	15 000	18 000	13 000
Décaissements	8 500	16 000	13 000	15 200	9 000
Facture		12 410			
Solde	9 700	1 290	3 290	6 090	10 090

• **Solution 2 : paiement en cinq versements égaux**

Dates	31/01	28/02	31/03	30/04	31/05
Trésorerie initiale	8 200	7 218	8 736	8 254	8 572
Encaissements	10 000	20 000	15 000	18 000	13 000
Décaissements	8 500	16 000	13 000	15 200	9 000
Facture	2 482	2 482	2 482	2 482	2 482
Solde	7 218	8 736	8 254	8 572	10 090

• **Solution 3 : paiement par chèque le 30 janvier**

Dates	31/01	28/02	31/03	30/04	31/05
Trésorerie initiale	8 200	– 2 462	1 538	3 538	6 338
Encaissements	10 000	20 000	15 000	18 000	13 000
Décaissements	8 500	16 000	13 000	15 200	9 000
Facture	12 162				
Solde	– 2 462	1 538	3 538	6 338	10 338

La solution 2 sera préférée car elle permet de répartir la facture sur 5 mois et de conserver une tresorerie régulière et toujours supérieure au minimum souhaité.

Exercice 3 ○ page 17

1. Éléments à tester dans une enquête de climat social

Dans une enquête de climat social, il faut tester :
– la satisfaction, l'implication et la motivation des salariés ;
– les relations au travail, l'esprit d'équipe ;
– les besoins en communication ;
– les besoins en formation.

2. L'enquête menée

Il s'agit partiellement d'une enquête de climat social car l'enquête étudie la perception du climat social, le taux d'absentéisme et le *turn-over* mais elle ne cerne pas les attentes du personnel et ne s'attarde pas sur les qualités des salariés comme l'esprit d'équipe, l'autonomie, les capacités…

3. Analyse des résultats de l'enquête

70 % des personnes interrogées trouvent le travail inintéressant. L'amélioration de son intérêt passerait par une diversification des tâches et une amélioration des relations avec les collaborateurs. Majoritairement, le personnel ne peut pas participer aux décisions prises. 60 % des salariés pensent que leur fonction ne leur convient pas. Ce qui intéresse le plus les salariés sont les salaires et les horaires. Par contre, il semble que les personnes intéressées n'aient pas d'autonomie et ne puissent pas prendre de responsabilités. 65 % des salariés ne sont pas motivés, ce qui est un grave problème.

L'ambiance de l'entreprise ne semble pas bonne (70 % des réponses). Il semble qu'il y ait des problèmes relationnels, surtout de jalousie. Entre les différents services, l'ambiance n'est pas bonne non plus (80 % des citations) et la communication au sein de l'entreprise est jugée insuffisante ou inexistante dans 80 % des cas.

60 % des membres du personnel ont des lacunes au niveau des compétences et 60 % ressentent le besoin de se former, notamment dans les domaines de la connaissance des produits et de la vente. 55 % des personnes interrogées n'ont pas le sentiment que leur supérieur est à leur écoute et 70 % ne parlent pas de leurs problèmes à leur hiérarchie. 65 % des personnes sont dans l'entreprise depuis moins de 5 ans, dont 40 % depuis moins de 2 ans, ce qui prouve que les salariés ne se plaisent pas dans l'entreprise et changent rapidement de société. Enfin, le sentiment de malaise est confirmé par le taux d'absentéisme qui progresse d'année en année.

4. Les actions à mener

Les objectifs des actions à mener visent à :
– améliorer le climat social et les relations entre les services, connaître les raisons des problèmes ;
– former le personnel ;
– améliorer la communication ;
– diminuer le *turn-over* et l'absentéisme.

Les mesures peuvent être prises :
• au niveau de la communication :
– organiser des réunions en n'oubliant pas de préciser l'ordre du jour ;
– créer un journal interne ;
– installer des tableaux d'informations dans les services.

• Au niveau de la formation :
– donner une formation aux techniques de vente ;
– donner une formation aux produits ;
– donner une formation aux techniques de gestion et de management ;
– donner une formation à l'informatique.

• Au niveau du contenu du travail : il faut voir si on peut envisager une rotation des postes pour rompre la monotonie.

• Au niveau de la motivation : il faut réfléchir à l'instauration d'un système de rémunération plus motivant par des primes, des voyages collectifs, de la reconnaissance…

Exercice 4 ○ page 17

1. Calcul des marges et des écarts

	Prévisions				Réalisations			
Produits	Prix de vente unitaire	Coût de revient	Quantités prévues	Marge	Prix de vente unitaire	Coût de revient	Quantités vendues	Marge
Scanner express	54 €	30 €	1 200	24 €	60 €	35 €	1 500	25 €
Scanner pro	119 €	60 €	2 800	59 €	105 €	65 €	3 000	40 €

	Scanner express	Scanner pro	Total
Bénéfice prévu	28 800 €	165 200 €	194 000 €
Bénéfice réalisé	37 500 €	120 000 €	157 500 €
Écart sur bénéfice	8 700 €	– 45 200 €	
Écart sur quantités	300 €	200 €	500 €
Écart sur prix de vente	6 €	– 14 €	– 8 €
Écart sur coût de revient	5 €	5 €	10 €

2. Analyse des résultats de vente

Le bénéfice réalisé est inférieur au bénéfice prévu (– 36 500 €). Les quantités vendues ont pourtant été supérieures aux quantités prévues (+ 500). Mais le coût de revient a été supérieur au coût de revient prévu (+ 5 € pour chaque type de scanner). Le prix de vente, quant à lui, a été augmenté de 6 € en ce qui concerne le Scanner express, mais il a été baissé de 14 € pour le Scanner pro, alors même que le prix de revient avait augmenté.

6. L'organisation du travail ○ Management

Exercice 1 ○ page 21

1. Explication de la citation

Peter Drucker veut dire que si le temps n'est pas correctement géré, le manageur passe ses journées à gérer les problèmes ou à exécuter des tâches qu'il aurait pu déléguer ; il est pris par les activités accessoires et ne peut pas se consacrer à l'essentiel.

2. Efficacité de l'agenda hebdomadaire

L'agenda présentant la semaine en un seul coup d'œil permet de se représenter son emploi du temps hebdomadaire rapidement et de voir où il est possible de se dégager des plages horaires. Un agenda journalier ne permet pas d'en faire autant, car on passe trop de temps à tourner les pages.

3. Risques de l'agenda électronique

Si l'agenda électronique est mal maîtrisé, on risque de perdre ses données. Par ailleurs, l'utilisation du stylet est assez délicate et risque plus de faire perdre du temps à son utilisateur que de lui en faire gagner.

4. Un agenda plein à 75 % est complet

Un agenda plein à 75 % peut être considéré comme complet si l'on tient compte du fait que des imprévus vont nécessairement se produire (exemples : réunion plus longue que prévu, client en retard, embouteillages…). Garder une marge de manœuvre permettra de pouvoir respecter ses engagements.

Exercice 2 ○ page 21

1. Nombre de salariés nécessaires pour ouvrir le magasin

Le magasin est ouvert 50 heures par semaine.

	Nombre obligatoire de salariés	Besoin en heures	Besoin en personnel
Au niveau administratif	3 personnes en permanence du lundi au vendredi	3 × 40 heures de permanence = 120 heures	$\frac{120}{35}$ = 3,4 personnes
Accueil	1 personne du lundi au samedi	1 × 50 = 50 heures	$\frac{50}{35}$ =1,4 personne
Caisse	2 personnes du lundi au samedi	2 × 50 = 100 heures	$\frac{100}{35}$ = 2,85 personnes
Rayon	5 personnes du lundi au samedi	5 × 50 = 250 heures	$\frac{250}{35}$ = 7,14 personnes
Vente traditionnelle	2 personnes du lundi au samedi	2 × 50 = 100 heures	$\frac{100}{35}$ = 2,85 personnes

Il faudra donc :
– au niveau administratif : 3 salariés à temps plein (35 heures) et 1 salarié à temps partiel (15 heures) = 120 heures ;
– à l'accueil : 1 salarié à temps plein (35 heures) et 1 salarié à temps partiel (15 heures) = 50 heures ;
– aux caisses : 2 salariés à temps plein (35 heures) et 1 salarié à temps partiel (30 heures) = 100 heures ;
– en rayon : 7 salariés à temps plein (35 heures) et 1 salarié à temps partiel (5 heures) = 250 heures ;
– en vente traditionnelle : 2 salariés à temps plein (35 heures) et 1 salarié à temps partiel (30 heures) = 100 heures.

Puisque le personnel est polyvalent, il est possible d'employer une personne à temps plein qui se partagera entre la caisse, à raison de 30 heures par semaine, et le rayon, à raison de 5 heures par semaine.

On aura donc besoin de 16 personnes à temps plein et de 3 personnes à temps partiel (15 heures en administratif, 15 heures à l'accueil et 30 heures en vente traditionnelle).

2. Planning horaire du personnel

	Lundi				Mardi				Mercredi				Jeudi				Vendredi				Samedi				Total heures
Tâches	Matin		Après-midi		Matin		Après-midi		Matin		Après-midi		Matin		Après-midi		Matin		Après-midi		Matin		Après-midi		
Administratif																									
Béatrice	9 à 12	3	14 à 19	5			14 à 18	4	9 à 12	3	14 à 19	5	9 à 12	3	14 à 19	5	10 à 12	2	14 à 19	5					35
Sophie	9 à 12	3	14 à 18	4	9 à 12	3	14 à 18	4			14 à 19	5	9 à 12	3	14 à 19	5	9 à 12	3	14 à 19	5					35
Cécile	9 à 12	3	14 à 18	4	10 à 12	2	14 à 19	5	9 à 12	3	14 à 18	4	9 à 12	3	15 à 18	3					9 à 13	4	15 à 19	4	35
Accueil																									
Sylvie	9 à 12	3	14 à 19	5	9 à 12	3	14 à 19	5	9 à 12	3	14 à 17	3	9 à 12	3	14 à 17	3					9 à 12	3	14 à 18	4	35
Caisses																									
Agnès	9 à 12	3	14 à 19	5	9 à 12	3	14 à 19	5									9 à 12	3	14 à 19	5	9 à 11	2	13 à 19	6	32
Odile									9 à 12	3	14 à 19	5	9 à 12	3	14 à 19	5					9 à 13	4	15 à 19	4	24
Vente traditionnelle																									
Sandrine	9 à 12	3	14 à 19	5	9 à 12	3							9 à 12	3	14 à 19	5	9 à 12	3	14 à 19	5	9 à 12	3	14 à 19	5	35
Laetitia	9 à 12	3	14 à 19	5	9 à 12	3	14 à 19	5	9 à 12	3	14 à 19	5					9 à 12	3	14 à 19	5	11 à 14	3			35
Rayons																									
Pascal	9 à 12	3	14 à 19	5	9 à 12	3	14 à 19	5					9 à 12	3	14 à 19	5			14 à 17	3	9 à 12	3	14 à 19	5	35
Nicolas	9 à 12	3	14 à 19	5	9 à 12	3	14 à 18	4					9 à 12	3	14 à 19	5	10 à 12	2	14 à 18	4	10 à 13	3	15 à 18	3	35
Grégory	10 à 12	2	14 à 18	4	10 à 12	2	14 à 19	5	10 à 12	2	14 à 19	5					10 à 12	2	14 à 19	5	9 à 13	4	15 à 19	4	35
Ludovic					10 à 12	2	14 à 19	5	10 à 12	2	14 à 19	5	10 à 12	2	15 à 19	4	9 à 12	3	15 à 19	4	9 à 11	2	13 à 19	6	35
Dominique	9 à 12	3	14 à 18	4					9 à 12	3	14 à 18	4	9 à 12	3	14 à 18	4	9 à 12	3	14 à 18	4	9 à 13	4	15 à 18	3	35
Marie			14 à 18	4	9 à 12	3	14 à 19	5					9 à 12	3	14 à 19	5	9 à 12	3	14 à 18	4	9 à 13	4	15 à 19	4	35
Julie					Formation		Formation		Formation		Formation		10 à 12	2	14 à 19	5	9 à 12	3	15 à 18	3	9 à 11	2	13 à 17	4	35
Julian	9 à 12	3	14 à 19	5			14 à 18	4	9 à 12	3	14 à 19	5	9 à 12	3	14 à 19	5					9 à 11	2	13 à 18	5	35

3. Avis sur l'organisation de l'équipe

Une seule personne est à l'accueil et elle est en repos le vendredi. Il n'y a donc personne pour accueillir les clients ce jour-là.

Deux personnes sont en caisse le samedi, ce qui est appréciable car il s'agit d'un jour où il y a en principe beaucoup de monde.
Au niveau de la vente traditionnelle, une seule personne sera présente le samedi après-midi. Elle risque d'être débordée.
Tout le personnel de rayon est présent le samedi, ce qui permettra de faire face à l'affluence éventuelle.

7. Les objectifs commerciaux et le contrôle de l'équipe commerciale ○ Management

Exercice 1 ○ page 23

1. Calcul du pourcentage de réalisation des objectifs

Semaine du 17/01/N au 23/01/N

		Semaine	Mois	Cumul	Objectifs	% réalisation
Assurances	Donation	3	15	15	51	29,41 %
	PERP	14	28	28	79	35,44 %
	Santé	8	11	11	94	11,70 %
	Vie	0	3	3	25	12,00 %
Total I		**25**	**57**	**57**	**249**	**22,89 %**
Cartes	Visa	– 1	– 4	– 4	57	– 7,02 %
	Eurocard	– 3	– 5	– 5	60	– 8,33 %
	Tribal	0	0	0	56	0,00 %
Packages	1re gamme	0	0	0	7	0,00 %
	2e gamme	2	1	1	26	3,85 %
	Supérieur	– 2	1	1	30	3,33 %
	Luxe	– 3	– 4	– 4	20	– 20,00 %
	Professionnels	0	0	0	4	0,00 %
Total II		**– 7**	**– 11**	**– 11**	**260**	**– 4,23 %**
Assurances diverses	Automobile	5	11	11	40	27,50 %
	Habitation	3	8	8	50	16,00 %
	Accidents de la vie	0	1	1	35	2,86 %
	Protection juridique	5	11	11	50	22,00 %
Total III		**13**	**31**	**31**	**175**	**17,71 %**

Produits bancaires	**Ouvertures**					**Versements**				
	Semaine	**Mois**	**Cumul**	**Objectifs**	**% réalisation**	**Semaine**	**Mois**	**Cumul**	**Objectifs**	**% réalisation**
Crédits à la consommation	5	8	8	101	7,92 %	70	83		1 000	8,30 %
Crédits étudiants	0	0	0	6	0,00 %	0	0		35	0,00 %
Crédits *revolving*	0	0	0	0		0	0		141	0,00 %
Total prêts personnels	5	8	8	107	7,48 %	70	83	0	1 176	7,06 %
Prêts immobiliers	0	0	0	40	0,00 %	0	53	53	2 502	2,12 %

2. Explication du tableau de bord et commentaires

Ce tableau de bord est un outil de suivi hebdomadaire, puisqu'il s'agit de la semaine du 17 au 23 janvier N. Il représente les résultats de la semaine pour l'ensemble de l'agence bancaire et précise le nombre de produits qui ont été vendus depuis le début du mois en cours. Dans la colonne « Cumul », on trouvera les résultats de l'agence depuis le début de l'année. Comme il s'agit du mois de janvier, les résultats cumulés sont identiques à ceux du mois de janvier.

Les objectifs sont ceux qui ont été fixés pour l'ensemble de l'année.

Les produits sont classés par catégories : assurances, cartes bancaires, comptes services, assurances diverses, crédits. Pour ces derniers, une différence est observée entre les ouvertures de crédits et les versements effectués.

3. Avis sur les performances de l'agence

En ce qui concerne les assurances, les résultats obtenus sont satisfaisants, puisque la moyenne est de 23 % des objectifs annuels alors que nous ne sommes qu'en janvier. Il semble que les efforts de l'équipe aient porté sur ce point.

En ce qui concerne les cartes et les packages, les résultats sont négatifs, ce qui signifie que l'équipe n'a pas réalisé les ventes qui lui étaient imposées au cours de la période.

Les performances des assurances diverses sont correctes car elles se situent à 18 % de l'objectif annuel.

Enfin, au niveau des crédits, les résultats sont très faibles en comparaison des objectifs annuels à atteindre.

Exercice 2 ○ page 23

1. Objectifs de chiffre d'affaires par secteur

Les objectifs de chiffre d'affaires par secteur de vente concernent seulement les particuliers, les PME et les artisans, qui sont les secteurs qui vous ont été confiés.

CA à atteindre = 233 000 €

→ Chauffage central 65 % = 151 450 €

→ Sanitaire 35 % = 81 550 €

Part de chiffre d'affaires par type de client :

Particuliers	$= \frac{15\,462}{179\,413}$	8,618 %
Collectivités locales	$= \frac{27\,633}{179\,413}$	15,402 %
Administrations	$= \frac{72\,852}{179\,413}$	40,606 %
PME	$= \frac{34297}{179\,413}$	19,116 %
Artisans	$= \frac{29\,169}{179\,413}$	16,258 %

Répartition de l'objectif par type de client :

	Part du CA	CA à atteindre [1]
Particuliers	8,618 %	20 079,94
Collectivités locales	15,402 %	35 886,66
Administrations	40,606 %	94 611,98
PME	19,116 %	44 540,28
Artisans	16,258 %	37 881,14
Total	100 %	233 000,00

[1] 233 000 × 8,618 %

CA à réaliser par secteur selon le poids de chaque secteur :

	Particuliers	PME	Artisans	Totaux
Secteur 01 Calcul du résultat	$\frac{3\,700}{15\,462} \times 20\,079{,}94$ = 4 805,06	$\frac{7\,950}{34\,297} \times 44\,540{,}28$ = 10 324,38	$\frac{12\,005}{29\,169} \times 37\,881{,}14$ = 15 590,63	30 720,07
Secteur 02 Calcul du résultat	$\frac{2\,549}{15\,462} \times 20\,079{,}94$ = 3 310,29	$\frac{3\,620}{34\,297} \times 44\,540{,}28$ = 4 701,16	$\frac{2\,960}{29\,169} \times 37\,881{,}14$ = 3 844,09	11 855,54
Secteur 03 Calcul du résultat	$\frac{841}{15\,462} \times 20\,079{,}94$ = 1 092,18	$\frac{10\,007}{34\,297} \times 44\,540{,}28$ = 12 995,73	$\frac{5\,704}{29\,169} \times 37\,881{,}14$ = 7 407,66	21 495,57
Secteur 04 Calcul du résultat	$\frac{8\,372}{15\,462} \times 20\,079{,}94$ = 10 872,41	$\frac{12\,720}{34\,297} \times 44\,540{,}28$ = 16 519,01	$\frac{8\,500}{29\,169} \times 37\,881{,}14$ = 11 038,76	38 430,18
Totaux	**20 079,94**	**44 540,28**	**37 881,14**	**102 501,36**

2. Amélioration de la prévision

Elle passe par l'analyse des reproches que l'on peut faire à la méthode actuelle :
– la prévision se base sur le chiffre d'affaires réalisé l'année précédente, indépendamment de l'évolution du niveau d'activité des entreprises clientes ;
– il n'est pas tenu compte du potentiel des secteurs, ni du calcul des dépenses commercialisables, ni de celui des indices de richesses vives ou des indices de disparité de consommation ;
– les clients « particuliers » sont traités de la même manière que les entreprises, alors que leur comportement d'achat est totalement différent ;
– il n'est pas tenu compte de la concurrence et de l'évolution de ses parts de marché.

8. La constitution de l'équipe commerciale ○ Management

Exercice 1 ○ page 25

1. Profil type d'un responsable de magasin Phildar

Responsable de magasin Phildar	
Formation	Baccalauréat au minimum.
Expérience professionnelle	Une expérience réussie dans la vente et/ou le management d'équipe dans la distribution.
Qualités et compétences métier	– Sens du commerce, esprit d'entreprise, excellent contact relationnel – Attrait pour la mode. – Bonnes bases en gestion et organisation. – Qualités managériales. – Rigueur. – Dynamisme et motivation.

2. Moyens permettant le recrutement de nouveaux responsables de magasin

Le recrutement peut se faire de diverses manières :
– en interne : promotion de responsables adjoints ;
– en externe : petites annonces dans la presse, Internet (*via* le site Phildar), bureaux de recrutement (ANPE, APEC), salons professionnels (salon de la franchise), stages et intérims, candidatures spontanées…

Exercice 2 ○ page 25

• **Rédaction de la petite annonce**

Titre du poste	Vendeur/vendeuse
Secteur de travail	Ventes
Unité	Vente au détail/magasin
Description	L'assortiment IKEA est présenté de diverses manières mais la communication principale se fait sur la surface de vente. Les vendeurs sont les principaux acteurs du magasin IKEA. Toutefois, même s'ils représentent l'essentiel de l'équipe de vente, leur force ne réside pas dans leur nombre mais dans leur capacité à communiquer, jour après jour, l'assortiment aux clients. Une partie de cette communication se fait sur la surface de vente, que les vendeurs sont chargés d'entretenir. Non seulement elle doit être propre et fraîche, mais les produits doivent aussi être correctement présentés. La surface de vente doit être attractive et doit faciliter les ventes. Les clients sont plus enclins à acheter si les prix, les étiquettes et l'information sur le produit sont faciles à trouver. Les clients sont également plus enclins à acheter lorsqu'ils reçoivent l'aide dont ils ont besoin, et cela offre d'autres possibilités de communiquer sur l'assortiment. Les vendeurs doivent connaître les produits qu'ils vendent et partager cette connaissance autant que possible.

…

…

Discutant volontiers les caractéristiques et les avantages des produits avec les clients, ils répondent à leurs questions ou les conseillent avec enthousiasme. Dans les deux types de communication, les vendeurs ont une approche active. Qu'ils recherchent des moyens d'améliorer leur département ou qu'ils écoutent les clients et essayent de les aider, ils ont toujours une longueur d'avance. Ainsi ils offrent aux clients une expérience positive d'IKEA, et permettent de meilleures ventes au magasin.

Responsabilités

– Donner de l'information sur les articles et expliquer leurs avantages à nos clients en respectant les actions de base et le principe de libre choix grâce à ses compétences personnelles en vente.
– Tenir la surface de vente impeccable, bien remplie et étiqueter les articles correctement.
– Contribuer à rendre agréable les achats chez IKEA en assurant dans le rayon de vente des services clients équivalents ou supérieurs aux normes établies.
– Veiller à ce que la présentation des marchandises soit conforme aux normes d'IKEA et que l'affichage et l'étiquetage soient adéquats.
– Accueillir les visiteurs en les aidant et en leur donnant de l'information.
– Se conformer aux procédures de contrôle des stocks.
– Prendre la responsabilité de son propre perfectionnement par le biais de son travail sur la surface de vente et en participant à des programmes de formation internes.
– Être expert des articles de son rayon.
– Contribuer à créer un environnement où la culture IKEA est une réalité forte et vivante qui englobe la diversité des collaborateurs et celle des clients.
– Prendre la responsabilité des projets ou tâches qui se présentent.

Qualités et savoir-faire

Connaissances

– Intérêt pour l'ameublement d'intérieur et connaissance approfondie de nos articles.
– Aptitudes en informatique.

Aptitudes et motivation

– Intérêt marqué pour l'ameublement d'intérieur.
– Volonté et capacité de progresser au sein d'IKEA.
– Approche proactive et courtoise envers les clients.
– Bonnes aptitudes à la communication.
– Désir de partager ses connaissances.
– Désir de progresser et de grandir.
– Aptitudes à résoudre des problèmes.
– Motivation à travailler dans un environnement dynamique et d'y apporter sa contribution.

Informations complémentaires

– CDI 20 heures hebdomadaires.
– À pourvoir dès que possible.

Date limite de candidature 30/06/N

Identification de la demande 24653BR

D'après le site www.ikea.fr

Exercice 3 ○ page 25

• **Sélection du candidat**

	Corinne Touzard	Nicolas Leroy	Fabienne Gallois
Points positifs	– Formation commerciale (BEP VAM). – Expérience dans la vente-conseil de vêtements (3 ans). – Qualités relationnelles.	– Formation commerciale (Bac STT Commerce). – Expérience dans la vente de vêtements mode. – Passion pour la mode. – Profil commercial.	– Formation commerciale : BTS MUC.
Points négatifs	– Richesse du vocabulaire. – Capacité à gérer les priorités. – Capacité à évoluer. – Ambition.	– Contrôle émotionnel, tolérance à la frustration, patience. – Sens de l'organisation. – Prise de recul. – Capacité à se remettre en question.	– Pas d'expérience dans la vente conseil de vêtements. – Profil banque. – Motivation faible pour le poste. – Capacité à s'engager dans l'acte de vente. – Contrôle émotionnel, tolérance à la frustration. – Capacité à gérer les priorités. – Prise de recul.
Conclusion	Candidature intéressante en concordance avec le descriptif du poste.	Candidature intéressante en concordance avec le descriptif du poste. Est-il capable de s'insérer dans une équipe ?	Trop de points négatifs qui sont importants pour le poste.

Choix : candidat n° 1 : Corinne Touzard ; candidat n° 2 : Nicolas Leroy ; candidat n° 3 : Fabienne Gallois.

9. L'évaluation et la valorisation du potentiel de l'équipe commerciale ○ Management

Exercice 1 ○ page 29

1. Évaluation de l'efficacité des trois vendeurs

L'interprétation nécessite le calcul de ratios permettant d'apprécier l'efficacité commerciale des trois vendeurs.

	Accroche[1]	Part de clients engagés[2]	Argumentation[3]	Conclusion[4]	Écarts sur objectifs
Emma		37,2 %	80 %	19 %	– 5
Fabien		28,6 %	31 %	39 %	– 25
Claire		34,2 %	65 %	19,8 %	– 16
Total	76 %	100 %			– 46

1. Accroche = nombre de clients engagés/nombre de clients rayon.
2. La part des clients engagés permet d'apprécier la capacité du vendeur à engager la relation avec un client.
3. Argumentation = nombre de clients argumentés/nombre de clients intéressés par un téléphone portable.
4. Conclusion = nombre d'appareils vendus/nombre de clients argumentés.

76 % des clients entrants dans le rayon sont accueillis par les vendeurs. Ce pourcentage est correct. Mais il pourrait être plus élevé.

Emma : engagement de 37,2 % des clients. Elle réussit à argumenter pour 80 % des clients. Elle semble rencontrer des difficultés à conclure. Compte tenu du nombre de clients engagés, elle n'est pas loin de remplir ses objectifs (retard de 5).

Fabien : c'est le vendeur qui accueille le moins de clients au sein du rayon. Il a des difficultés pour argumenter. Par contre, il est meilleur en matière de conclusion de la vente. Il est très en retard sur ses objectifs.

Claire : elle est plutôt dans la moyenne en ce qui concerne la part des clients engagés et la capacité à argumenter. Son problème réside dans la capacité à conclure. Elle est en retard sur ses objectifs.

2. Actions à entreprendre pour améliorer les performances des vendeurs

Emma : elle semble la plus dynamique de l'équipe du rayon. Elle se démène pour engager le maximum de contacts avec la clientèle. Son point faible est la conclusion du contact. Il serait utile de prévoir une formation pour l'aider à mieux conclure.
Le manageur peut utiliser son dynamisme pour aider ses collègues à être plus efficaces.

Fabien : il est le moins dynamique de l'équipe. Ses résultats sont mauvais, malgré sa capacité à conclure. A-t-il un problème de motivation ? Le manageur doit s'entretenir avec lui afin de comprendre ce qui ne va pas. Il n'engage pas beaucoup de contacts avec les clients (est-ce un problème de timidité ? est-il étouffé par ses collègues ?).

Claire : il est nécessaire de lui faire suivre une formation avec sa collègue Emma sur la capacité à conclure. Le manageur devrait la convoquer pour comprendre les raisons des écarts par rapport aux objectifs.

Exercice 2 ○ page 29

1. Diagnostic de l'activité des deux vendeurs

		Candice Brunoit	Raphaël Dino
Entretien client	Points positifs	Prise en charge. Écoute.	Prise en charge du client. Mise en place du dossier client.
	Points négatifs	Mise en place du contrat de vente. Vérification de la compréhension client. Suivi client et fidélisation.	Écoute des besoins. Explications aux clients. Réponse aux questions. Suivi client et fidélisation.
	Points à améliorer	Traitement de la demande. Explications au client. Réponse aux questions.	Traitement de la demande. Vérification de la compréhension du client.
Attitude et comportement du conseiller	Points positifs	Dynamique. Souriante. Aimable.	Organisé.
	Points négatifs	Organisée.	Souriant. Empathie. Dynamique.
	Points à améliorer	Empathie.	Amabilité.

2. Solutions à préconiser

Candice Brunoit : on peut préconiser une formation à l'entretien de vente, surtout la conclusion de la relation (le contrat de vente, la vérification de la compréhension, suivi et fidélisation).

Raphaël Dino : on peut suggérer une formation à l'entretien de vente, surtout la phase de découverte des besoins (écoute du client et empathie) et l'argumentation.

Exercice 3 ○ page 29

1. Analyse de la fiche bilan

La fiche bilan est tenue épisodiquement, au coup par coup, manuellement. Elle ressemble davantage à un billet d'humeur qu'à un véritable outil de suivi.

Elle ne comporte ni indicateurs ni objectifs ; on mélange des comportements observables et des éléments subjectifs. Il y a une ambiguïté : le manageur semble tenir Nicole pour responsable d'éléments de dysfonctionnement (démarque, propreté, hygiène, mises en avant, sécurité alimentaire) pour lesquels elle n'est sans doute pas la seule responsable.

Il conviendrait de distinguer les performances individuelles et les performances collectives.

2. Indicateurs pertinents de suivi des performances individuelles

– Ponctualité : nombre de retards, durée des retards à l'arrivée dans l'unité commerciale, sur le lieu de travail (rayon), lors des retours de pause, etc.
– Absentéisme : nombre d'absences, nombre de jours d'absences.
– Congés : nombre de jours de congés maladie, de jours de formation, etc.
– Respect des consignes et des procédures : de travail, de sécurité, d'hygiène, tenue réglementaire, présentation de l'étalage, affichage des prix, etc.
– Contact clientèle : accueil, qualité du service, conseil, prise de congé, amabilité, politesse, application de l'ordre de passage des clients, réponse précise à la demande des clients, etc.
– Efficacité dans le travail : connaissance des produits, présentation de l'assortiment, etc.

3. Conception d'un modèle de fiche de suivi individuel.

Fiche de suivi individuel de :

Période du…. au…

Retards		Absences	Congés	
Dates	**Durée**	**Nombre de jours**	**Nombre de jours congés maladie**	**Nombre jours congés formation**
	Très satisfaisant	Assez satisfaisant	Insuffisant	Très insuffisant
Respect des consignes – Travail – Hygiène – Sécurité				
Contact clientèle – Accueil – Qualité service – Conseil – Prise de congé – Amabilité				
Efficacité dans le travail				
Etc.				

…

…

Objectifs et actions				Suivi		
Date	Objectif	Actions à réaliser	Échéances	Date	Bilan des actions	Prochaines étapes

Exercice 4 ○ page 30

1. Formation à retenir

Les deux formations paraissent correspondre au besoin de formation des deux conseillers. En effet, elles vont toutes les deux répondre soit au problème de Candice au niveau de la conclusion de la vente, soit au problème de Raphaël au niveau de la phase de découverte et de l'argumentation.

La formation n° 2 semble plus complète et dure moins longtemps que la première. En effet, elle propose de comprendre l'impact du non-verbal et permet aux participants de travailler en ateliers. Ils peuvent s'entraîner grâce à des jeux de rôles…

2. Évaluation des coûts induits par cette formation

- Coûts directs : formation n° 2 : 1 950 €
- Coûts indirects :

– Perte de chiffre d'affaires : CA moyen journalier $= \left(\dfrac{212\,500}{26 \text{ jours par mois}}\right) = 8\,173{,}1$ €

Perte journalière $= 8\,173{,}1 \times 0{,}25 = 2\,043{,}3$ €

– Coût salarial : nombre de jours travaillés par an par salarié = 365 – (52 semaines × 2 jours non travaillés) = 261 jours
261 jours/12 mois = 21,75 jours travaillés dans un mois

Coût salarial journalier $= \dfrac{1\,600}{21{,}75} = 73{,}56$ €

Pour les deux vendeurs $= 73{,}56 \times 2 = 147{,}13$ €

- **Total** = 1 950 + 2 043,3 + 147,13 = 4 140,43 €

10. La rémunération de l'équipe commerciale ▸ Management

Exercice 1 ▸ page 33

• **Salaire du mois de décembre de Mme Henniaux**

Fixe	1 500,00
Primes sur objectifs :	
Ouvertures de comptes	1 200,00
Livrets	1 200,00
Prêts	1 500,00
Cartes bancaires	–
Primes sur objectifs collectifs :	
Ouvertures de comptes	800,00
Livrets	1 000,00
Prêts	–
Salaire de fin décembre	7 200,00

Exercice 2 ▸ page 33

1. Utilité de l'entretien d'évaluation

L'entretien annuel permet de faire le point sur les résultats obtenus par le salarié, de faire le bilan de ses compétences, de ses motivations. Il permet aussi de cerner les intentions de progression de carrière de la personne et de la remotiver si besoin est.

Il est l'occasion pour le salarié de mettre en avant les efforts qu'il a fournis au cours de l'année écoulée et de négocier une augmentation de salaire ou une formation ou encore un changement de fonction.

2. Nombre d'entretiens annuels obligatoires

Un entretien par an est obligatoire. Mais beaucoup d'entreprises font passer à leurs salariés des entretiens plus régulièrement.

3. Conditions pour négocier des augmentations de salaire

L'entretien annuel permettra de négocier une hausse de salaire si le salarié a réellement fourni des efforts au cours de l'année pour améliorer ses performances et atteindre ses objectifs, s'il s'est investi dans son travail.

4. Conditions pour accorder des augmentations de salaire

Le manageur accordera des augmentations s'il est convaincu que le salarié a fait preuve de dynamisme. Cependant, il n'a la possibilité de le faire que dans la mesure où la direction lui permet de « distribuer » des augmentations, ce qui dépend notamment du contexte économique, de la position de l'unité commerciale sur son marché et de ses résultats financiers. Si l'entretien annuel ne permet pas d'obtenir une augmentation, le salarié sera frustré et démotivé.

11. Le management de projet ○ Management

Exercice 1 ○ page 35

1. Représentation de l'enchaînement des tâches

Désignation de la tâche	Durée	Antériorité	1	2	3	4	5	6	7	8	9	10	11	12	13	14	15	16	17	18	19	20
A. Récupération de la liste des participants	1 j.	–																				
B. Élaboration du programme de la journée	1 j.	A																				
C. Conception de la lettre de convocation	1 j.	B																				
D. Envoi de la lettre de convocation	1 j.	C																				
E. Préparation du PowerPoint de l'intervention	2 j.	B																				
F. Réservation d'une salle de réunion	1 j.	B																				
G. Impression des éléments à donner aux participants	15 j.	E																				
H. Constitution du dossier remis aux participants	1 j.	G																				
I. Choix d'un restaurant	2 j.	F																				
J. Réservation du restaurant	1 j.	I																				

2. Temps nécessaire à l'organisation de la journée de formation

Le temps nécessaire à l'organisation de la journée de formation est de 20 jours.

Exercice 2 ○ page 35

1. Détermination de l'ordre et de l'antériorité des tâches

Tâches antérieures obligatoirement terminées	Tâches	Tâches immédiatement postérieures
–	A	D
–	B	E
–	C	G
A	D	F
B	E	F
D, E	F	I
C	G	H
G	H	I
F, H	I	L
D	J	K
F, J	K	L
I, K	L	–

2. 3. et 4. Graphe PERT, dates au plus tôt et dates au plus tard, chemin critique

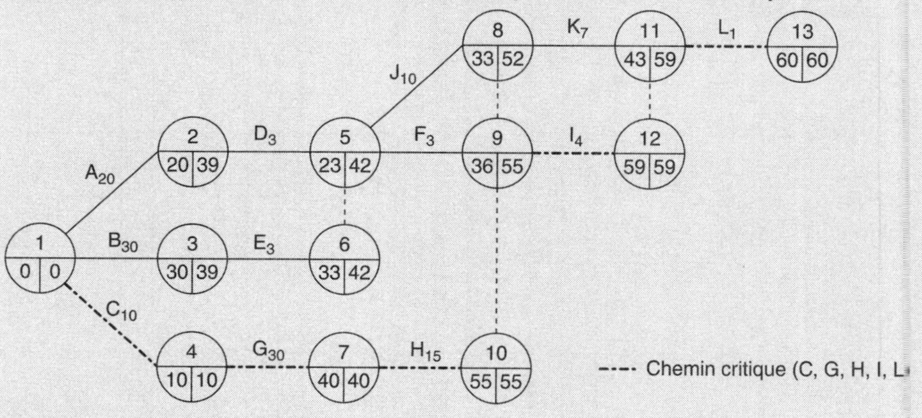

5. Calcul des marges possibles pour chaque tâche

Tâches	Date de début au plus tôt	Date de fin au plus tard	Durée de la tâche	Marge totale
A	39	20	20	19
B	39	30	30	9
C	10	10	10	0
D	42	23	3	19
E	42	33	3	9
F	55	36	3	19
G	40	40	30	0
H	55	55	15	0
I	59	59	4	0
J	52	33	10	19
K	59	40	7	19
L	60	60	1	0

6. Temps minimum de réalisation du projet

Le projet pourra être réalisé au minimum en 60 jours.

Exercice 3 ○ page 35

1. et 2. Représentation graphique de l'enchaînement des tâches, chemin critique et durée minimale de réalisation du projet

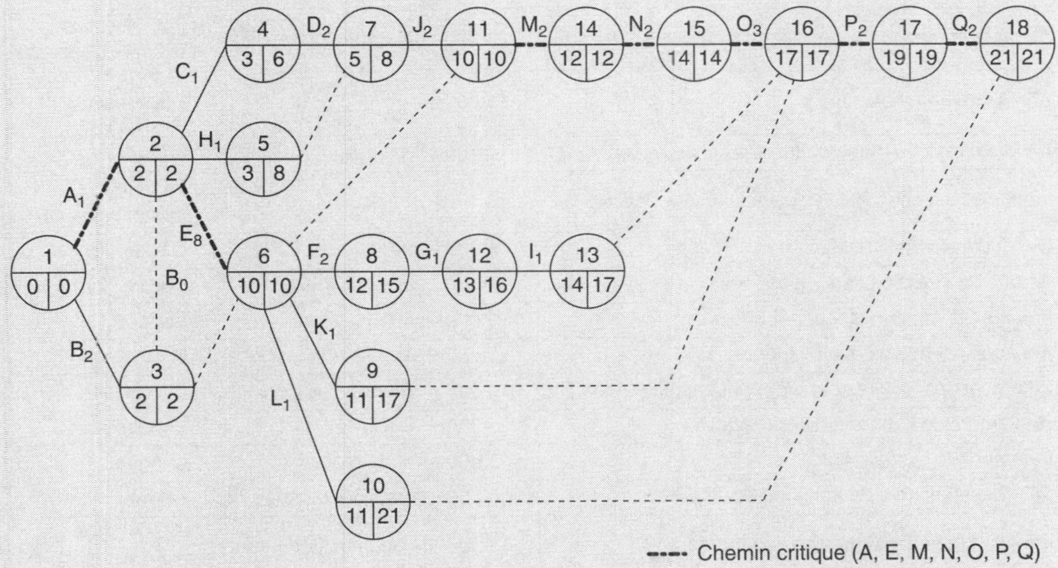

La durée minimale de réalisation du projet est de 20 jours.

3. Incidence de l'allongement de la durée de la tâche M

L'allongement de la durée de la tâche M aura une incidence directe sur la durée totale du projet. En effet, la tâche M n'a pas de marge (elle appartient au chemin critique). La durée totale sera portée à 22 jours.

12. Le cycle d'exploitation ○ Gestion

Exercice 1 ○ page 39

• **Tableau d'emplois et de ressources**

Opérations	Montant	Emploi	Ressource
Achats de marchandises au comptant par chèque	3 500	Achats de marchandises	Banque
Ventes à crédit de marchandises	6 000	Clients	Ventes de marchandises
Achat d'un matériel informatique à crédit	2 700	Matériel informatique	Fournisseurs d'immobilisations
Achats de marchandises à crédit	11 000	Achats de marchandises	Fournisseurs
Un client règle le montant de sa créance par chèque	4 700	Banque	Clients
Ventes de marchandises au comptant en espèces	8 400	Caisse	Ventes de marchandises
Dépôt d'espèces à la banque	1 200	Banque	Caisse
Achats de timbres-poste en espèces	80	Frais postaux	Caisse
Paiement d'un fournisseur par chèque	3 000	Fournisseurs	Banque
Achat d'essence payé en espèces	60	Achats non stockés	Caisse
Paiement des salaires par virement bancaire	12 500	Charges de personnel	Banque
Règlement de la publicité par chèque	5 300	Publicité	Banque
Paiement de l'impôt sur les sociétés	8 600	État, impôts et taxes	Banque
Paiement des frais de transport en espèces	300	Frais de transport	Caisse
Achat à crédit d'un fonds de commerce	55 000	Fonds de commerce	Fournisseur d'immobilisations
Prélèvement des intérêts d'un emprunt par la banque	150	Charges d'intérêts	Banque

Exercice 2 ○ page 39

• **Tableau d'analyse des flux**

Opérations	Flux réel ou monétaire	Flux entrant ou sortant	Flux d'exploitation ou d'investissement	Emploi ou ressource
Ventes de marchandises	R	S	Exp.	Res.
Emprunt à la banque	M	S	Inv.	Res.
Achats de marchandises	R	E	Exp.	Emp.
Achat d'une voiture	R	E	Inv.	Emp.
Paiement de l'EDF	M	S	Exp.	Res.
Achat d'une licence	R	E	Inv.	Emp.
Achats de fournitures	R	E	Exp.	Emp.
Règlement des marchandises	M	S	Exp.	Res.
Achat d'un terrain	R	E	Inv.	Emp.
Paiement du loyer	M	S	Exp.	Res.
Paiement des clients	M	E	Exp.	Emp.

Exercice 3 ○ page 39

1. Calcul du BFR

BFR = (créances clients + stocks de marchandises) – (dettes fournisseurs + dettes fiscales et sociales) = (73 650 + 45 850) – (235 900 + 32 700) = – 149 100 €.

2. Commentaire des résultats

Le BFR est négatif. Cela signifie qu'il est favorable à la société Infocom. Les dettes fournisseurs sont élevées, ce qui indique qu'Infocom a obtenu des délais de paiement importants. Les délais accordés aux clients sont moins longs. Les dettes permettent donc de financer les stocks et les créances clients.

Exercice 4 ○ page 39

1. Calcul du BFR

BFR = (créances clients + stocks de marchandises) – (dettes fournisseurs + dettes fiscales et sociales) = (317 000 + 216 000) – (115 700 + 55 300) = 362 000 €.

2. Analyse de la situation de l'entreprise Lesage

L'entreprise Lesage présente un important besoin de financement, ce qui la place en situation défavorable. Le décalage entre les paiements fournisseurs et les règlements des clients est défavorable. Les stocks sont trop élevés et coûtent trop cher à l'entreprise.

3. Solutions pour améliorer le BFR

L'entreprise Lesage ne peut pas agir sur les délais des dettes fiscales et sociales car les dates de règlement sont imposées par les services fiscaux et sociaux et ne pas les respecter obligerait l'entreprise à verser des pénalités de retard.

On peut conseiller à l'entreprise Lesage de :
- revoir sa gestion des stocks en les réduisant ;
- diminuer le délai de règlement des clients ;
- augmenter la durée de paiement aux fournisseurs.

13. La facturation ○ Gestion

Exercice 1 ○ page 41

• **Facture à adresser au client Bertrand**

Chocos d'Or
10, rue Neuve
59650 Villeneuve-d'Ascq
Tél. : 03 20 91 95 07

FACTURE N° 3475
Le 10/11/N
Facturation : Bertrand
4 rue de la Cigogne
67000 Strasbourg

Référence	Désignation	Quantité	Prix unitaire	Montant total
34CF1	Chocolats fins	1 500	11,60	17 400,00
56TR5	Truffes 250 g	2 500	6,75	16 875,00
			Brut HT	34 275,00
			Remise 10 %	– 3 427,50
				30 847,50
			Remise 5 %	– 1 542,38
			Net commercial HT	29 305,12
			Escompte	– 439,58
			Net financier HT	28 865,54
			Port forfait	+ 120,00
			Net HT	28 985,54
			TVA 20 %	+ 5 797,11
			Net TTC	34 782,65
			Acompte	– 3 000,00
			TTC à payer	31 782,65

Exercice 2 ○ page 41

• **Documents commerciaux à établir**

YOGO — 01/10/N
Fact. n° 810 **Doit** **ALIM**

Yaourts aux fruits		5 800,00
Remise	10 %	– 580,00
Net commercial		5 220,00
Escompte	2 %	– 104,40
Net financier		5 115,60
Port forfait		50,00
Total HT		5 165,60
TVA	5,5 %	284,11
Net TTC à payer		5 449,71

YOGO — 03/10/N
Fact. n° 825 **Doit** **LEMAG**

Flans au chocolat		1 500,00
Remise	5 %	– 75,00
Net commercial		1 425,00
Port forfait		30,00
Total HT		1 455,00
TVA	5,5 %	80,03
Emballages consignés		40,00
Net TTC à payer		1 575,03

YOGO		08/10/N
Fact. n° 830 **Doit** **VERTOU**		
Crème à la vanille		3 650,00
Remise	8 %	– 292,00
Total HT		3 358,00
TVA	5,5 %	184,69
Port débours TTC 20 %		48,00
Net TTC à payer		3 590,69

YOGO		11/10/N
Fact. avoir n° 35 **Avoir** **LEMAG**		
Retour de flans abîmés facture n° 825		375,00
Remise	5 %	– 18,75
Total HT		356,25
TVA	5,5 %	19,59
Retour emballages consignés		40,00
Net TTC à votre crédit		415,84

YOGO		12/10/N
Fact. n° 840 **Doit** **VIT**		
Fromage blanc		2 500,00
Remise	0 %	
Net commercial		2 500,00
Port forfait		40,00
Total HT		2 540,00
TVA	5,5 %	139,70
Emballages consignés		50,00
Net TTC à payer		2 729,70

YOGO		13/10/N
Fact. avoir n° 845 **Doit** **LEMAG**		
Yaourts aux fruits		6 800,00
Remise	6 %	– 408,00
Net commercial		6 392,00
Port forfait		50,00
Total HT		6 442,00
TVA	5,5 %	354,31
Acompte		– 1 000,00
Net TTC à payer		5 796,31

YOGO		20/10/N
Fact. n° 40 **Avoir** **VIT**		
Omission de la remise habituelle fact. n° 840		
Remise	7 %	– 175,00
TVA	5,5 %	9,63
Retour emballages		50,00
Net TTC à votre crédit		234,63

YOGO		22/10/N
Fact. avoir n° 847 **Doit** **LEMAG**		
Petits suisses		9 750,00
Remise	9 %	– 877,50
Total HT		8 872,50
TVA	5,5 %	487,99
Net TTC à payer		9 360,49

YOGO		25/10/N
Fact. n° 45 **Avoir** **ALIM**		
Chiffre d'affaires HT		65 700,00
Ristourne		
CA ≥ 20 000	1,5 %	300,00
20 000 < CA ≤ 40 000	3 %	600,00
CA > 40 000	4 %	1 028,00
Total HT		1 928,00
TVA	5,5 %	106,04
Net TTC à votre crédit		2 034,04

YOGO		29/10/N
Fact. avoir n° 850 **Doit** **VERTOU**		
Crème Smarty		8 650,00
Remise	6 %	– 519,00
Net commercial		8 131,00
TVA	5,5 %	447,21
Net TTC à payer		8 578,21

• **Explications des calculs :**

– Facture n° 830 : le port débours est toujours à la fin de la facture et son taux de TVA est à 20 % car la livraison a été effectuée par une société de transport indépendante de la société Yogo qui récupère le montant des frais engagés pour le compte de son client.

– Facture n° 847 : net commercial HT = $\frac{9\,360{,}49}{1{,}055} = 8\,872{,}50$ €.

Montant brut = 100 % $x = 8\,872{,}50 + 9\ \%\ x$

soit $x = 8\,872{,}50 + 0{,}09\,x$

soit $x - 0{,}09\,x = 8\,872{,}50$

soit $0{,}91\,x = 8\,872{,}50$

soit $\frac{8\,872{,}50}{0{,}91} = 9\,750$ €.

– Facture n° 45 : calcul de la ristourne

CA ≥ 20 000 : 20 000 × 1,5 % = 300.

20 000 < CA ≤ 40 000 : (40 000 – 20 000) × 3 % = 600.

CA > 40 000 : (65 700 – 40 000) × 4 % = 1 028.

– Facture n° 850 : net commercial HT = $\frac{447{,}21}{0{,}055} = 8\,131{,}00$ €.

Taux de remise = $\left(\frac{519}{8\,650}\right) \times 100 = 6$ %.

• **Relevé de factures adressé au client Lemag**

YOGO		Relevé de factures octobre	31/10/N	
			LEMAG	
Dates	N° factures		DOIT	AVOIR
03/10/N	Fact. n° 825		1 575,03	
13/10/N	Fact. n° 845		5 796,31	
22/10/N	Fact. n° 847		9 360,49	
		Total factures doit	16 731,83	
11/10/N	Fact. avoir n° 35			415,84
		Total factures d'avoir		415,84
		Total TTC à payer au 30/11/N	**16 315,99**	

Exercice 3 ○ page 41

• **Tableau de TVA à compléter**

Produits	Taux de TVA	Prix HT	Prix TTC
Produit 1	20 %	765,00 €	918,00 €
Produit 2	5,5 %	35,00 €	36,93 €
Produit 3	20 %	3 900,00 €	4 680,00 €
Produit 4	5,5 %	186,35 €	196,60 €

Exercice 4 ○ page 42

• Calcul de la TVA à payer

TVA à payer = TVA collectée – TVA déductible sur immobilisations – TVA déductible sur autres biens et services.
TVA collectée = 65 500 × 0,20 = 13 000.
TVA déductible sur immobilisations = 11 700 × 0,20 = 2 340.
TVA déductible sur autres biens et services = 33 200 × 0,20 = 6 640.
TVA à payer = 13 000 – 2 340 – 6 640 = 4 020 €.
(Les calculs se rapportant à la TVA sont toujours arrondis à l'euro le plus proche).

Exercice 5 ○ page 42

• Calcul de la marge brute, du taux de marque, du taux de marge et du coefficient multiplicateur

Prix de vente HT = 1 500 – (1 500 × 0,05) = 1 425.
Prix d'achat HT = 750 + 50 = 800.
Marge brute = prix de vente HT – prix d'achat HT : 1 425 – 800 = 625.

$$\text{Taux de marque} = \frac{\text{marge brute}}{\text{prix de vente HT}} \times 100 = \frac{625}{1\,425} \times 100 = 43{,}86\ \%.$$

$$\text{Taux de marge} = \frac{\text{marge brute}}{\text{prix d'achat HT}} \times 100 = \frac{625}{800} \times 100 = 78{,}13\ \%.$$

$$\text{Coefficient multiplicateur} = \frac{1 + \text{taux de TVA}}{1 - \text{taux de marque}} = \frac{1 + 0{,}20}{1 - 0{,}4386} = \frac{1{,}20}{0{,}5614} = 2{,}1375.$$

14. Les opérations de règlement et les relations avec les banques ○ Gestion

Exercice 1 ○ page 45

1. Calcul de la valeur acquise

Valeur acquise = C + i
C = capital ; i = intérêts
Nombre de jours = 240 ; soit 8 (mois) × 30 (jours)

$$\text{Valeur acquise} = 5\,500 + \frac{5\,500 \times 6 \times 240}{36\,000} = 5\,500 + 220 = 5\,720\ €.$$

Mme Lourson percevra 5 720 € au terme des 8 mois.

2. Calcul de la valeur actuelle

Valeur actuelle = C – i
C = capital ; i = intérêts
Nombre de jours = 120

$$\text{Valeur actuelle} = 6\,500 - \frac{6\,500 \times 4 \times 120}{36\,000} = 6\,500 - 86{,}66 = 6\,413{,}34\ €.$$

Mme Lourson doit payer aujourd'hui la somme de 6 413,34 €.

Exercice 2 ○ page 45

1. Montant net encaissé sur la traite n° 34

La traite n° 34 est remise à l'encaissement à la date d'échéance, le 5 avril.
Net encaissé = valeur nominale de l'effet – commission TTC = 3 460 – (20 × 1,20) = 3 436 €.

2. Calcul de l'agio relatif à la traite n° 48 et du net encaissé

• Calcul du nombre de jours
– avril : 30 – 5 = 25 jours ;
– mai : 31 jours ;
– juin : 30 jours ;
– total : 86 jours.

• Calcul de l'escompte : escompte = $\frac{8\,600 \times 8 \times 86}{36\,000} = 164{,}35$ €.

• Commission bancaire : 15 € HT. TVA : 15 × 20 % = 3,00 €.

• Commission d'endos : $\frac{8\,600 \times 0{,}5 \times 86}{36\,000} = 10{,}27$ €.

• Agios : 164,35 + 3,00 + 10,27 = 177,62.

• Valeur nette : 8 600 – 177,62 = 8 422,38 €.

3. Montant total perçu par M. Cardon

M. Cardon percevra la somme de : 3 436 + 8 422,38 = 11 858,38 €.

Exercice 3 ○ page 45

• Calcul du nominal du nouvel effet au taux de 7,5 %

L'escompte de ces deux effets doit être égal à l'escompte de la valeur de l'effet unique à déterminer, dont l'échéance est fixée à 90 jours.

$$x - \frac{x \times 7{,}5 \times 90}{36\,000} = \left(4\,750 - \frac{4\,750 \times 7{,}5 \times 30}{36\,000}\right) + \left(8\,250 - \frac{8\,250 \times 7{,}5 \times 60}{36\,000}\right)$$

$x - 0{,}01875x = (4\,750 - 29{,}69) + (8\,250 - 103{,}13)$

$0{,}98125x = 4\,720{,}31 + 8\,146{,}87$

$0{,}98125x = 12\,867{,}18$

soit $x = \frac{12\,867{,}18}{0{,}98125} = 13\,113{,}05$ €.

L'effet unique d'un montant de 13 113,05 € est équivalent aux deux effets.

Exercice 4 ○ page 46

1. Calcul du montant de l'agio

• Calcul du nombre de jours
– septembre : 30 – 12 = 18 jours ;
– octobre : 31 jours ;
– novembre : 30 jours ;
– total : 79 jours.

• **Calcul de l'escompte**

$$\text{Escompte} = \frac{13\,400 \times 8{,}25 \times 79}{36\,000} = 242{,}60\ €.$$

• **Commission bancaire HT :** 13 400 × 0,35 % = 46,90 €.

Agios HT : 242,60 + 46,90 = 289,50 €.

2. Taux réel d'escompte

$$\frac{36\,000 \times 289{,}50}{13\,400 \times 79} = \frac{10\,422\,000}{1\,058\,600} = 9{,}845\ \%.$$

Exercice 5 ○ page 46

1. Compte courant tenu par la banque

Dates	Libellés	Mouvements		Soldes		Dates de valeur
		Débit	Crédit	Débit	Crédit	
01/10/N	Solde initial				4 600	30/09/N
03/10/N	Chèque n° 402101	2 800			1 800	01/10/N
04/10/N	Prélèvement Orange	600			1 200	02/10/N
05/10/N	Remise chèques		1 700		2 900	08/10/N
12/10/N	Chèque n° 402102	6 765		3 865		10/10/N
15/10/N	Chèque n° 402103	8 230		12 095		13/10/N
18/10/N	Virement Paul		13 456		1 361	19/10/N
22/10/N	Prélèvement EDF	5 270		3 909		20/10/N
24/10/N	Chèque n° 402104	3 500		7 408		22/10/N
27/10/N	Effets domiciliés	4 900		12 309		25/10/N
29/10/N	Effets encaissés		15 400		3 091	30/10/N

2. Calcul des intérêts acquis

Solde créditeur	Dates début solde créditeur	Dates fin solde créditeur	Nombre de jours	Calcul des intérêts acquis
4 600	30/09/N	01/10/N	1	$\frac{4\,600 \times 2\ \% \times 1}{360} = 0{,}25$ €
1 800	01/10/N	02/10/N	2 – 1 = 1	$\frac{1\,800 \times 2\ \% \times 1}{360} = 0{,}10$ €
1 200	02/10/N	08/10/N	6	$\frac{1\,200 \times 2\ \% \times 6}{360} = 0{,}40$ €
2 900	08/10/N	10/10/N	2	$\frac{2\,900 \times 2\ \% \times 2}{360} = 0{,}32$ €
1 361	19/10/N	20/10/N	1	$\frac{1\,361 \times 2\ \% \times 1}{360} = 0{,}08$ €
3 091	30/10/N	31/10/N	1	$\frac{3\,091 \times 2\ \% \times 1}{360} = 0{,}17$ €
			Total des intérêts acquis	**1,32 €**

3. Calcul des intérêts de découvert

Solde débiteur	Dates début solde débiteur	Dates fin solde débiteur	Nombre de jours	Calcul des intérêts de découvert
3 865	10/10/N	13/10/N	13 – 10 = 3	$\frac{3\,865 \times 13,1\,\% \times 3}{360} = 4,22$ €
12 095	13/10/N	19/10/N	6	$\frac{12\,095 \times 13,1\,\% \times 6}{360} = 26,41$ €
3 909	20/10/N	22/10/N	2	$\frac{13\,909 \times 13,1\,\% \times 2}{360} = 2,84$ €
7 408	22/10/N	25/10/N	3	$\frac{7\,408 \times 13,1\,\% \times 3}{360} = 8,09$ €
12 309	25/10/N	30/10/N	5	$\frac{12\,309 \times 13,1\,\% \times 5}{360} = 22,39$ €
			Total des intérêts de découvert	**63,95 €**

4. Montant net perçu ou payé et solution préconisée

• Montant net payé

Montant net payé = total des intérêts de découvert – total des intérêts acquis, soit : 63,95 – 1,32 = 62,63 €.

• Solution à conseiller au manageur pour éviter de payer des intérêts de découvert

L'unité commerciale aurait pu escompter les lettres de change qu'elle détenait en portefeuille ; elle s'est contentée d'attendre la date d'échéance pour les encaisser (opération du 29/10/N). Ce n'est pas judicieux pour la gestion de trésorerie car cela occasionne un besoin de financement qui se traduit ici par un compte à découvert et le paiement d'intérêts très coûteux. Le prélèvement de l'agio par la banque lors de l'escompte est souvent moins onéreux.

Exercice 6 ○ page 46

1. Calcul du montant versé par la société d'affacturage

Montant total des créances cédées = 5 400 + 8 900 + 4 700 + 9 300 = 28 300 €.
Commission d'affacturage : 28 300 × 6 % = 1 698 €.
TVA/commission : 1 698 × 20 % = 339,60 €.
Commission de financement :

– Facture n° 4300 = $\frac{(5\,400 \times 8,25\,\% \times 23)}{360} = 28,46$ €. La durée de crédit allant du jour de cession inclus jusqu'au jour de l'échéance inclus : 23 jours = 31 – 9 + 1.

– Facture n° 4330 = $\frac{(8\,900 \times 8,25\,\% \times 54)}{360} = 110,14$ €.

– Facture n° 4360 = $\frac{(4\,700 \times 8,25\,\% \times 38)}{360} = 40,93$ €.

– Facture n ° 4 365 = $\frac{(9\,300 \times 8,25\,\% \times 84)}{360} = 179,03$ €.

Total de la commission de financement = 28,46 + 110,14 + 40,93 + 179,03 = 358,56 €.
Montant versé par la société d'affacturage = montant total des créances – commission d'affacturage, soit :
28 300 – (1 698 + 339,60 + 358,56) = 25 903,84 €.

2. Avantages et inconvénients de l'affacturage

Les avantages de l'affacturage sont :
– le financement des créances clients par le factor avant l'échéance ;
– le factor garantit le recouvrement des créances et, en cas de créance impayée, il se charge du recouvrement amiable ou judiciaire ;
– en cas d'irrécouvrabilité, le factor indemnise le sinistre (assurance-crédit).
L'inconvénient principal concerne le coût de l'affacturage puisque la société doit payer deux commissions : la commission de financement qui correspond au crédit consenti et la commission d'affacturage qui dépend de la solvabilité des clients.

15. La gestion économique des stocks ○ Gestion

Exercice 1 ○ page 49

1. Nombre de jours de vente représentant le stock initial

Ventes par jour = 60/30 (nombre de jours par mois) = 2 paires par jour.
Nombre de jours de vente représentant le stock initial = stock initial/nombre de paires vendues soit : 36/2 = 18 jours.

2. Stock minimum entre deux livraisons

Stock minimum = ventes par jour × délai d'approvisionnement, soit 2 × 15 jours = 30 paires.

3. Stock d'alerte ou point de commande

Stock d'alerte = stock de sécurité + consommation pendant la durée d'approvisionnement.
Stock d'alerte = 20 + 2 paires × 15 jours
Stock d'alerte = 20 + 30 = 50 paires.

4. Date à laquelle l'unité commerciale doit être livrée en janvier N

Il faut garder un stock de sécurité de 20 paires qui correspond à 10 jours de vente, soit 20/2 = 10 jours.
Au 1er janvier N, il reste en stock 36 paires, soit 18 jours de vente ; l'unité commerciale doit être livrée le 8 janvier N, c'est-à-dire 18 – 10 = 8 jours.

5. Retard possible sans rupture de stock

Ventes par semaine = 60/4 (semaines) = 15 paires.
Retard = stock de sécurité/ventes (ou consommation par semaine), soit : 20/15 = 1,33 semaine soit 10 jours (0,33 × 30) sans rupture de stock.

Exercice 2 ○ page 49

1. Stock moyen

$$\text{Stock moyen} = \frac{(\text{SI} + \text{SF})}{2}, \text{soit : } \frac{(15\,000 + 5\,000)}{2} = \frac{20\,000}{2} = 10\,000\ €.$$

2. Délai de rotation

Quantités vendues = SI + achats – SF soit : 15 000 + 60 000 – 5 000 = 70 000 €.

$$\text{Délai de rotation} = \frac{\text{stock moyen}}{\text{quantités vendues}} \times 360 = \frac{10\,000}{70\,000} \times 360 = 51{,}42, \text{soit 52 jours.}$$

3. Taux de rotation

$$\text{Taux de rotation} = \frac{\text{quantités vendues}}{\text{stock moyen}} \text{ soit : } \frac{70\,000}{10\,000} = 7 \text{ fois dans l'année.}$$

Exercice 3 ○ page 49

1. et 2. Articles des première et deuxième catégories

Tableau de gestion des stocks – Méthode des 20/80 (Sporty 3000)

Référence article	Quantité	Prix de vente HT	CA HT	% articles vendus en quantité	Cumul	% articles vendus en quantité	% articles vendus en CA	Cumul	% articles vendus en CA
B 100	40	695	27 800	4,85	4,85	20 %	34,25	34,25	80 %
F 90	100	240	24 000	12,14	16,99		29,57	63,82	
C 415	24	550	13 200	2,92	19,91		16,26	80,08	
A 320	300	22	6 600	36,41	56,32	80 %	8,13	88,21	20 %
G 267	250	20	5 000	30,34	86,66		6,16	94,37	
H 910	75	35	2 625	9,10	95,76		3,23	97,60	
E 670	25	52	1 300	3,03	98,79		1,60	99,20	
D 45	10	65	650	1,21	100,00		0,80	100,00	
	824		81 175	100 %			100 %		

3. Recommandations pour la gestion des stocks

La gestion des stocks diffère selon les catégories d'articles :
– les articles B 100, F 90 et C 415 représentent 20 % des articles vendus en quantité et 80 % du chiffre d'affaires. Ils feront l'objet d'un inventaire périodique et seront davantage surveillés en ce qui concerne les délais d'approvisionnement et les coûts ;
– les articles A 320, G 267, H 910, E 670 et D 45 représentent 80 % des articles vendus en quantité et 20 % du chiffre d'affaires. Ils feront l'objet d'une gestion sommaire.

Exercice 4 ○ page 50

1. 2. et 3. Articles des première, deuxième et troisième catégories

Tableau de gestion des stocks – Méthode ABC (grande surface)

Référence article	Quantité	Prix de vente HT	CA HT	% articles vendus en quantité	Cumul	% articles vendus en quantité	% articles vendus en CA	Cumul	Catégorie
P1	600	180,00	108 000	10,33	10,33	10 %	59,93	59,93	60 % A
P2	100	200,00	20 000	1,72	12,05	40 %	11,10	71,03	30 % B
P4	400	50,00	20 000	6,88	18,93		11,10	82,13	
P3	1 000	12,00	12 000	17,21	36,14		6,66	88,79	
P5	800	5,50	4 400	13,77	49,91		2,44	91,23	

...

…

Référence article	Quantité	Prix de vente HT	CA HT	% articles vendus en quantité	Cumul	% articles vendus en quantité	% articles vendus en CA	Cumul	Catégorie
P7	1 680	2,50	4 200	28,92	78,83	50 %	2,33	93,56	10 % C
P11	130	30,00	3 900	2,24	81,07		2,16	95,72	
P6	600	6,00	3 600	10,33	91,40		2,00	97,72	
P8	100	16,00	1 600	1,72	93,12		0,89	98,61	
P9	200	7,60	1 520	3,44	96,56		0,84	99,45	
P10	200	5,00	1 000	3,44	100		0,55	100	
	5 810		180 220	100 %			100 %		

4. Recommandations pour la gestion des stocks

– Les articles P1 représentent 10 % des articles vendus et 60 % du chiffre d'affaires : ils feront l'objet d'une gestion plus rigoureuse (inventaire périodique, surveillance des délais d'approvisionnement et des coûts).
– Les articles P2, P4, P3 et P5 représentent 40 % des articles vendus et 30 % du chiffre d'affaires : la gestion doit être plus souple.
– Les articles P7, P11, P6, P8, P9 et P10 représentent 50 % des articles vendus et 10 % du chiffre d'affaires : une gestion sommaire doit être pratiquée.

Exercice 5 ○ page 50

1. Nombre de commandes permettant un coût total d'approvisionnement minimal

Coût total d'approvisionnement

Nombre de commandes	Coût de passation	Lot économique	Stock moyen	Coût de possession	Coût de stockage
1	15	1 500	750	375,00	390,00
2	30	750	375	187,50	217,50
3	45	500	250	125,00	170,00
4	60	375	188	94,00	154,00
5	75	300	150	75,00	150,00
6	90	250	125	62,50	152,50
7	105	214	107	53,50	158,50

Détails des calculs (exemple pour un nombre de 4 commandes) :
– coût de passation = nombre de commandes × coût de passation, soit : 4 × 15 € = 60 € ;
– lot économique = $\frac{\text{consommation annuelle}}{\text{nombre de commandes}}$, soit 4 commandes qui couvrent la consommation annuelle,

donc lot économique = $\frac{1\,500}{4}$ = 375 unités ;

– stock moyen = $\frac{\text{lot économique}}{2}$, soit : $\frac{375}{2}$ = 188 unités ;

– coût de possession = (stock moyen × prix d'achat) × taux de possession, soit : (188 × 5) × 0,10 = 94 € ;
– coût de stockage = coût de passation + coût de possession, soit : 75 + 75 = 150 €. Le coût de stockage le plus faible est 150, l'unité commerciale doit donc passer 5 commandes de 300 ballons par an.

2. Calcul du nombre de commandes (modèle de Wilson)

Nombre optimal de commande (modèle de Wilson) :

$$n = \sqrt{\frac{C \times t}{2P}} \qquad n = \sqrt{\frac{7\,500 \times 0{,}10}{2 \times 15}} = \sqrt{25} = 5.$$

L'unité commerciale doit passer 5 commandes.
Quantité à commander à chaque commande (lot économique) :

$$Q = \frac{C}{n} = \frac{1\,500}{5} = 300 \text{ ballons.}$$

Une consommation annuelle de 1 500 unités réparties sur 5 commandes correspond à un lot économique de 300 ballons.

Exercice 6 ◦ page 50

1. Tableau du coût total d'approvisionnement

Éléments	Année N		Année N+1	
Chiffre d'affaires	105 000	100 %	122 000	100 %
Stock initial + Achats – Stock final	25 000 65 000 22 500		21 000 66 000 9 000	
= Prix de revient des ventes	67 500	64,28 %	78 000	63,93 %
Marge commerciale	37 500	35,72 %	44 000	36,07 %
Stock moyen	23 750		15 000	
Rotation des stocks	2,84		5,20	
Rentabilité (% marge × rotation)		101,44		187 51

Détail des calculs pour N :
– Marge commerciale = chiffre d'affaires – prix de revient des ventes, soit : 105 000 – 67 500 = 37 500.

– Stock moyen $= \frac{(\text{stock initial} + \text{stock final})}{2}$, soit : $\frac{(25\,000 + 22\,500)}{2} = 23\,750$.

– Rotation des stocks $= \frac{\text{prix de revient des ventes}}{\text{stock moyen}}$, soit : $\frac{67\,500}{23\,750} = 2{,}84$. Le stock a été renouvelé en moyenne 2,84 fois dans l'année.

– Rentabilité = % marge × rotation, soit : 35,72 × 2,84 = 101,44.

2. Calcul du gain de rentabilité obtenu après le changement

Gain de rentabilité $= \frac{(\text{rentabilité N+1} - \text{rentabilité N})}{\text{rentabilité N}} \times 100$, soit $\frac{(187{,}51 - 101{,}44)}{101{,}44} \times 100 = 84{,}84\ \%$.

3. Conséquences d'une meilleure rotation des stocks

Avec une meilleure rotation des stocks, les produits sont vendus plus rapidement, donc les stocks restent moins longtemps dans l'unité commerciale. Le stock moyen est plus faible, la marge est plus élevée (36.07 %). Les stocks coûtent moins cher et le gain de rentabilité est amélioré.

16. La valorisation des stocks ○ Gestion

Exercice 1 ○ page 53

1. Fiches de stock

Tous les calculs sont arrondis à deux décimales.

• **Fiche de stock selon la méthode FIFO (ou PEPS)**

Date	Libellé	Entrées			Sorties			Stocks		
		Quantité	Prix unitaire	Montant total	Quantité	Prix unitaire	Montant total	Quantité	Prix unitaire	Montant total
01/10/N	Stock initial							670	35,00	23 450
03/10/N	Bon d'entrée n° 10	100	32,80	3 280,00				670	35,00	23 450
								100	32,80	3 280
08/10/N	Bon d'entrée n° 11	210	34,20	7 182,00				670	35,00	23 450
								100	32,80	3 280
								210	34,20	7 182
11/10/N	Bon de sortie n° s201				670	35,00	23 450	50	32,80	1 640
					50	32,80	1 640	210	34,20	7 182
14/10/N	Bon de sortie n° s202				30	32,80	984	20	32,80	656
								210	34,20	7 182
17/10/N	Bon d'entrée n° 12	75	31,70	2 377,50				20	32,80	656
								210	34,20	7 182
								75	31,70	2 377,50
21/10/N	Bon de sortie n° s203				20	32,80	656	50	34,20	1 710,00
					160	34,20	5 472	75	31,70	2 377,50
24/10/N	Bon d'entrée n° 13	304	36,20	11 004,80				50	34,20	1 710,00
								75	31,70	2 377,50
								304	36,20	11 004,80
28/10/N	Bon de sortie n° s204				50	34,20	1 710	10	31,70	317,00
					65	31,70	2 060,5	304	36,20	11 004,80

Explication pour le bon de sortie n° s201 :
On doit sortir 720 unités. On prélève d'abord les 670 unités valorisées à 35 €, puis 50 unités sur les 100 valorisées à 32,80 €. Le stock est composé de 50 unités valorisées à 32,80 € et 210 unités valorisées à 34,20 €.

• **Fiche de stock selon la méthode du CMUP**

Date	Libellé	Quantité	Prix unitaire	Montant	Date	Libellé	Quantité	Prix unitaire	Montant
01/10/N	Stock initial	670	35,00	23 450	11/10/N	Bon de sortie n° s201	720	34,80	25 056,00
03/10/N	Bon d'entrée n° 10	100	32,80	3 280	14/10/N	Bon de sortie n° s202	30	34,80	1 044,00
08/10/N	Bon d'entrée n° 11	210	34,20	7 182	21/10/N	Bon de sortie n° s203	180	34,80	6 264,00
17/10/N	Bon d'entrée n° 12	75	31,70	2 377,50	28/10/N	Bon de sortie n° s204	115	34,80	4 002,00
24/10/N	Bon d'entrée n° 13	304	36,20	11 004,80	30/10/N	Stock final	314	34,80	10 927,30
		1 359	34,80	47 294,30			1 359	34,80	47 294,30

Calcul du CMUP $= \dfrac{\text{stock initial + entrées (en valeur)}}{\text{stock initial + entrées (en quantité)}} = \dfrac{47\,294{,}30}{1\,359} = 34{,}80$ €.

• **Fiche de stock selon la méthode du CMUP après chaque entrée**

Date	Libellé	Entrées			Sorties			Stocks		
		Quantité	Prix unitaire	Montant total	Quantité	Prix unitaire	Montant total	Quantité	Prix unitaire	Montant total
01/10/N	Stock initial							670	35,00	23 450,00
03/10/N	Bon d'entrée n° 10	100	32,80	3 280,00				670	35,00	23 450,00
								100	32,80	3 280,00
								770	34,71	26 730,00
08/10/N	Bon d'entrée n° 11	210	34,20	7 182,00				210	34,20	7 182,00
								980	34,60	33 912,00
11/10/N	Bon de sortie n° s201				720	34,60	24 914,94	260	34,60	8 997,06
14/10/N	Bon de sortie n° s202				30	34,60	1 038,12	230	34,60	7 958,94
17/10/N	Bon d'entrée n° 12	75	31,70	2 377,50				75	31,70	2 377,50
								305	33,89	10 336,44
21/10/N	Bon de sortie n° s203				180	33,89	6 100,19	125	33,89	4 236,25
24/10/N	Bon d'entrée n° 13	304	36,20	11 004,80				304	36,20	11 004,80
								429	35,53	15 241,05
28/10/N	Bon de sortie n° s204				115	35,53	4 085,59	314	35,53	11 155,45

Explication du bon d'entrée n° 10 : CMUP après chaque entrée = $\frac{23\,450 + 3\,280}{670 + 100}$ = 34,71 €.

Ensuite, on calcule un CMUP après chaque nouvelle entrée et on valorise la sortie suivante au nouveau CMUP calculé.

2. Explication des trois méthodes et méthode à retenir

La méthode FIFO est utilisée pour les produits ayant une date limite de consommation, comme les médicaments ou les produits alimentaires. On sort des stocks les produits achetés en premier. Le CMUP est préconisé par le plan comptable ; on utilise cette méthode dans le calcul des coûts complets. Toutes les sorties sont évaluées au même CMUP.

Le CMUP après chaque entrée consiste à calculer une nouvelle moyenne des coûts d'achat après chaque nouvelle entrée. Cette méthode est plus longue à mettre en œuvre que le CMUP mais elle présente l'avantage de connaître la valeur réelle du stock en cours de période.

L'unité commerciale Pays et Terroirs peut utiliser la méthode FIFO pour gérer ses stocks puisqu'elle commercialise un produit alimentaire (le foie gras).

Exercice 2 ○ page 53

1. Différence d'inventaire

Différence d'inventaire = stock réel – stock théorique.

Stock théorique ou stock final théorique = total des entrées de la fiche de stock (stock initial + achats) – sorties (ventes ou consommations), soit 713 – 530 = 183.

Différence d'inventaire = 171 – 183 = – 12.

La différence d'inventaire est valorisée au CMUP :

$\frac{6\,737{,}85}{713}$ = 9,45, soit 12 × 9,45 = 113,40 €.

Stock réel = 171 × 9,45 = 1 615,85 €.

2. Fiche de stock complétée

Libellé	Quantité	Prix unitaire	Montant	Libellé	Quantité	Prix unitaire	Montant
Stock initial	38		325,35	Ventes	530	9,45	5 008,50
Achats	675	9,50	6 412,50	Différence d'inventaire	12	9,45	113,40
				Stock final	171	9,45	1 615,95
	713	9,45	6 737,85		713	9,45	6 737,85

17. L'analyse des charges pour le calcul des coûts ○ Gestion

Exercice 1 ○ page 55

Tous les calculs sont arrondis à deux décimales.

1. et 2. Tableau de répartition des charges indirectes et coûts des unités d'œuvre

Éléments	Total des charges	Centres opérationnels					
		Auxiliaires		Principaux			
		Gestion du personnel	Gestion du matériel	Approvision-nement	Coupage Piquage	Finition	Distribution
Fournitures consommables	58 000	5 800	5 800	11 600	17 400	17 400	
Services extérieurs	43 600	8 720	10 900	4 360	13 080	4 360	2 180
Autres services extérieurs	32 800	4 920	3 280	6 560	6 560	6 560	4 920
Impôts et taxes	38 600	3 860	0	7 720	7 720	11 580	7 720
Charges de personnel	105 800	10 580	10 580	21 160	10 580	21 160	31 740
Autres charges	43 100	4 310	8 620	4 310	8 620	4 310	12 930
Charges financières	25 000	0	2 500	0	7 500	10 000	5 000
Dotations	72 400	7 240	7 240	10 860	25 340	18 100	3 620
Charges supplétives	8 700	0	3 480	0	5 220	0	0
Totaux primaires	**428 000**	**45 430**	**52 400**	**66 570**	**102 020**	**93 470**	**68 110**
Répartition Gestion du personnel	0	– 45 430	9 086	6 814,50	6 814,50	9 086,00	13 629,00
Répartition Gestion du matériel			– 61 486	6 148,60	24 594,40	18 445,80	12 297,20
Totaux secondaires	**428 000**	**0**	**0**	**79 533,10**	**133 428,90**	**121 001,80**	**94 036,20**
Unités d'œuvre				m² acheté	Heure MOD	Unité fabriquée	100 € de CA
Nombre d'unités d'œuvre				**20 000**	**16 900**	**26 530**	**14 800**
Coût de l'unité d'œuvre				**3,98**	**7,90**	**4,56**	**6,35**

Détail des calculs du centre auxiliaire Gestion du matériel :
61 486 = 52 400 + 9 086 (20 % de 45 430).

Détail des calculs du coût de l'unité d'œuvre pour le centre Approvisionnement :

– nombre d'unités d'œuvre = 5 000 + 15 000 = 20 000 m².

– Coût d'unité d'œuvre = $\frac{79\,533{,}10}{20\,000}$ = 3,98 €.

Exercice 2 ○ page 55

Tous les calculs sont arrondis à deux décimales.

1. et 2. Tableau de répartition des charges indirectes et calcul du coût des unités d'œuvre

Éléments	Centres auxiliaires		Centres principaux				
	Énergie	Gestion des machines	Approvisionnement	Atelier 1	Atelier 2	Conditionnement	Distribution
Totaux répartition primaire	11 760,00	38 650,00	6 980,00	25 740,00	28 650,00	12 300,00	8 730,00
Répartition Énergie	– 11 760,00	1 176,00	1 764,00	2 940,00	3 528,00	1 176,00	1 176,00
Répartition Gestion des machines	0,00	– 39 826,00	1 991,30	11 947,80	11 947,80	7 965,20	5 973,90
Totaux répartition secondaire	0,00	0,00	10 735,30	40 627,80	44 125,80	21 441,20	15 879,90
Unités d'œuvre			1 euro d'achat	Heure machine	Un produit fabriqué	Un produit conditionné	Un produit vendu
Nombre d'unités d'œuvre			35 800	12 500	23 000	21 500	19 800
Coût de l'unité d'œuvre			0,30	3,25	1,92	1	0,80

Détail des calculs du coût de l'unité d'œuvre pour le centre Approvisionnement :

Nombre d'unités d'œuvre = 44 750 kg × 0,80 € = 35 800 €.

Coût de l'unité d'œuvre = $\frac{10\,735{,}30}{35\,800}$ = 0,30 €.

18. Le calcul des coûts ○ Gestion

Exercice 1 ○ page 57

1. Tableau de répartition des charges indirectes

Répartition des charges indirectes

Éléments	Total	Approvisionnement	Distribution
Totaux après répartition secondaire	34 260	14 700	19 560
Nature de l'unité d'œuvre		Paire de skis achetée	100 € de chiffre d'affaires
Nombre d'unité d'œuvre		700	1 630
Coût de l'unité d'œuvre		21	12

Détail des calculs pour le centre Distribution :

$1\,630 = \frac{(815 \times 200)}{100}$. On divise par 100 car on a retenu comme unité d'œuvre 100 € de chiffre d'affaires.

$12 = \frac{19\,560}{1\,630}$. C'est le coût d'une unité d'œuvre.

2. Calcul du coût d'achat

Éléments	Quantité	Prix unitaire	Montant total
Charges directes Achats Frais d'approvisionnement	 700 700	 105 3	 73 500 2 100
Charges indirectes Centre approvisionnement	 700	 21	 14 700
Coût d'achat total	**700**	**129**	**90 300**

Coût d'achat unitaire $= \frac{90\,300}{700} = 129$.

Les charges indirectes sont issues du tableau de répartition des charges indirectes.

3. Fiche de stock

Éléments	Quantité	Prix unitaire	Montant	Éléments	Quantité	Prix unitaire	Montant
Stock initial	150	145	21 750,00	Ventes	815	131,82	107 436,18
Achats	700	129	90 300,00	Stock final	35	131,82	4 613,82
	850	131,82	112 050,00		850	131,82	112 050,00

CMUP = 131,82352 (arrondi à deux décimales pour faciliter les calculs) $= \frac{112\,050}{850}$.

Coût d'achat des marchandises vendues $= 815 \times 131,82 = 107\,436,18$ €.

4. Calcul du coût de distribution et coût de revient

• Coût de distribution des paires de skis

Éléments	Quantité	Prix unitaire	Montant total
Charges directes Distribution	815	12	9 780,00
Charges indirectes Centre distribution	1 630	12	19 560,00
Coût de distribution	**815**	**36**	**29 340,00**

Les charges indirectes sont issues du tableau de répartition des charges indirectes.

• Coût de revient des paires de skis

Éléments	Quantité	Prix unitaire	Montant total
Coût d'achat des paires de skis vendus	815	131,82	107 436,18
Coût de distribution	815	36,00	29 340,00
Coût de revient	**815**	**167,82**	**136 776,18**

Le coût de revient total est de 136 776,18 €.

$$\text{Coût de revient unitaire} = \frac{\text{coût de revient total}}{\text{quantités}} = \frac{136\,776{,}18}{815} = 167{,}82\text{ €}.$$

Une paire de skis coûte à l'unité commerciale 167,82 €.

5. Résultat

Éléments	Quantité	Prix unitaire	Montant total
Chiffre d'affaires	815	200,00	163 000,00
Coût de revient	815	167,82	136 776,18
Résultat	**815**	**32,18**	**26 223,82**

Résultat = chiffre d'affaires – coût de revient.

L'unité commerciale Neige et Montagne réalise un résultat bénéficiaire (ou marge nette) de :
163 000 – 136 776,18 = 26 223,82 €.

La vente des paires de skis est rentable pour l'unité commerciale.

6. Taux de rentabilité

$$\text{Taux de rentabilité} = \frac{\text{résultat}}{\text{chiffre d'affaires}} \times 100\text{, soit : } \frac{26\,223{,}82}{163\,000{,}00} \times 100 = 16{,}09\ \%.$$

La vente des paires de ski est rentable pour l'unité commerciale Neige et Montagne.

7. Intérêt pour une unité commerciale de déterminer son coût de revient

Le calcul du coût de revient est déterminant pour l'unité commerciale afin de définir sa stratégie de prix. L'unité commerciale ne doit pas fixer son prix de vente en dessous de ce coût (167,82 €) si elle veut réaliser des bénéfices.

Exercice 2 ○ page 57

1. Tableau de répartition des charges indirectes

Éléments	Centres auxiliaires		Centres principaux		
	Gestion du matériel	Gestion du personnel	Approvisionnement	Production	Distribution
Répartition primaire	11 000	24 500	35 700	65 900	28 400
Répartition secondaire					
Gestion du matériel	11 000	1 100	2 200	6 600	1 100
Gestion du personnel		25 600	7 680	10 240	7 680
Totaux secondaires	0	0	45 580	82 740	37 180
Nature de l'unité d'œuvre			m^2 acheté	Jeu fabriqué	Jeu vendu
Nombre d'unité d'œuvre			24 500 m^2	7 000	7 000
Coût de l'unité d'œuvre			1,8604082	11,82	5,31142857

Détail des calculs :
Centre Approvisionnement : l'unité d'œuvre retenue est le m^2 acheté, soit 24 500 = [1,5 (matière plastique) + 2 (papier)] × 7 000 (jeux).

Le coût d'unité d'œuvre = $\frac{45\,580}{24\,500}$ = 1,8604082 €.

Centre Production = $\frac{82\,740}{7\,000}$ = 11,82 €.

Centre Distribution = $\frac{37\,180}{7\,000}$ = 5,31142857 €.

2. Détermination du coût de revient des jeux Stratégo

Éléments	Quantité	Prix unitaire	Montant
Achats			
Matière plastique	10 500	3,75	39 375
Papier	14 000	0,65	9 100
Pions	42 000	0,01	420
Approvisionnement	24 500	1,86041	45 580
Coût d'achat	7 000	13,4964	94 475
Production			
Main-d'œuvre	1 000	11	11 000
Conditionnement	7 000	2,45	17 150
Production	7 000	11,82	82 740
Coût de production	7 000	29,3379	205 365
Distribution			
Distribution	7 000	5,31143	37 180
Coût de revient	**7 000**	**34,6493**	**242 545**

Détail des calculs :
– Pions : 42 000 = 6 (pions par jeu) × 7 000 (jeux.)

$0{,}01 = \dfrac{10 \text{ (euros)}}{1\,000 \text{ (pions)}}$.

– Approvisionnement : tableau de répartition des charges indirectes.

– Coût d'achat : $13{,}4964 = \dfrac{94\,475}{7\,000}$.

– Production : tableau de répartition des charges indirectes.

– Coût de production : $29{,}3379 = \dfrac{205\,365}{7\,000}$.

– Distribution : chiffres issus du tableau de répartition des charges.

– Coût de revient unitaire : $34{,}6493 = \dfrac{242\,545}{7\,000}$.

La société Équinox ne devra pas vendre son jeu en dessous de 34,65 € si elle veut réaliser un bénéfice.

3. Calcul du chiffre d'affaires et de la marge globale

Chiffre d'affaires = quantité vendue × prix de vente unitaire, soit 7 000 × 41 = 287 000 €.
Marge globale = chiffre d'affaires – coût de revient, soit 287 000 – 242 545 = 44 455 €.

4. Calcul de la marge, du taux de marge et du taux de marque pour un jeu

Marge unitaire = $\dfrac{\text{marge globale}}{\text{quantité vendue}}$, soit $\dfrac{44\,455}{7\,000} = 6{,}35$ €.

Taux de marge = $\dfrac{\text{marge unitaire}}{\text{coût de revient unitaire}} \times 100$, soit : $\dfrac{6{,}35}{34{,}65} \times 100 = 18{,}33$ %.

Taux de marque = $\dfrac{\text{marge unitaire}}{\text{prix de vente unitaire}} \times 100$, soit : $\dfrac{6{,}35}{41} \times 100 = 15{,}49$ %.

19. L'analyse différentielle et le seuil de rentabilité ○ Gestion

Exercice 1 ○ page 61

1. Tableau de reclassement des charges par variabilité

Charges	Total	Charges variables				Charges fixes	
		%	Achats	%	Distribution	%	Montant
Achats de marchandises	620 000	100 %	620 000				
Charges externes	145 000	30 %	43 500	30 %	43 500	40 %	58 000
Impôts et taxes	55 000	15 %	8 250	15 %	8 250	70 %	38 500
Charges de personnel	135 000	20 %	27 000	30 %	40 500	50 %	67 500
Charges de gestion courante	10 800	50 %	5 400	20 %	2 160	30 %	3 240
Dot. aux amortissements	90 500					100 %	90 500
Charges financières	28 000					100 %	28 000
Total	**1 084 300**		**704 150**		**94 410**		**285 740**

2. Tableau différentiel

Éléments	Coûts	Marges	Taux
Chiffre d'affaires		1 300 000	100 %
Charges variables :			
– Achats	704 150		
– Distribution	+ 94 410		
Coût variable	= 798 560	– 798 560	
Marge sur coût variable		= 501 440	38,57 %
Charges fixes	285 740	– 285 740	
Résultat		= 215 700	16,59 %

3. Taux de marge sur coût variable (TM/CV), taux de rentabilité, seuil de rentabilité (SR) et point mort

• Taux de marge sur coût variable

$$TM/CV = \frac{M/CV}{CA} \times 100 = \frac{501\,440}{1\,300\,000} \times 100 = 38{,}57\ \%.$$

• Taux de rentabilité

$$\text{Taux de rentabilité} = \frac{\text{résultat}}{CA} = \frac{215\,700}{1\,300\,000} \times 100 = 16{,}59\ \%.$$

• Seuil de rentabilité

$$SR = \frac{\text{charges fixes}}{TM/CV} = \frac{285\,740}{0{,}3857} = 740\,834\ €.$$

• Point mort

$$\text{Point mort} = \frac{SR}{CA} \times 12 = \frac{740\,834}{1\,300\,000} \times 12 = 6{,}83 \text{ mois.}$$

$0{,}83 \times 30 = 24{,}9$ jours, donc le point mort est atteint le 25 juillet.

4. Commentaire de la situation de l'unité commerciale Unzo

Un taux de rentabilité de 16,59 % signifie que l'unité commerciale Unzo gagne 16,59 € chaque fois qu'elle réalise un CA de 100 €. Le taux est excellent puisqu'on considère qu'il doit atteindre 8 % en général.

Le seuil de rentabilité est égal à 740 834 € ; cela signifie qu'à 740 834 €, l'UC ne réalise ni bénéfice ni perte, son résultat est égal à 0. Elle commencera à réaliser des bénéfices après avoir dépassé 740 834 € de CA.

Le point mort sera atteint le 25 juillet. L'UC disposera donc de 5 mois et 5 jours pour réaliser des bénéfices. Elle pourra sans difficulté faire face à d'éventuels problèmes de gestion (ex. : livraison tardive, problème avec un fournisseur…).

Le résultat (bénéfice) est très important : 215 700 €. La situation de l'UC est favorable, les dirigeants et les actionnaires doivent être satisfaits.

Exercice 2 ○ page 61

1. Compte de résultat différentiel

Éléments	Coûts	Marges	Taux
Chiffre d'affaires		145 000	100 %
Charges variables :			
– Achats	33 600		
– Approvisionnement	+ 8 200		
– Distribution	+ 9 500		
Coût variable	= 51 300	– 51 300	
Marge sur coût variable		= 93 700	64,62 %
Charges fixes	62 300	– 62 300	
Résultat		= 31 400	21,65 %

Les charges fixes sont égales à 62 300 : elles représentent les salaires (20 000) + l'administration (40 000) + la distribution (2 300).

2. Taux de marge sur coût variable (TM/CV), seuil de rentabilité (SR) en valeur et en volume

• Taux de marge sur coût variable

$$TM/CV = \frac{M/CV}{CA} \times 100 = \frac{93\,700}{145\,000} \times 100 = 64{,}62\ \%.$$

• Seuil de rentabilité

SR en valeur = charges fixes / TM/CV = 62 300 / 0,6462 = 96 409,78 €.

SR en volume = $\frac{SR}{\text{prix de vente unitaire HT}} = \frac{96\,409{,}78}{90}$ = 1 072 articles. La société Camille doit atteindre 96 410 € pour commencer à réaliser des bénéfices et elle doit vendre 1 072 articles.

3. Seuil de rentabilité par la méthode graphique

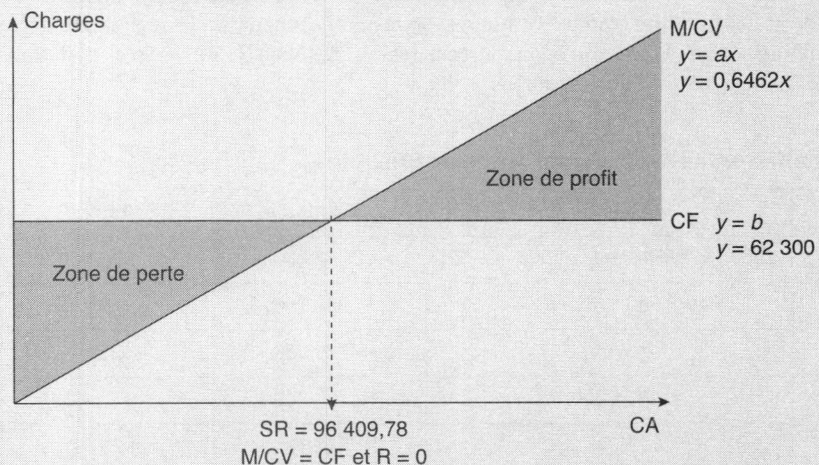

4. Détermination du point mort

Point mort = $\frac{SR}{CA} \times 12 = \frac{96\,409,78}{145\,000} \times 12 = 7,97$ mois.

0,97 × 30 = 29 jours, donc le point mort est atteint le 29 août. Le point mort est atteint tôt dans l'année, la société pourra donc faire face à d'éventuels problèmes (ex. : changement d'un fournisseur…).

5. Nouveau CA pour obtenir un résultat de 45 000 €

CA recherché = (résultat souhaité + CF)/ TM/CV

CA = $\frac{(45\,000 + 62\,300)}{0,6462} = 166\,047,66$ €.

La société devra réaliser un CA de 166 047,66 € si elle veut obtenir un bénéfice de 45 000 €.

Exercice 3 ○ page 61

1. Compte de résultat différentiel

Éléments	Calculs	Marges	Taux
Chiffre d'affaires	2 500 × 595 €	1 487 500	100 %
Charges variables	2 500 × 325 €	– 812 500	
Marge sur coût variable		= 675 000	45,37 %
Charges fixes	701 200	– 701 200	
Résultat		= – 26 200	– 1,76 %

2. Calcul du seuil de rentabilité et commentaire

SR = $\frac{CF}{TM/CV} = \frac{701\,200}{0,4537} = 1\,545\,514,60$ €.

Il faudrait réaliser 1 545 514,60 € de CA pour commencer à réaliser un bénéfice. L'UC a seulement un CA de 1 487 500 € et n'atteint donc pas le chiffre d'affaires critique. Son résultat est négatif, elle réalise une perte de 26 200 €. Il n'est pas intéressant de calculer son point mort car il serait atteint en N+1. L'UC Soleil doit revoir sa politique commerciale car sa situation est défavorable.

3. Compte de résultat différentiel avec la commande de Bricoplus

Éléments	Calculs	Marges	Taux
Chiffre d'affaires	(2 500 × 595) + 450 × (595 × 0,92)	1 733 830	100 %
Charges variables	2 950 × 325 €	– 958 750	
Marge sur coût variable		= 775 080	44,70 %
Charges fixes	701 200	– 701 200	
Résultat		73 880	4,26 %

4. Calcul du SR et du point mort

$$SR = \frac{701\,200}{0{,}447} = 1\,568\,680\ €.$$

$$\text{Point mort} = \frac{SR}{CA} \times 12 = \frac{1\,568\,680}{1\,733\,830} \times 12 = 10{,}85.$$

0,85 × 30 = 26 jours, donc le point mort est le 26 novembre.

5. Conclusion

L'unité commerciale a intérêt à accepter cette commande car elle réalise des bénéfices et son modèle Canabri 2000 est devenu rentable.

Exercice 4 ○ page 62

1. Calcul des ventes trimestrielles

Trimestres	Coefficients saisonniers	Chiffre d'affaires trimestriel
Trimestre 1	1,25	45 468,75
Trimestre 2	0,80	29 100,00
Trimestre 3	0,50	18 187,50
Trimestre 4	1,45	52 743,75
Total	**4,00**	**145 500,00**

$$\text{Trimestre 1} = \frac{145\,500}{4} \times 1{,}25 = 45\,468{,}75\ €.$$

2. Compte de résultat différentiel prévisionnel

Éléments	Marges	Taux
Chiffre d'affaires	145 500	100 %
Charges variables	– 75 200	
Marge sur coût variable	= 70 300	48,31 %
Charges fixes	– 48 700	
Résultat	= 21 600	14,84 %

3. Seuil de rentabilité et point mort pour N

$$SR = \frac{48\,700}{0{,}4831} = 100\,807\ €.$$

Pour déterminer le point mort, il faut cumuler les chiffres d'affaires trimestriels.

Trimestre	CA trimestriel	CA cumulé	Nombre de jours par trimestre	Cumul jours
Trimestre 1	45 468,75	45 468,75	90	90
Trimestre 2	29 100,00	74 568,75	90	180
Trimestre 3	18 187,50	92 756,25	90	270
Trimestre 4	52 743,75	145 500,00	90	360
	145 500,00		360	

La date du point mort est située au 4e trimestre puisque le SR de 100 807 € est atteint lors du cumul du 4e trimestre. Pour trouver la date exacte du point mort, il faut faire une extrapolation au dernier trimestre. Il reste à réaliser en termes de CA pour atteindre le SR : 100 807 – 92 756,25 = 8 050,75 €, qui seront effectués sur les 52 743,75 € du dernier trimestre. Il reste 360 – 270 jours = 90 jours au dernier trimestre. On calcule le nombre de jours : $\frac{8\,050,75}{52\,743,75} \times 90 = 13,73$ jours. On peut alors déterminer la date du point mort : elle correspond à 270 + 13,73 = 283,73 jours soit le 14 octobre N.

Exercice 5 ○ page 62

1. Seuil de rentabilité et point mort (2e semestre N)

Éléments	Calculs	Taux
Chiffre d'affaires	1 080 000	100 %
Charges variables : – frais variables d'achat – frais de fonctionnement – commissions personnel : 1 080 000 × 0,03	 – 400 000 – 150 000 – 32 400	
Marge sur coût variable	= 497 600	46,07 %
Charges fixes	– 450 000	
Résultat	= 47 600	4,41 %

Seuil de rentabilité = $\frac{450\,000}{0,4607}$ = 976 774,47 €.

Point mort = $\frac{976\,774,47}{1\,080\,000} \times 6$ (6 mois pour un semestre) = 5,42

soit : 0,42 × 30 = 12,6 jours soit le 13 décembre.

2. Nouveau seuil de rentabilité et point mort pour N+1 après le changement de structure

Éléments	Calculs	Taux
Chiffre d'affaires : 1 080 000 × 1,2	1 296 000	100 %
Charges variables : – frais variables d'achat : 400 000 × 1,08 – frais de fonctionnement : 150 000 × 0,97 – commissions au personnel : 1 296 000 × 0,045	 432 000 145 000 58 320	
Marge sur coût variable	= 660 180	50,93 %
Charges fixes – anciennes charges fixes – publicité – aménagement du restaurant : (150 000 / 4 ans) / 2 semestres	 – 450 000 – 18 000 – 18 750	
Résultat	= 173 430	13,38 %

Seuil de rentabilité = $\frac{486\,750}{0,5093}$ = 955 723,54 €.

Point mort = $\frac{955\,723,54}{1\,296\,000} \times 6$ (6 mois pour un semestre) = 4,42

soit : 0,42 × 30 = 12,6 jours, soit le 13 mai N+1.

3. Solution la plus intéressante

Il est opportun pour le manageur du restaurant Del Mondo de changer de structure pour les raisons suivantes :

– le résultat réalisé est largement satisfaisant : le bénéfice prévu est de 173 430 € contre 47 600 € et le taux de rentabilité s'est amélioré pour atteindre 13,38 % (4,41 % en N), la norme étant de 8 % ;

– le seuil de rentabilité est égal à 955 723,54 € pour un chiffre d'affaires de 1 296 000 €, ce qui est plutôt favorable ;

– le point mort est atteint un mois plus tôt, ce qui laisse une marge de sécurité plus grande pour le manageur.

Il faut donc lui conseiller d'aménager le premier étage du restaurant.

20. La détermination du prix de vente ○ Gestion

Exercice 1 ○ page 65

• Calcul du prix de vente TTC d'un sandwich-frites

$$\text{Taux de marge} = \frac{PV - PA}{PA} = \frac{PV - (0{,}10 + 0{,}50 + 0{,}20 + 0{,}30 + 1 + 0{,}50)}{(0{,}10 + 0{,}50 + 0{,}20 + 0{,}30 + 1 + 0{,}50)} = \frac{PV - 2{,}60}{2{,}60} = 0{,}30$$

$PV - 2{,}60 = 0{,}78$
$PV\ HT = 3{,}38$
$PV\ TTC = 3{,}38 \times 1{,}055 = 3{,}56$ €.

Exercice 2 ○ page 65

• Calcul du prix à payer

Prix catalogue	250 × 250	62 500,00
– Remise quantités	10 %	6 250,00
Sous-total		56 250,00
– Remise opération commerciale Noël	2 %	1 125,00
Net commercial		55 125,00
Escompte pour paiement comptant	2 %	1 102,50
Prix net HT		54 022,50
TVA	20 %	10 804,50
Net à payer franco de port		**64 827,00**

Exercice 3 ○ page 65

1. Calcul du net à payer

Prix du vélo	
Prix HT	3 541,00
Remise 5 %	177,05
Net commercial	3 363,95
TVA 20 %	672,79
Prix TTC	4 036,74
Accessoires	80,00
TVA 20 %	16,00
Prix TTC	96,00
Net à payer	**4 132,74**

2. Nouveau prix compte tenu de la reprise

4 132,74 – 500 = 3 632,74 €.

Prix public avant la réduction	3 541 × 1,20	4 249,20
Montant de la réduction	4 249,20 – 3 632,74	616,46
Taux de réduction		14,51 %

L'acheteur bénéfice d'une réduction totale de 14,55 % sur le prix public.

3. Facture

COLNAGO

P. Le Borgne
12, rue de Paris
59600 Maubeuge
Tél : 03 27 45 66 78

Distributeur COLNAGO
RCS Avesnes/Helpe 2330054321

Date : date du jour
Code client : 1321
Facture n° 1

M. Bréant
adresse

Libellé	Prix
Vélo marque Colnago	3 541,00
Remise 5 %	– 177,05
Net commercial	**3 363,95**
Accessoires	80,00
Montant HT	3 443,95
TVA	688,79
Total	4 132,74
– Reprise	500,00
Net à payer	**3 632,74**

Exercice 4 ○ page 66

1. Prix de vente TTC du matelas

$130 \times 1,10 = 143$

$PV = \frac{143}{0,70} \times 1,20 = 245,14$ €.

2. Coefficient multiplicateur

Coefficient multiplicateur : $\frac{245,14}{143} = 1,714$.

3. Taux de marque appliqué et nouveau coefficient multiplicateur

• Taux de marque appliqué

Nouveau PV HT		160
Coût de revient	$130 \times 1,10$	143
Marge	$160 - 143$	17
Taux de marque	$\frac{17}{160}$	10,63

• Nouveau coefficient multiplicateur

Nouveau coefficient multiplicateur : $160 \times 1,20 = \frac{192}{143} = 1,342$.

Exercice 5 ○ page 66

• Facture à compléter

Prix d'achat	$\frac{10\,503,12}{0,8}$	13 128,90
Remise pour quantités 20 %	13 128,90 – 10 503,12 =	2 625,78
1er net commercial	$\frac{9\,977,96}{0,95} =$	10 503,12
Remise pour promotion 5 %	10 503,12 – 9 977,96 =	525,16
Prix d'achat net HT		9 977,96
Frais d'achat 7%	9 977,96 × 0,07 =	698,46
Coût d'achat	9 977,96 + 698,46 =	10 676,42
Marge brute	13 693,50 – 10 676,42 =	3 017,08
Prix de vente HT	$\frac{16\,377,42}{1,20}$	13 647,85
TVA taux normal	16 377,42 – 13 647,85	2 729,57
Prix de vente TTC		16 377,42

Exercice 6 ○ page 66

• **Facture au 30/11/N**

Chaises	400 × 8	3 200,00
Remise 3 %		96,00
	1er net commercial	3 104,00
Remise 5 %		155,20
	2e net commercial	2 948,80
Escompte 2 %		58,98
	Net financier	2 889,82
TVA 20 %		577,96
	Total TTC	3 467,78

• **Facture d'avoir au 02/12/N**

Retour de 200 chaises	200 × 8	1 600,00
Remise 3 %		48,00
	1er net commercial	1 552,00
Remise 5 %		77,60
	2e net commercial	1 474,40
Escompte 2 %		29,49
	Net financier	1 444,91
Rabais 3 % sur les chaises conservées	(2 889,82 – 1 444,91) × 3 %	43,35
		1 401,56
TVA 20 %		280,31
	Total TTC	1 681,87

Exercice 7 ○ page 66

• **Tableau à compléter**

	Produit 1	**Produit 2**	**Produit 3**	**Produit 4**
Coût d'achat HT	1 800	$\left(\text{PV} - \frac{\text{PA}}{\text{PA}}\right) = 0{,}50$ PA = 86,39	80	235
Taux de marge	35 %	50 %	$\left(\frac{53{,}78}{80}\right) = 67{,}2\ \%$	1,7 %
Marge	630	43,20	53,78	4
PV HT	$\left(\frac{\text{PV} - 1\,800}{1\,800}\right) = 0{,}35$ PV = 2 430	129,59	133,78	239

...

…

	Produit 1	Produit 2	Produit 3	Produit 4
TVA	Taux normal	Taux normal	Taux normal	Taux réduit
PV TTC	2 916	155,50	$\left(\frac{\text{PV TTC}}{80}\right) = 2$ PV TTC = 160,53	252,14
Coefficient multiplicateur	$\left(\frac{2\,906,28}{1\,800}\right) = 1,61$	$\left(\frac{155}{86,39}\right) = 1,79$	2	1,073

Exercice 8 ○ page 67

1. Coût d'achat

Coût d'achat = 87,50 × 1,2 = 105 €.

2. Marge

PV HT = $\frac{330}{1,20}$ = 275 €.

Marge = 275 – 105 = 170 €.

3. Taux de marque et de marge

Taux de marge = $\frac{170}{105}$ = 1,619.

Taux de marque = $\frac{170}{275}$ = 61,82 %.

4. Coefficient multiplicateur

Coefficient multiplicateur = $\frac{330}{105}$ = 3,14.

5. TVA versée à l'État

TVA versée à l'État = (275 × 0,20) = 55 €.

Exercice 9 ○ page 67

1. Qualification de la baisse de prix

Il s'agit d'un rabais.

2. Facture de départ

500 avocats	500 × 1,50	750,00
Remise quantités 3 %		22,50
Prix total		727,50

3. Facture après rabais

500 avocats	500 × 1,05	525
Remise quantités 3 %		15,75
Prix total		509,25

4. Prix de vente des avocats

$$\text{Taux de marque} = \frac{\text{PV HT} - \text{PA}}{\text{PVHT}} = 0{,}30$$

$$\frac{\text{PV HT} - 1{,}50}{\text{PVHT}} = 0{,}30$$

$$\text{PV HT} = \frac{1{,}50}{0{,}70} = 2{,}14\ €.$$

$$\text{PV TTC} = 2{,}14 \times 1{,}055 = 2{,}26$$

5. Montant de la ristourne avec un CA annuel de 124 500 € HT

CA annuel : 124 500 € HT

Calcul de la ristourne :
- 0 % de 0 à 50 000 € ;
- 2 % de 50 000 à 100 000 €, soit 1 000 € ;
- 3 % de 100 000 à 124 500 €, soit 735 €.

La ristourne de fin d'année se monte donc à 1 735 €.

21. Les critères de fixation du prix de vente ○ Gestion

Exercice 1 ○ page 69

1. Détermination du prix psychologique par le calcul

Prix de vente	Nombre de réponses à la question 1	%	% cumulé Q1	Nombre de réponses à la question 2	%	% cumulé Q2	% acheteurs potentiels
< 1 €	0	0	0	76	7,6	100	0
1,30 €	0	0	0	338	33,8	92,4	7,6
1,50 €	67	6,7	6,7	379	37,9	58,6	34,7
1,80 €	**81**	**8,1**	**14,8**	**117**	**11,7**	**20,7**	**64,5**
2,00 €	137	13,7	28,5	90	9	9	62,5
2,30 €	217	21,7	50,2	0	0	0	49,8
2,50 €	242	24,2	74,4	0	0	0	25,6
2,80 €	168	16,8	91,2	0	0	0	8,8
3,00 €	79	7,9	99,1	0	0	0	0,9
> 3,00 €	9	0,9	100	0	0	0	0
	1 000	1		1 000	100		

2. Détermination du prix psychologique par le graphique

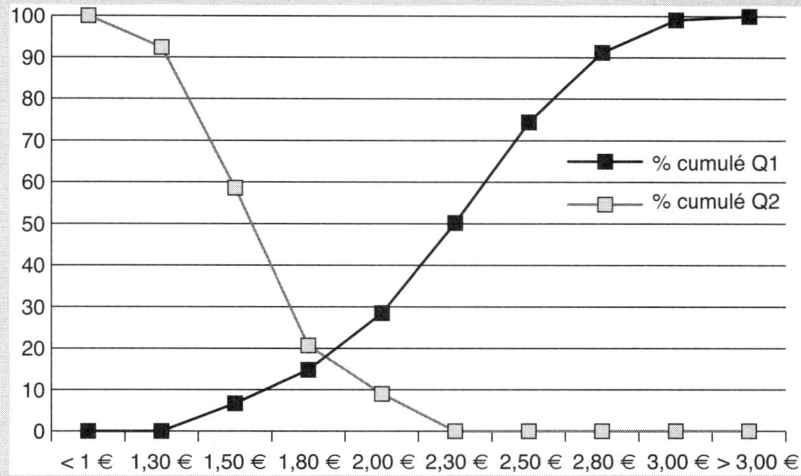

Le prix qui semble le mieux convenir aux personnes interrogées et qui permettrait d'atteindre le niveau de ventes le plus important est 1,80 €. À ce prix, 64,5 % des personnes interrogées achèteraient le produit. On retrouve le même prix psychologique par le graphique.

Exercice 2 ○ page 69

1. Calcul du prix public moyen dans les différentes formes de commerce (en €)

	Supérettes	Magasins indépendants	Librairies
N–3	$\frac{20\,012}{17\,259} = 1{,}16$	2,80	4,30
N–2	1,40	2,90	4,40
N–1	1,50	3,00	4,50

2. Comparaison avec le prix de vente des classeurs de Tout pour le Bureau (en €)

Référence	Prix d'achat	Prix de vente HT	Prix de vente TTC
27	2,00(1)	2,561	3,07
28	2,00	2,56	3,07
29	2,20	2,82	3,38
30	2,20	2,82	3,38
31	2,40	3,07	3,68
Moyenne			3,32

1. $\frac{PV - 2}{PV} = 0{,}22$

$PV - 2 = 0{,}22\ PV$
PV HT = 2,56 €.

Les classeurs de Tout pour le Bureau sont vendus à un prix supérieur au prix de vente moyen pratiqué dans les supérettes et les magasins indépendants. Les supérettes ont tendance à pratiquer un prix de pénétration afin de vendre un maximum de produits. En revanche, il convient très bien aux ventes dans les librairies (qui pratiquent une stratégie d'écrémage, c'est-à-dire qu'elles privilégient la qualité au détriment des quantités vendues) et est acceptable pour les magasins indépendants. Sur le plan de la qualité, en revanche, nous n'avons aucune information permettant de donner un avis sur le niveau de gamme du produit.

3. Calcul du montant de la facture HT

Classeurs bleus	500 × 2	1 000,00
Classeurs verts	350 × 2,20	770,00
Classeurs noirs	700 × 2,40	1 680,00
		3 450,00
Remise 4 %		138,00
Montant de la facture HT		3 312,00

4. Calcul du taux de marge moyen réalisé sur la commande

Classeurs	Prix d'achat compte tenu de la remise de 4%	PV HT	Quantités	Total
Bleus	1,92	2,20[1]	500	1 100,00
Verts	2,11	2,43	350	850,50
Noirs	2,30	2,58	700	1 806,00
Total				**3 756,50**

1. $\frac{PV - PA}{PA} = 0{,}15$

$\frac{PV - 1{,}92}{1{,}92} = 0{,}15$

PV – 1,92 = 0,2880

PV = 1,92 + 0,2880 = 2,20.

Taux de marge moyen de la commande $\frac{(3\,756{,}5 - 3\,312)}{3\,312} = 13{,}42\,\%$.

Exercice 3 ○ page 70

1. Calcul du chiffre d'affaires prévisionnel du sous-rayon Pompes

L'élasticité pour ce produit est de – 2.

$$\frac{\frac{\Delta D}{D}}{\frac{\Delta P}{P}} = \frac{x}{-30\,\%} = -2$$

$e = -30 \quad -2 = +60\,\%$

$1\,700 \times 1{,}6 = 2\,720.$

La variation de la demande s'élèvera à 1 020 pompes.

L'entreprise a vendu 1 700 pompes pour un total de 289 000 €, soit un prix de vente unitaire de 170 €.

Une diminution du prix de 30 % amènera ce produit au prix de 119 €.

Le chiffre d'affaires prévisionnel sera de 2 720 × 119 = 323 680 €.

2. Calcul de l'élasticité de la demande

On va mesurer ici l'incidence de la diminution du prix des Maxi Total sur les ventes des Maxi Vid.

$$e = \frac{\frac{\Delta D}{D}}{\frac{\Delta P}{P}} = \frac{\frac{(300 - 400)}{400}}{-30\,\%} = \frac{-25\,\%}{-30\,\%} = +0{,}8333.$$

L'élasticité est comprise entre 0 et 1, la demande est donc peu élastique, mais la diminution des pompes Maxi Total engendre tout de même une diminution des ventes de Maxi Vid.

Exercice 4 ○ page 70

• **Élasticité de la demande pour la classe économique**

$$e = \frac{\frac{\Delta D}{D}}{\frac{\Delta P}{P}} = \frac{\frac{(2\,800 - 1\,800)}{1\,800}}{\frac{(700 - 1\,200)}{1\,200}} = \frac{0{,}5556}{-0{,}4167} = 1{,}33.$$

• **Élasticité de la demande pour la classe affaires**

$$e = \frac{\frac{(1\,000 - 400)}{400}}{\frac{(800 - 2\,400)}{2\,400}} = \frac{1{,}5}{-0{,}666} = -2{,}25.$$

Le nombre de billets vendus augmente à chaque fois que le prix baisse, que ce soit pour les billets vendus en classe économique ou en classe affaires.

Exercice 5 ○ page 70

1. Calcul du coefficient d'élasticité prix

$$2\text{ Go} : e = \frac{\frac{\Delta D}{D}}{\frac{\Delta P}{P}} = \frac{+1\,\%}{-12\,\%} = -0{,}083.$$

$$4\text{ Go} : e = \frac{\frac{\Delta D}{D}}{\frac{\Delta P}{P}} = \frac{+6\,\%}{-4\,\%} = -1{,}5.$$

$$8\text{ Go} : e = \frac{\frac{\Delta D}{D}}{\frac{\Delta P}{P}} = \frac{+0{,}5\,\%}{-16\,\%} = -0{,}031.$$

$$16\text{ Go} : e = \frac{\frac{\Delta D}{D}}{\frac{\Delta P}{P}} = \frac{+3\,\%}{-2{,}7\,\%} = -1{,}111.$$

2. Solution pour Micro 3000

Modèle de clé	Solution 1	Solution 2
2 Go	CA = 150 000 × 15 = 2 250 000 €	$\frac{\frac{(D1 - 150\,000)}{150\,000}}{\frac{(12 - 15)}{15}} = - 0{,}083$ $\frac{\frac{(D1 - 150\,000)}{150\,000}}{- 0{,}2} = - 0{,}083$ *D* = 150 000 + 2 490 = 152 490 CA = 152 490 × 12 = 1 829 880 €
4 Go	$\frac{\frac{(D1 - 175\,000)}{175\,000}}{\frac{(22 - 25)}{25}} = - 1{,}5$ $\frac{\frac{(D1 - 175\,000)}{175\,000}}{- 0{,}12} = - 1{,}5$ *D* = 175 000 + 31 500 = 206 500 CA = 206 500 × 22 = 4 543 000 €	CA = 175 000 × 25 = 4 375 000 €
8 Go	CA = 125 000 × 39 = 4 875 000 €	$\frac{\frac{(D1 - 125\,000)}{125\,000}}{\frac{(32 - 39)}{39}} = - 0{,}031$ $\frac{\frac{(D1 - 125\,000)}{125\,000}}{- 0{,}1795} = - 0{,}031$ *D* = 125 000 + 695,51 = 125 695,51 CA = 125 695,51 × 32 = 4 022 256,32 €
16 Go	$\frac{\frac{(D1 - 95\,000)}{95\,000}}{\frac{(69 - 79)}{79}} = - 1{,}111$ $\frac{\frac{(D1 - 95\,000)}{95\,000}}{- 0{,}266} = - 1{,}111$ *D* = 95 000 + 13 360,12 = 108 360,12 CA = 108 360,12 × 69 = 7 476 848,2 €	CA = 95 000 × 79 = 7 505 000 €
CA global	**19 144 848,20 €**	**17 732 136,32 €**

La solution 1 est à privilégier si l'entreprise veut maximiser son chiffre d'affaires.

22. Le compte de résultat et son analyse ○ Gestion

Exercice 1 ○ page 73

1. Présentation du compte de résultat et type de la société

• Compte de résultat au 31/12/N

Charges HT	31/12/N	31/12/N–1	Produits HT	31/12/N	31/12/N–1
Charges d'exploitation			**Produits d'exploitation**		
Achats de marchandises	14 710	17 960	Ventes de marchandises	19 090	23 100
Variation des stocks de marchandises	900	500	*Production vendue :*		
Achats stockés d'approv. :			Biens	325 860	335 650
Matières premières	221 320	180 200	Produits des activités annexes	4 500	3 600
Variation des stocks d'approvisionnement	21 340	6 890	**Montant net du chiffre d'affaires :**	349 450	362 350
Services extérieurs	36 730	23 480	*Production stockée :*		
Autres services extérieurs	9 690	8 650	Produits	9 500	5 400
Impôts, taxes et vers. assimilés	6 300	6 100	Reprise sur provisions et amortissements	420	620
Charges de personnel :			Autres produits	3 470	2 100
Salaires et traitements	47 800	35 100			
Charges sociales	23 500	17 500			
Dotations aux amortissements et aux provisions :			**Total exploitation**	**362 840**	**370 470**
Sur immobilisations : dotations aux amortissements	17 600	7 000			
Sur actif circulant : dotations aux provisions	3 600	1 300			
Total exploitation	**402 990**	**304 680**			
Charges financières			**Produits financiers**		
Dotations aux amortissements et provisions	760	1 340	De participations	3 260	3 450
Intérêts et charges assimilées	5 960	3 980	Autres intérêts et produits assimilés	1 150	1 200
			Reprises sur provisions, transferts de charges	260	430
Charges nettes/cessions de VMP	740	320	Produits nets sur cessions de VMP	2 420	1 670
Total financier	**7 460**	**5 640**	**Total financier**	**7 090**	**6 750**
Charges exceptionnelles			**Produits exceptionnels**		
Sur opérations de gestion	340	210	Sur opérations de gestion	110	80
Sur opérations en capital :			Sur opérations en capital :		
Valeurs comptables des éléments immobilisés cédés	4 900	3 800	Produits des cessions d'éléments d'actif	5 300	2 740
Dotations aux amortissements et provisions	210	190			
Total exceptionnel	**5 450**	**4 200**	**Total exceptionnel**	**5 410**	**2 820**
Impôt sur les bénéfices	**0**	**21 837**			
Solde créditeur = BÉNÉFICE		**43 683**	**Solde débiteur = PERTE**	**40 560**	
TOTAL GÉNÉRAL	**415 900**	**380 040**	**TOTAL GÉNÉRAL**	**415 900**	**380 040**

• Type de la société

La société Berto est une entreprise industrielle car le compte de résultat et la balance font figurer les comptes Achats de matières premières et Ventes de produits finis. Elle transforme donc les matières premières en produits finis. Elle a également une petite activité commerciale puisqu'elle achète des marchandises pour les revendre en l'état, mais cette activité reste marginale par rapport à son chiffre d'affaires (5,46 % = 19 090/349 450 × 100).

2. Résultat d'exploitation, résultats financier et exceptionnel

• Résultat d'exploitation :

– pour N–1 : 370 470 – 304 680 = 65 790 € ;
– pour N : 362 840 – 402 990 = – 40 150 €.

• Résultat financier :

– pour N–1 : 6 750 – 5 640 = 1 110 € ;
– pour N : 7 090 – 7 460 = – 370 €.

• Résultat exceptionnel :

– pour N–1 : 2 820 – 4 200 = – 1 380 € ;
– pour N : 5 410 – 5 450 = – 40 €.

La société Berto est passée d'un bénéfice de 43 683 € en N–1 à une perte de 40 560 € en N. Ses charges d'exploitation ont fortement augmenté : cela est dû au lancement de son nouveau produit, qui nécessite davantage de charges (main-d'œuvre, matières premières et amortissement des immobilisations). Un produit en phase de lancement coûte plus cher que les produits plus anciens. Le produit sera rentable dans les années suivantes.

Exercice 2 ○ page 73

Calcul du résultat de l'unité commerciale Caribou

Le résultat de l'unité commerciale se calcule en effectuant le total des produits moins le total des charges.

Total des charges =	Achats de marchandises :	35 000
	Frais de personnel :	15 000
	Publicité :	2 000
	Impôts et taxes :	8 600
	Charges d'intérêts :	1 300
	Dotations aux amortissements :	5 000
	Frais postaux :	250
	Amendes :	30
	Soit	67 180
Total des produits =	Ventes de marchandises :	78 500
	Escomptes obtenus :	800
	Soit	79 300

Résultat = 79 300 – 67 180 = 12 120 €.
L'UC Caribou a donc réalisé un bénéfice pour l'exercice N.

Exercice 3 ○ page 73

1. Présentation du compte de résultat

L'entreprise Claudius est une entreprise commerciale puisque la balance fait figurer les comptes Achats et Ventes de marchandises (et non pas Achats de matières premières et Ventes de produits finis).

Compte de résultat de l'entreprise Claudius au 31/12/N

Charges HT	Totaux	Produits HT	Totaux
Charges d'exploitation		**Produits d'exploitation**	
Achats de marchandises	402 570	Ventes de marchandises	839 895
Variation des stocks de marchandises	8 830	Production vendue	0
Achats non stockés de matières et fournitures	6 520	**Montant net du chiffre d'affaires**	**839 895**
Services extérieurs :		Production stockée	0
Achats de sous-traitance	8 600	Reprise sur provisions et amortissements	560
Locations	5 890	Autres produits	345
Entretien et réparations	10 700		
Primes d'assurances	6 000	**Total exploitation**	**840 800**
Études et recherches	25 500		
Autres services extérieurs :			
Publicité, publications, relations publiques	12 700		
Déplacements, missions et réceptions	2 670		
Frais postaux et de télécommunications	550		
Services bancaires et assimilés	2 350		
Impôts, taxes et versements assimilés	19 060		
Charges de personnel :			
Salaires et traitements	132 450		
Charges sociales	56 780		
Dotations aux amortissements et aux provisions :			
Sur immobilisations : dotations aux amortissements	25 630		
Sur actif circulant : dotations aux provisions	4 500		
Total exploitation	**731 300**		
Charges financières		**Produits financiers**	
Dotations aux amortissements et provisions	1 450	Autres intérêts et produits assimilés	2 450
Intérêts et charges assimilées	26 230	Reprises sur provisions, transferts de charges	345
Charges nettes sur cessions de VMP	420	Produits nets sur cessions de VMP	760
Total financier	**28 100**	**Total financier**	**3 555**
Charges exceptionnelles		**Produits exceptionnels**	
Sur opérations en capital :		*Sur opérations en capital :*	
Valeurs comptables des éléments immobilisés cédés	8 560	Produits des cessions d'éléments. d'actif	9 700
Dotations aux amortissements et provisions	750		
Total exceptionnel	**9 310**	**Total exceptionnel**	**9 700**
Impôt sur les bénéfices	**34 750**		
Solde créditeur = BÉNÉFICE	**50 595**	**Solde débiteur = PERTE**	
TOTAL GÉNÉRAL	**854 055**	**TOTAL GÉNÉRAL**	**854 055**

2. Résultat d'exploitation, résultats financier et exceptionnel

Le résultat d'exploitation est égal au total des produits d'exploitation – le total des charges d'exploitation, soit ici : 840 800 – 731 300 = 109 500 €.

Le résultat financier est égal au total des produits financiers – le total des charges financières, soit : 3 555 – 28 100 = – 24 545 €.

Le résultat exceptionnel est égal au total des produits exceptionnels – le total des charges exceptionnelles, soit : 9 700 – 9 310 = 390 €.

23. Les soldes intermédiaires de gestion ○ Gestion

Exercice 1 ○ page 77

1. Tableau des SIG

Produits	Montants	Charges	Montants	SIG	Montants	
					N	N–1
Ventes de marchandises		Cout d'achat des marchandises vendues		Marge commerciale		
Production vendue Production stockée Production immobilisée Total	877 881,60 877 881,60	ou Déstockage de production Total		Production de l'exercice	877 881,60	736 225,80
Marge commerciale Production de l'exercice Total	 877 881,60 877 881,60	Consommations de l'exercice en provenance de tiers (1) Total	369 675,00 369 675,00	Valeur ajoutée	508 206,60	412 490,20
Valeur ajoutée produits Subventions d'exploitation Total	508 206,60 326,00 508 532,60	Impôts, taxes et versements assimilés Charges de personnel (2) Total	25 887,40 380 216,40 406 103,80	EBE	102 428,80	73 485,80
Excédent brut d'exploitation Reprises sur charges et transfert Autres produits Total	102 428,80 20 501,20 122 930,00	ou Insuffisance d'exploitation Dotations aux amortisse-ments et provisions (3) Autres charges Total	 46 692,60 29 973,20 76 665,80	Résultat d'exploitation	46 264,20	35 429,80
Résultat d'exploitation Quote-part de résultat sur opérations faites en commun Produits financiers Total	46 264,20 46 264,20	Résultat d'exploitation Quote-part de résultat sur opérations faites en commun Charges financières Total	 6 119,00 6 119,00	Résultat courant avant impôts	40 145,20	35 459,40
Produits exceptionnels	3 987,40	Charges exceptionnelles		Résultat exceptionnel	3 987,40	6 780,20
Résultat courant avant impôts Résultat exceptionnel Total	40 145,20 3 987,40 44 132,60	ou Résultat courant avant impôts ou Résultat exceptionnel Participation des salariés Impôt sur les bénéfices Total	 16 481,20 16 481,20	Résultat de l'exercice	27 651,40	17 362,20

(1) 158 561,2 + 1 284,4 + 209 829,4.
(2) 286 532,8+ 93 683,6.
(3) 33 250,6 + 8 442.

2. Calcul des ratios

	N–1	N	Analyse
$\frac{\text{Valeur ajoutée}}{\text{Chiffre d'affaires}}$ =	0,560	0,579	La valeur ajoutée en N représente 57,9 % du CA, ce qui est une bonne performance. Ce ratio a progressé entre N–1 et N.
$\frac{\text{Charges de personnel}}{\text{Valeur ajoutée}}$ =	0,777	0,748	Les charges de personnel représentent 74,8 % de la valeur ajoutée, ce qui semble assez élevé. Cependant, ces charges ont diminué entre N–1 et N.
$\frac{\text{Résultat d'exploitation}}{\text{Chiffre d'affaires}}$ =	0,048	0,053	Le résultat d'exploitation est assez faible puisqu'il ne représente que 5,3 % du chiffre d'affaires. Il a cependant progressé puisqu'il était de 4,8 % en N–1.
$\frac{\text{EBE}}{\text{Chiffre d'affaires}}$ =	0,0998	0,117	L'excédent brut d'exploitation est faible avec 11,7 % du chiffre d'affaires mais il est en progression également.

Exercice 2 ○ page 77

1. Calcul des SIG

	Année 1	Année 2
Produits d'exploitation		
Chiffre d'affaires	275 000,00	398 750,00
TOTAL PRODUITS	**275 000,00**	**398 750,00**
Charges d'exploitation		
Achats de marchandises		
Autres matières		
Matières premières	93 500,00	135 575,00
Eau + énergie	640,00	652,80
Carburant	3 000,00	3 060,00
Petit outillage	2 500,00	2 550,00
Produits d'entretien		
Fournitures de bureau	700,00	714,00
TOTAL ACHATS	**100 340,00**	**142 551,80**
MARGE BRUTE	**174 660,00**	**256 198,20**
Services extérieurs		
Location	5 500,00	5 610,00
Crédit-bail véhicule	4 370,00	4 457,40
Entretien	1 400,00	1 428,00
Assurances	3 800,00	3 876,00
Documentation		
Autres services extérieurs		
Honoraires	2 600,00	2 652,00
Publicité		
Réceptions	750,00	765,00
Téléphone - Poste	2 100,00	2 142,00
Services bancaires	1 200,00	1 224,00
TOTAL SERVICES	21 720,00	22 154,40
VALEUR AJOUTÉE	**152 940,00**	**234 043,80**

...

...

	Année 1	Année 2
Impôts et taxes	3 761,00	5 787,35
Salaires	87 511,22	147 581,62
Charges sociales	36 754,71	61 984,28
TOTAL	**128 026,93**	**215 353,25**
EBE	**24 913,07**	**18 690,55**
– Dotations aux amortissements		
RÉSULTAT D'EXPLOITATION	24 913,07	18 690,55
Frais financiers		
RÉSULTAT NET	**24 913,07**	**18 690,55**

2. Analyse de la situation financière de l'entreprise

Le chiffre d'affaires a bien progressé entre les deux années, ainsi que la marge brute et la valeur ajoutée. En revanche, les charges de personnel ont fortement augmenté, ce qui conduit à un excédent brut d'exploitation plus faible la deuxième année alors que l'activité a été beaucoup plus importante. Le résultat est par conséquent également beaucoup plus faible la deuxième année. Il faudrait connaître les raisons de la progression des charges de personnel.

Exercice 3 ○ page 77

• **Calcul des SIG**

	N
Ventes de marchandises	135 522,00
Charges d'exploitation	104 178,00
Achats de marchandises	
Variations de stocks de marchandises	
Marge commerciale	**31 344,00**
Production vendue	1 365,00
Consommations de l'exercice en provenance de tiers	7 385,00
Valeur ajoutée	**25 324,00**
Impôts et taxes	1 284,00
Charges de personnel	17 728,00
EBE	**6 312,00**
Reprises sur provisions	1 016,00
Dotations aux amortissements et provisions	2 547,00
Autres charges	58,00
Résultat d'exploitation	**4 723,00**
Produits financiers	68,00
Charges financières	4 193,00
Résultat courant avant impôt	**598,00**
Produits exceptionnels	622,00
Charges exceptionnelles	1 307,00
Résultat exceptionnel	**– 685,00**
Impôt sur les bénéfices	153,00
Résultat de l'exercice	**– 240,00**

Exercice 4 ○ page 77

1. Calcul des SIG

Marge commerciale	Ventes de marchandises – Coût d'achat des marchandises vendues (4 196 – 196)	9 000 4 000 5 000

Production de l'exercice	Production vendue + Production stockée + Production immobilisée	19 600 246 50 19 896

Valeur ajoutée	Marge commerciale + Production de l'exercice – Consommations en provenance de tiers (90 + 10 + 2 340)	5 000 19 896 2 440 22 456

EBE	Valeur ajoutée + Subventions d'exploitation – Impôts et taxes – Charges de personnel	22 456 44 2 690 13 648 6 162

Résultat courant avant impôt	Résultat d'exploitation +/– Quote-part de résultat sur opérations en commun + Produits financiers – Charges financières	4800 2580 2460 4920

Résultat exceptionnel	Produits exceptionnels – Charges exceptionnelles	940 700 240

Résultat de l'exercice	Résultat courant avant impôt + Résultat exceptionnel – Participation des salariés – Impôt sur les bénéfices	4 920 240 374 1 786 3 000

2. Ratios

$$\text{Taux de marge commerciale} = \frac{\text{marge}}{\text{ventes de marchandises}} = \frac{5\,000}{9\,000} = 55{,}55\ \%.$$

$$\text{Taux de marge bénéficiaire} = \frac{\text{résultat}}{\text{chiffre d'affaires}} = \frac{3\,000}{(9\,000 + 19\,600)} = 10{,}5\ \%.$$

24. La capacité d'autofinancement ○ Gestion

Exercice 1 ○ page 81

• Calcul de la CAF

Résultat net comptable N			**75 000,00**
Dotations : il faut les rechercher dans les deux bilans et tenir compte de la vente de la machine. Il faut faire la différence entre les dotations des années N-1 et N.			
Amortissements et provisions N			
Total actif		167 200,00	
Total passif		60 000,00	
		227 200,00	
Amortissements et provisions N–1			
Total actif (1)		99 733,33 [1]	
Total passif		53 333,33	
		153 066,67	
Amortissement des immobilisations cédées		6 000,00	
Dotations aux amortissements N			**80 133,33**
Résultat de cession d'immobilisations			
Prix de vente		31 700,00	
Valeur nette comptable		54 000,00	
Prix d'achat :	60 000		
Amortissements :	6 000		
Moins-value		22 300,00	
CAF N			**177 433,33**

(1) 99 733,33 = 96 400 + 3 333,33 € (bénéfice) obtenu par calcul de la différence entre le total actif et passif.

CAF = résultat net comptable + dotations aux amortissements et provisions + résultat des cessions d'immobilisations.

Exercice 2 ○ page 81

• Calcul de la CAF

Résultat net comptable	19 045
Charges non décaissées	
+ Dotations aux amortissements et provisions d'exploitation	3 930
+ Dotations aux amortissements et provisions financières	680
+ Dotations aux amortissements et provisions exceptionnelles	
Produits non encaissés	
– Reprises aux amortissements et provisions d'exploitation	150
– Reprises aux amortissements et provisions financières	400
– Reprises aux amortissements et provisions exceptionnelles	
CAF	**23 105**

Exercice 3 ○ page 81

• **Calcul des SIG**

Ventes de marchandises		270 500,00
Charges d'exploitation		84 075,00
Achats de marchandises	87 504,00	
Variations de stocks de marchandises	– 3 429,00	
Marge commerciale		**186 425,00**
Production vendue		9 654,00
Consommations de l'exercice en provenance de tiers		4 329,00
Valeur ajoutée		**191 750,00**
Impôts et taxes		4 322,00
Charges de personnel		25 444,00
EBE		**161 984,00**
Reprises sur provisions		1 016,00
Dotations aux amortissements et provisions		5 432,00
Autres charges		765,00
Résultat d'exploitation		156 803,00
Produits financiers		987,00
Charges financières		345,00
Résultat courant avant impôt		157 445,00
Produits exceptionnels		4 321,00
Charges exceptionnelles		2 341,00
Résultat exceptionnel		1 980,00
Impôt sur les bénéfices		9 876,00
Résultat de l'exercice		**149 549,00**

• **Calcul de la CAF**

Résultat de l'exercice		149 549,00
Dotations aux amortissements sur immobilisations		543,00
Dotations aux provisions (actif circulant)		765,00
Dotations aux provisions (pour risques et charges)		4 124,00
Reprises sur provisions et amortissements		– 1 016,00
Reprises sur provisions et transferts de charges		– 783,00
Opérations en capital		
Produits de cession d'éléments d'actif	3 213,00	
Valeur comptable des immobilisations cédées	– 330,00	
Plus-value	2 883,00	– 2 883,00
CAF		**150 299,00**

25. Le bilan comptable ○ Gestion

Exercice 1 ○ page 85

1. Montant des apports personnels

Le montant des apports de M. et Mme Viort s'élève à :

65 000 + 1 500 + 400 + 500 + 18 500 + 15 800 + 9 500 + 500 – 8 500 = 103 200 €.

2. Bilan d'ouverture du magasin au 1er janvier N

Actif		Passif	
Actif immobilisé Constructions Aménagements Matériel de bureau Mobilier	 65 000 15 800 1 900 500	**Capitaux propres** Capital	 103 200
Total 1	**83 200**	**Total 1**	**103 200**
Actif circulant Stocks de marchandises Banque Caisse	 18 500 9 500 500	**Dettes** Fournisseurs	 8 500
Total 2	**28 500**	**Total 2**	**8 500**
Total général	**111 700**	**Total général**	**111 700**

Exercice 2 ○ page 85

1. Calcul du patrimoine de l'unité commerciale Salto

Patrimoine = actif – dettes. Le montant du patrimoine de l'unité commerciale Salto s'élève à :

54 000 + 9 500 + 12 300 + 4 700 – 15 000 – 6 000 – 1 500 = 58 000 €.

2. Bilan de l'unité commerciale Salto

Actif		Passif	
Actif immobilisé Immobilisations	 54 000	**Capitaux propres** Capital	 58 000
Total 1	**54 000**	**Total 1**	**58 000**
Actif circulant Stocks de marchandises Clients Disponibilités	 9 500 12 300 4 700	**Dettes** Emprunts Fournisseurs Autres dettes	 15 000 6 000 1 500
Total 2	**26 500**	**Total 2**	**22 500**
Total général	**80 500**	**Total général**	**80 500**

Exercice 3 ○ page 85

1. Calcul du résultat

Résultat = total des soldes débiteurs – total des soldes créditeurs de la balance, soit :
1 138 020 – 1 051 670 = 86 350.

2. Bilan de l'UC Argon au 31/12/N

Actif	Brut	Amort. et prov.	Net
Actif immobilisé			
Immobilisations incorporelles :			
Frais d'établissement	15 000	5 000	10 000
Fonds commercial	65 400		65 400
Immobilisations corporelles :			
Terrains	35 000		35 000
Constructions	780 000	120 000	660 000
Inst. tech., mat. et out. ind.	55 000	25 000	30 000
Autres	22 300	6 550	15 750
Immobilisations financières :			
Titres immobilisés	15 000		15 000
Prêts	6 700		6 700
Total I	**994 400**	**156 550**	**837 850**
Actif circulant			
Stocks et en-cours :			
Marchandises	20 900		20 900
Créances d'exploitation :			
Créances clients	72 940	3 800	69 140
Disponibilités[1] :	49 780		49 780
Total II	143 620	3 800	139 820
TOTAL GÉNÉRAL	**1 138 020**	**160 350**	**977 670**

Passif	Net
Capitaux propres	
Capital	350 000
Résultat de l'exercice	**86 350**
Total I	**436 350**
Provisions pour risques et charges	
Provisions pour risques	7 900
Total II	**7 900**
Dettes	
Dettes financières :	
Emp., dettes aup. étab. crédit	184 500
Dettes d'exploitation :	
Dettes fournisseurs et comptes rattachés	107 300
Dettes fiscales et sociales	145 120
Dettes diverses :	
Dettes sur immo. et comptes rattachés	55 000
Dettes fiscales (IS)	41 500
Total III	**533 420**
TOTAL GÉNÉRAL	**977 670**

1. Disponibilités = banque + caisse = 43 250 + 6 530 = 49 780 €.

Exercice 4 ▸ page 86

1. Capital de la société ID.com

Capital = total de l'actif – total du passif,
soit : 386 030 – 350 370 = 35 660 €.

On peut déterminer facilement le capital en effectuant : total des débits – total des crédits de la balance, soit : 554 930 – 519 270 = 35 660 €.

2. Bilan de l'unité commerciale ID.com au 31/12/N

Actif	Brut	Amort. et prov.	Net	Passif	Net
Actif immobilisé				**Capitaux propres**	
Immobilisations incorporelles :				Capital	35 660
Frais d'établissement	9 000	6 000	3 000		
				Réserves :	
Immobilisations corporelles :				Réserve légale	22 500
Terrains	12 500		12 500	**Résultat de l'exercice**	**44 670**
Constructions	67 000	55 000	12 000	**Total I**	**102 830**
Inst. tech., mat. et out. ind.	165 800	65 900	99 900		
Autres	46 900	32 940	13 960	**Provisions pour risques et charges**	
Immobilisations financières :				Provisions pour charges	7 900
Titres immobilisés	13 400		13 400	**Total II**	**7 900**
Dépôts et cautionnements	3 700		12 000		
Total I	**318 300**	**159 840**	**158 460**	**Dettes**	
				Dettes financières :	
Actif circulant				Emp., dettes aup. étab. crédit	88 500
Stocks et en-cours :					
Matières premières	15 000	3 560	11 440	*Dettes d'exploitation :*	
Produits finis	32 000		32 000	Dettes fournisseurs	107 300
				Dettes fiscales et sociales	65 200
Créances d'exploitation :					
Créances clients	99 750	5 500	94 250	*Dettes diverses :*	
Valeurs mobilières de placement	9 600		9 600	Dettes sur immobilisations	14 300
Disponibilités[1] *:*	80 280		80 280		
Total II	**236 630**	**9 060**	**227 570**	**Total III**	**275 300**
TOTAL GÉNÉRAL	**554 930**	**168 900**	**386 030**	**TOTAL GÉNÉRAL**	**386 030**

1. Disponibilités = banque + caisse = 64 250 + 16 030 = 80 280 €.

26. Le bilan fonctionnel ○ Gestion

Exercice 1 ○ page 89

1. Bilan fonctionnel de l'unité commerciale Hèdi au 31/12/N

Actif	Montants	Passif	Montants
Emplois stables Immobilisations incorporelles Immobilisations corporelles Immobilisations financières	 204 000 1 246 800 21 300	**Ressources stables** Capitaux propres Amortissements et provisions Dettes financières stables	 674 500 570 500 310 000
Total emplois stables	**1 472 100**	**Total ressources stables**	**1 555 000**
Actif circulant Actif circulant exploitation : – Stocks – Créances d'exploitation Actif circulant hors exploitation	 240 000 345 000 54 600	**Passif circulant** Dettes d'exploitation Dettes hors exploitation	 657 000 51 000
Total actif circulant	**639 600**	**Total passif circulant**	**708 000**
Trésorerie actif	160 000	**Trésorerie passif**	8 700
TOTAL GÉNÉRAL	**2 271 700**	**TOTAL GÉNÉRAL**	**2 271 700**

2. Calcul du FRNG et du BFR en distinguant le BFR d'exploitation et le BFR hors exploitation

• FRNG = ressources stables – actifs stables
FRNG = 1 555 000 – 1 472 100 = 82 900.
Le FRNG est positif : les ressources stables financent les emplois stables.

• BFR = actifs circulants – passifs circulants
BFR = 639 600 – 708 000 = – 68 400.
Le BFR est négatif. L'unité commerciale a un excédent de financement ; elle dégage davantage de ressources que de besoins. L'unité commerciale est en situation favorable.

• BFR exploitation = stocks + créances d'exploitation – dettes d'exploitation
BFR exploitation = 240 000 + 345 000 – 657 000 = – 72 000.

• BFR hors exploitation = actif circulant hors exploitation – dettes hors exploitation
BFR hors exploitation = 54 600 – 51 000 = 3 600.

• BFR = BFR exploitation + BFR hors exploitation
BFR = – 72 000 + 3 600 = – 68 400.

3. Montant de la trésorerie nette (TN)

• Trésorerie nette = trésorerie active – trésorerie passive
TN = 160 000 – 8 700 = 151 300.
La trésorerie est positive, ce qui est signe de bonne santé financière.

4. Relation entre FRNG, BFR et trésorerie nette (TN)

TN = FRNG – BFR
TN = 82 900 – (– 68 400) = 151 300.
Le FRNG est supérieur au BFR, la trésorerie est positive. L'unité commerciale dispose donc de disponibilités.

5. Calculs des ratios significatifs du bilan

• Ratio de financement = ressources stables / immobilisations brutes
Ratio de financement = 1 555 000 / 1 472 100 = 1,056.
Le ratio est supérieur à 1 : les ressources stables sont suffisantes pour financer les emplois stables mais l'unité commerciale dispose d'une faible marge de manœuvre.

• Ratio d'endettement = capitaux empruntés / capitaux propres
Ratio d'endettement = 318 700 / 674 500 = 0,47.
Le ratio doit être inférieur à 1. L'unité commerciale n'est pas trop endettée ; elle pourra solliciter un nouvel emprunt auprès de sa banque.

• Ratio de rendement des capitaux = résultat / capitaux propres
Ratio de rendement des capitaux = 44 000 / 630 500 = 0,07.
Il faut que le ratio soit supérieur à 8 %. L'unité commerciale a une rentabilité assez faible.

6. Calculs des ratios de rotation (crédit clients, crédit fournisseurs et durée de stockage)

• Durée moyenne des crédits accordés aux clients = (créances clients / CA TTC annuel) × 360
Durée moyenne des crédits accordés aux clients = (310 000 / 3 800 400 × 1,2) × 360 = 24,47, soit 25 jours.
Les clients effectuent leurs règlements à 25 jours en moyenne. Il faut que la durée soit la plus courte possible et qu'elle soit inférieure à 90 jours.

• Durée moyenne des crédits fournisseurs = (dettes fournisseurs / achats TTC annuels) × 360
Durée moyenne des crédits fournisseurs = (611 000 / 2 951 000 × 1,2) × 360 = 62,11, soit 63 jours.
L'unité commerciale paie ses fournisseurs au bout de 63 jours.

• Durée moyenne de stockage en jours = (stock moyen / coût d'achat des marchandises vendues) × 360
Stock moyen = (stock initial + stock final) / 2.
On peut prendre la valeur du stock figurant au bilan (stock final) pour effectuer le calcul, si l'on ne dispose pas du stock initial dans l'énoncé : coût d'achat des marchandises vendues = achats HT + stock initial – stock final. Si on ne dispose pas de ces éléments, on prend les achats HT figurant en annexe.
Durée moyenne de stockage = (240 000 / 2 951 000) × 360 = 29,27 soit 30 jours.
Les stocks restent en moyenne 30 jours dans l'entreprise avant d'être vendus. Il faut que la durée de stockage soit la plus courte possible pour que l'unité commerciale ait moins de besoins en fonds de roulement.

7. Analyse de la situation financière de l'unité commerciale

Globalement, la situation de l'unité commerciale est satisfaisante. Le FRNG est positif et le ratio de financement des immobilisations est supérieur à 1, ce qui signifie que les immobilisations sont correctement financées par des capitaux stables, même si le ratio n'est que légèrement supérieur à 1. L'unité commerciale est faiblement endettée. Le BFR est négatif, ce qui place l'unité commerciale dans une situation favorable. En effet, elle dispose de ressources de financement. La durée de stockage est inférieure à la durée de crédit fournisseur. Il convient de rappeler qu'il s'agit d'une entreprise de distribution et qu'il est normal que la durée moyenne des crédits clients soit inférieure à la durée moyenne des crédits fournisseurs. Ici, la durée clients est de 25 jours, ce qui est assez important mais cela s'explique par la nature diversifiée de ses clients : associations sportives et collectivités locales. La trésorerie est très satisfaisante : l'unité commerciale dispose de 151 300 €. Elle n'a aucune difficulté de trésorerie ; elle pourrait se passer de ses concours bancaires (découverts ou facilités de caisse). L'unité commerciale Hèdi pourra continuer à se développer et effectuer les investissements prévus. Elle devra augmenter sa rentabilité, qui n'est que de 7 %, en effectuant une analyse plus pertinente de son compte de résultat (chiffres d'affaires, charges, politique de prix...). Les actionnaires n'en seront que plus satisfaits.

Exercice 2 ○ page 89

1. Bilan fonctionnel de la société Électron au 31/12/N

Actif	Montants	Passif	Montants
Emplois stables		**Ressources stables**	
Immobilisations incorporelles	6 200	Capitaux propres	57 500
Immobilisations corporelles	105 200	Amortissements et provisions	47 186
Immobilisations financières	12 300	Dettes financières stables	54 918
Total emplois stables	**123 700**	**Total ressources stables**	**159 604**
Actif circulant		**Passif circulant**	
Actif circulant exploitation :		Dettes d'exploitation	59 545
– Stocks	51 700	Dettes hors exploitation	11 720
– Créances d'exploitation	54 726		
Actif circulant hors exploitation	8 855		
Total actif circulant	**115 281**	**Total passif circulant**	**71 265**
Trésorerie actif	2 438	**Trésorerie passif**	10 550
TOTAL GÉNÉRAL	**241 419**	**TOTAL GÉNÉRAL**	**241 419**

2. Détermination du FRNG, du BFR et de la trésorerie nette

• FRNG = ressources stables – actifs stables
FRNG = 159 604 – 123 700 = 35 904.
Le FRNG est positif : les ressources stables financent les emplois stables.

• BFR = actifs circulants – passifs circulants
BFR = 115 281 – 71 265 = 44 016.
Le BFR est positif. La société a un besoin de financement. Elle est en situation défavorable.

• Trésorerie nette = trésorerie active – trésorerie passive
TN = 2 438 – 10 550 = – 8 112.
La trésorerie est négative, ce qui est signe de mauvaise santé financière. La société est obligée de recourir aux concours bancaires à court terme (découvert bancaire, crédit de trésorerie) pour équilibrer son bilan.

3. Relation entre FRNG, BFR et trésorerie nette (TN)

TN = FRNG – BFR
TN = 35 904 – 44 016 = – 8 112.
Le FRNG est inférieur au BFR, la trésorerie est négative.

4. Calculs des ratios significatifs du bilan

• Ratio de financement = ressources stables / immobilisations brutes
Ratio de financement = 159 604 / 123 700 = 1,29.
Le ratio est largement favorable ; les immobilisations sont correctement financées par les ressources stables.

• Ratio d'endettement = capitaux empruntés / capitaux propres
Ratio d'endettement = 65 468 / 57 500 = 1,14.
Le ratio est supérieur à 1 ; la société Électron est trop endettée.

• Ratio de rendement des capitaux = résultat / capitaux propres
Ratio de rendement des capitaux = 8 300 / 49 200 = 0,17, soit 17 %.
La rentabilité est très satisfaisante puisqu'elle est supérieure à 8 %, qui est considérée comme la norme à atteindre.

• Ratio de liquidité générale = actif circulant d'exploitation / passif circulant d'exploitation
Ratio de liquidité générale = 106 426 / 59 545 = 1,79.
Si le ratio est supérieur à 1, la société a un BFR positif ; si le ratio est inférieur à 1, la société n'a pas de BFR. La société a un BFR positif.

5. Calculs des ratios de rotation (crédit clients, crédit fournisseurs et durée de stockage)

• Durée moyenne des crédits accordés aux clients = (créances clients / CA TTC annuel) × 360
Durée moyenne des crédits accordés aux clients = (43 326 / 645 000) × 360 = 24,18, soit 25 jours.
Les clients effectuent leurs règlements à 25 jours en moyenne. Il faut que la durée soit la plus courte possible et qu'elle soit inférieure à 90 jours.

• Durée moyenne des crédits fournisseurs = (dettes fournisseurs / achats TTC annuels) × 360
Durée moyenne des crédits fournisseurs = 50 845 / 565 000) × 360 = 32,39, soit 33 jours.
L'unité commerciale paie ses fournisseurs au bout de 33 jours.

• Durée de stockage des matières premières = (stock moyen matières premières /coût d'achat matières utilisées) × 360
Stock moyen = (14 000 + 12 600) / 2 = 13 300.
Durée de stockage = (13 300 / 270 000) × 360 = 17,73 soit 18 jours.
Les matières premières sont stockées 18 jours avant d'être utilisées pour la fabrication des composants électroniques.

• Durée de stockage des produits finis = (stock moyen des produits finis / coût de production des produits finis vendus) × 360
Stock moyen = (42 000 + 39 100) / 2 = 40 550.
Durée de stockage = (40 550 / 490 000) × 360 = 29,79 soit 30 jours.
Les produits finis sont stockés 30 jours en moyenne avant d'être vendus.

6. Analyse de la situation de la société Électron

La société Électron a un besoin de financement important qui n'est pas couvert par son FRNG. La durée de stockage des matières premières et des produits finis est trop importante et est à l'origine du besoin en fonds de roulement car elle excède la durée moyenne des crédits fournisseurs. De plus, la société est trop endettée. Elle a une trésorerie négative, ce qui signifie qu'elle a recours au découvert bancaire. En revanche, sa rentabilité est satisfaisante.

7. Solutions pour améliorer la situation financière et supprimer les concours bancaires

Bien que le FRNG soit satisfaisant, la société devra encore l'améliorer, car il est inférieur au BFR. Elle devra augmenter ses ressources stables. Comme elle est très endettée, elle devra augmenter ses capitaux propres et donc faire appel à ses actionnaires, qui devraient être intéressés vu la rentabilité importante de l'entreprise (17 %). Elle devra agir aussi sur le BFR, en améliorant la gestion des stocks et en diminuant en particulier la durée de stockage, car une mauvaise gestion des stocks coûte en définitive fort cher. Elle peut essayer d'obtenir un délai de paiement plus long de la part de ses fournisseurs et faire payer ses clients plus rapidement. La diminution du BFR permettra d'améliorer la trésorerie et de supprimer les concours bancaires.

27. Les amortissements et les provisions ○ Gestion

Exercice 1 ○ page 93

1. Calcul du coût d'acquisition des immobilisations

Coût d'acquisition = prix d'achat de l'immobilisation + frais liés à l'achat HT
– mobilier commercial : coût d'acquisition = 12 750 € (pas de frais accessoires) ;
– ordinateur : coût d'acquisition = 7 500 + 500 (frais de mise en service) = 8 000 € ;
– voiture de tourisme : coût d'acquisition = 18 400 + 3 680 (TVA non déductible sur les véhicules de tourisme) = 22 080 € ;
– véhicule de livraison : coût d'acquisition = 35 000 € (pas de frais accessoires).

2. Tableaux d'amortissement des immobilisations

Ordinateur

Années	VCN début	Annuités	VCN fin
N	8 000,00	1 458,33	6 541,67
N+1	6 541,67	2 180,56	4 361,11
N+2	4 361,11	2 180,56	2 180,56
N+3	2 180,56	2 180,56	0,00

Véhicule de tourisme

Années	VCN début	Annuités	VCN fin
N	22 080	1 932	20 148
N+1	20 148	7 051,80	13 096,20
N+2	13 096,20	4 583,68	8 512,52
N+3	8 512,52	4 256,26	4 256,26
N+4	4 256,26	4 256,26	0,00

Mobilier

Années	VCN début	Annuités	Cumul	VCN fin
N	12 750,00	1 983,33	1 983,33	10 766,67
N+1	10 766,67	2 550,00	4 533,33	8 216,67
N+2	8 216,67	2 550,00	7 083,33	5 666,67
N+3	5 666,67	2 550,00	9 633,33	3 116,67
N+4	3 116,67	2 550,00	12 183,33	566,67
N+5	566,67	566,67	12 750,00	0,00

Véhicule de livraison

Années	VCN début	Calcul des annuités	Annuités	VCN fin
N	33 000	33 000 × 70 000/200 000	11 550	23 450
N+1	33 000	33 000 × 60 000/200 000	9 900	13 550
N+2	33 000	33 000 × 40 000/200 000	6 600	6 950
N+3	33 000	33 000 × 30 000/200 000	4 950	2 000

Détail des calculs :

• Ordinateur (1re annuité) : 8 000 × 31,25 % × 7 / 12 = 1 458,33.
31,25 % = 100 / 4 (taux du linéaire) × 1,25 (coefficient dégressif).
7 / 12 : amortissement du bien à partir du 1er jour du mois d'acquisition, soit le 01/06/N donc 7 mois.
Il faut repasser en linéaire dès N+1 car le taux du linéaire est supérieur au taux du dégressif (33,33 % > 31,25 %).

• Véhicule de tourisme (1re annuité) : 22 080 × 35 % × 3 / 12 = 1 932.

• Mobilier (1re annuité) : 12 750 × 20 % × 280 / 360 = 1 983,33.
La 1re annuité est calculée *prorata temporis* mais le décompte s'effectue en jours pour le linéaire, soit 9 (mois) × 30 (jours) + 10 jours (30 – 20 pour mars).

• Véhicule de livraison : VNC début = valeur d'acquisition – valeur résiduelle (ou de cession), soit 33 000 = 35 000 – 2 000.
L'annuité se calcule en divisant les kilomètres annuels parcourus par le nombre total de kilomètres et en multipliant par la VNC, soit : annuité = 33 000 × 70 000 / 200 000.
VNC fin = valeur d'acquisition – annuité d'amortissement, soit VNC fin = 35 000 – 11 550 = 23 450.
La VNC de la dernière année ne peut jamais être inférieure à la valeur résiduelle (ou de cession).

3. Calcul de la VNC de l'ordinateur au 31/12/N+2

VNC de l'ordinateur au 31/12/N+2 = 2 180,56 €.
Elle correspond à la valeur de l'ordinateur à cette date.

Exercice 2 ○ page 93

• Calcul du montant de la provision pour dépréciation du stock

Calcul du prix d'un micro HT = 801,32 / 1,20 = 667,76 €.
Valeur du stock = 667,76 × 5 = 3 338,83 € HT.
Montant de la provision pour dépréciation des stocks = 3 338,83 × 30 % = 1 001,65 €.

Exercice 3 ○ page 93

• Tableau des provisions pour dépréciation des comptes clients (annexe 3 complétée)

Nom des clients douteux	Créances au 31/12/N		Provisions nécessaires au 31/12/N		Provisions antérieures N–1	Réajustements		Créances irrécouvrables	
	TTC	HT	%	Montant		Dotations	Reprises	Montant HT	TVA
Mirco	13 754	11 461,66	40 %	4 584,66	3 000	1 584,66			
Netinfo	3 480	2 900	10 %	290	1 500		1 210		
La Firme	8 611,2	7 176	Insolvable		4 500		4 500	7 176	1 435,2
					Totaux	1 584,66	5 710	7 176	1 435,2

Les provisions se calculent toujours sur le montant HT.

Détail des calculs :

– Mirco : montant de la provision = 11 500 × 40 %, soit 4 560 ; dotations = provision N – provision N–1, soit 4 560 – 3 000 = 1 560.

– Netinfo : créances au 31/12/N = 3 480 €, soit 5 980 – 2 500 (somme payée au cours de l'exercice N).
Reprises = 290,97 – 1 500, soit 1 209,03.
La provision est devenue inutile à concurrence de ce montant, elle est donc reprise.

– La firme : le client est devenu insolvable. Sa provision est maintenant inutile, il faut alors la reprendre en totalité, soit 4 500.

28. La rentabilité des investissements ○ Gestion

Exercice 1 ○ page 95

1. Tableau des flux nets de trésorerie (FNT)

Années	N... N+3
Chiffre d'affaires – Dépenses – Dotations aux amortissements	90 000 55 000 11 250
= Résultat avant IS – Impôt sur les sociétés	23 750 7 916
= Résultat net comptable + Dotations aux amortissements	15 834 11 250
= Flux nets de trésorerie	27 084

Dotations aux amortissements : 45 000 / 4 (4 ans) = 11 250 €.

2. Calcul de la VAN et conclusion

VAN = somme des FNT actualisés + valeur résiduelle actualisée – investissement initial (I0).

• $\sum$ FNT actualisés $= C \times \frac{1-(1+i)^{-n}}{i} = 27\,084 \times \frac{1-(1{,}13)^{-4}}{0{,}13}$

$= 27\,084 \times 2{,}97444713 = 80\,560{,}58$ €.

• Actualisation de la valeur résiduelle de l'investissement : $V_n = V_n(1+i)^{-n}$

$Vn = 5\,000 \times (1{,}13)^{-4} = 5\,000 \times 0{,}613319 = 3\,066{,}60$ €.

• VAN = 80 560,58 + 3 066,60 – 55 000 = 28 627,08 €.

La VAN est positive, le projet est donc intéressant. L'unité commerciale Gelor doit décider d'investir dans ce nouveau matériel frigorifique.

Exercice 2 ○ page 95

1. Tableaux des flux nets de trésorerie pour chaque investissement

FNT du projet 1

Années	N	N+1	N+2	N+3	N+4
Chiffre d'affaires – Dépenses (amortissements compris)	500 000 550 000	550 000 450 000	575 000 450 000	620 000 490 000	660 000 490 000
= Résultat avant IS – Impôt sur les sociétés	– 50 000 0	100 000 33 330	125 000 41 663	130 000 43 329	170 000 56 661
= Résultat net comptable + Dotations aux amortissements	– 50 000 97 000	66 670 97 000	83 337 97 000	86 671 97 000	113 339 97 000
= Flux nets de trésorerie	47 000	163 670	180 337	183 671	210 339
FNT actualisés	**42 342,34**	**132 838,17**	**131 861,15**	**120 989,78**	**124 825,88**

Dotations aux amortissements = 485 000 / 5 (5 ans) = 97 000 €.

FNT actualisé pour N = 47 000 $\times (1{,}11)^{-1}$ = 42 342,34 €.

FNT du projet 2

Années	N	N+1	N+2	N+3	N+4
Chiffre d'affaires – Dépenses (amortissements compris)	1 420 000 1 200 000	1 480 000 1 200 000	1 650 000 900 000	1 650 000 900 000	1 650 000 900 000
= Résultat avant IS – Impôt sur les sociétés	220 000 73 326	280 000 93 324	750 000 249 975	750 000 249 975	750 000 249 975
= Résultat net comptable + Dotations aux amortissements	146 674 400 000	186 676 400 000	500 025 400 000	500 025 400 000	500 025 400 000
= Flux nets de trésorerie	546 674	586 676	900 025	900 025	900 025
FNT actualisés	**492 499,55**	**476 159,14**	**658 090,17**	**592 873,46**	**534 120,73**

Dotations aux amortissements = 2 000 000 / 5 (5 ans) = 400 000 €.
FNT actualisé pour N = 546 674$(1,11)^{-1}$ = 492 499,55 €.

2. Calcul de la VAN et du taux de profitabilité

• Projet 1 : aménagement du point de vente actuel

VAN = somme des FNT actualisés – investissement initial

VAN = 47 000 × $(1,11)^{-1}$ + 163 670 × $(1,11)^{-2}$ + 180 337 × $(1,11)^{-3}$ + 183 671 × $(1,11)^{-4}$ + 210 339 × $(1,11)^{-5}$ – 485 000

VAN = 552 857,32 – 485 000 = 67 857,32 €.

$$\text{Taux de profitabilité} = \frac{\text{somme des FNT actualisés}}{\text{investissement}} = \frac{552\,857{,}32}{485\,000} = 1{,}14.$$

• Projet 2 : implantation d'une nouvelle surface de vente

VAN = somme des FNT actualisés – investissement initial

VAN = 492 499,55 × $(1,11)^{-1}$ + 476 159,14 × $(1,11)^{-2}$ + 658 090,17 × $(1,11)^{-3}$ + 592 873,46 × $(1,11)^{-4}$ + 534 120,73 × $(1,11)^{-5}$ – 2 000 000

VAN = 2 753 742,5 – 2 000 000 = 753 742,50 €.

$$\text{Taux de profitabilité} = \frac{\text{somme des FNT actualisés}}{\text{investissement}} = \frac{2\,753\,742{,}5}{2\,000\,000} = 1{,}37.$$

3. Conclusion

Les deux projets sont rentables (VAN positives), mais les deux critères de rentabilité retenus sont en faveur du projet 2. En effet, la VAN est supérieure et le taux de profitabilité est plus fort ; il faut donc conseiller à l'unité commerciale Cuisine Plus de créer un nouveau point de vente à Nantes.

Exercice 3 ○ page 95

1. Tableau des flux nets de trésorerie actualisés

Années	N	N+1	N+2	N+3	N+4
Chiffre d'affaires – Dépenses – Dotations aux amortissements	1 400 000 940 000 275 000	1 430 000 945 000 275 000	1 455 000 955 000 275 000	1 530 000 975 000 275 000	1 585 000 995 000 275 000
= Résultat avant IS – Impôt sur les sociétés	185 000 61 661	210 000 69 993	225 000 74 993	280 000 93 324	315 000 104 990
= Résultat net comptable + Dotations aux amortissements	123 339 275 000	140 007 275 000	150 007 275 000	186 676 275 000	210 010 275 000
= Flux nets de trésorerie	398 339	415 007	425 007	461 676	485 010
FNT actualisés	**362 126,39**	**342 980,87**	**319 314,13**	**315 330,70**	**301 152,89**

Dotations aux amortissements = 1 375 000 / 5 (5 ans) = 275 000 €.
FNT actualisé pour N = 398 339$(1,10)^{-1}$ = 362 126,39 €.

2. Calcul de la VAN

VAN = somme des FNT actualisés – investissement initial
VAN = 398 339 × $(1,10)^{-1}$ + 415 007 × $(1,10)^{-2}$ + 425 007 × $(1,10)^{-3}$ + 461 676 × $(1,10)^{-4}$ + 485 010 × $(1,10)^{-5}$ – 1 375 000
VAN = 1 640 904,98 – 1 375 000 = 265 904,98 €.
La VAN est positive, il faut donc conseiller à la société TransNord d'investir.

3. Taux de rentabilité interne

Années	N	N+1	N+2	N+3	N+4
Flux nets de trésorerie	398 339,00	415 007,00	425 007,00	461 676,00	485 010,00
FNT actualisés à 10 %	362 126,39	342 980,87	319 314,13	315 330,70	301 152,89
FNT actualisés à 15 %	346 381,65	313 805,05	279 448,90	263 964,63	241 135,81
FNT actualisés à 18 %	337 575,57	298 051,38	258 672,43	238 127,4	212 002,23

• Calcul des VAN

VAN = somme des FNT actualisés – investissement initial

VAN au taux de 10 % = 265 904,98 €.

VAN au taux de 15 % = 346 381,65 + 313 805,05 + 279 448,90 + 263 964,63 + 241 135,81 – 1 375 000 = 1 444 736,49 – 1 375 000 = 69 736,49 €.

VAN au taux de 18 % = 337 575,57 + 298 051,38 + 258 672,43 + 238 127,40 + 212 002,23 – 1 375 000 = 1 344 429,01 – 1 375 000 = –30 570,99 €.

• Calcul du TIR

Il faut utiliser la méthode de l'interpolation linéaire pour déterminer le TIR.
Le TIR est compris entre 15 et 18 % ; à un écart de 18 % – 15 % soit 3 %, correspond un écart de 69 736,49 – (– 30 570,99) = 100 307,48.
Donc TIR = 15 % + 3 × (69 736,49 / 100 307,48) = 15 % + 2,08 % = 17,08 %.
Le projet d'investissement est équivalent à un placement à 17,08 %. Le projet doit être réalisé car le taux d'actualisation (10 %) est inférieur au TIR.

4. Calcul du délai de récupération

Années	N	N+1	N+2	N+3	N+4
FNT actualisés	362 126,39	342 980,87	319 314,13	315 330,70	301 152,89
FNT actualisés cumulés	362 126,39	705 107,26	1 024 421,39	1 339 752,09	1 640 904,98

Le coût de l'investissement initial (1 375 000 €) est récupéré au cours de l'année 5.

Calcul de la date exacte :

$$\frac{1\,375\,000 - 1\,339\,752,09}{1\,640\,904,98 - 1\,339\,752,09} \times 12 \text{ (mois)} = \frac{35\,248,09}{301\,152,89} \times 12 = 1,4 \text{ mois.}$$

L'investissement est récupéré au bout de 4 ans, 1 mois et 12 jours (0,40 × 30 jours).

Exercice 4 ○ page 96

1. Tableau des FNT pour les trois options

a) Financement par fonds propres

Années	0	1	2	3	4
Investissement Chiffre d'affaires – Charges – Amortissements	– 200 000	 150 000 85 000 50 000	 150 000 85 000 50 000	 175 000 65 000 50 000	 175 000 65 000 50 000
= Résultat d'exploitation + Amortissements		15 000 50 000	15 000 50 000	60 000 50 000	60 000 50 000
= FNT	– 200 000	65 000	65 000	110 000	110 000
FNT actualisés	– 200 000	58 295,96	52 283,40	79 353,89	71 169,34

b) Financement par emprunt

Années	0	1	2	3	4
Investissement Chiffre d'affaires – Charges – Amortissements	– 200 000 + 150 000	 150 000 85 000 50 000	 150 000 85 000 50 000	 175 000 65 000 50 000	 175 000 65 000 50 000
= Résultat d'exploitation + Amortissements – Remboursement de l'emprunt		15 000 50 000 44 284,20	15 000 50 000 44 284,20	60 000 50 000 44 284,20	60 000 50 000 44 284,20
= FNT	– 50 000	20 715,80	20 715,80	65 715,80	65 715,80
FNT actualisés	– 50 000	18 579,19	16 662,96	47 407,31	42 517,73

Calcul de l'annuité de remboursement de l'emprunt :

$$150\,000 \times \frac{0{,}07}{1-(1{,}07)^{-4}} = 150\,000 \times 0{,}295228 = 44\,284{,}20 \text{ €}.$$

c) Financement par crédit-bail avec option d'achat

Années	0	1	2	3	4
Chiffre d'affaires – Charges – Loyer	0	150 000 85 000 70 000	150 000 85 000 70 000	175 000 65 000 70 000	175 000 65 000 70 000
= Résultat d'exploitation + Option d'achat		– 5 000	– 5 000	40 000	40 000 – 15 000
= FNT	0	– 5 000	– 5 000	40 000	25 000
FNT actualisés	0	– 4 484,31	– 4 021,80	28 855,96	16 174,85

2. Calcul de la VAN pour chaque mode de financement

VAN = somme des FNT actualisés – investissement à l'époque 0

- **Financement par fonds propres**

VAN = 261 102,59 – 200 000 = 61 102,59 €.

- **Financement par emprunt**

VAN = 125 167,19 – 50 000 = 75 167,19 €.

• Financement par crédit-bail avec option d'achat
VAN = – 4 484,31 – 4 021,80 + 28 855,96 + 16 174,85 = 36 524,70 €.

3. Mode de financement à retenir
Le mode de financement le plus intéressant est le recours à l'emprunt, car il a la VAN la plus importante. Il est plus intéressant que le financement par fonds propres car le taux d'intérêt de l'emprunt (7 %) est inférieur au taux d'actualisation retenu (11,5 %). Le crédit-bail est un mode de financement très onéreux dans la plupart des cas.

29. Le financement des investissements ○ Gestion

Exercice 1 ○ page 99

• Présentation du plan d'amortissement de l'emprunt

Années	Capital restant dû en début de période	Intérêts	Amortissements	Annuités	Capital restant dû en fin de période
1	80 000,00	4 800,00	20 000,00	24 800,00	60 000,00
2	60 000,00	3 600,00	20 000,00	23 600,00	40 000,00
3	40 000,00	2 400,00	20 000,00	22 400,00	20 000,00
4	20 000,00	1 200,00	20 000,00	21 200,00	0,00

Détail des calculs :
– Amortissement = capital emprunté / nombre de périodes = 80 000 / 4 = 20 000.
– Intérêts = capital restant dû en début de période × taux d'intérêt = 80 000 × 6 % = 4 800.
– Annuité = amortissement + intérêts = 20 000 + 4 800 = 24 800.
– Capital restant dû en fin de période = capital restant dû en début de période – amortissement
= 80 000 – 20 000 = 60 000.

Exercice 2 ○ page 99

1. Calcul de l'annuité de l'emprunt
Annuité = $V_0 \times (t / (1 - (1 + t)^{-n})) = 65\,000 \times (0{,}075 / (1 - (1 + 0{,}075)^{-5}))$
Annuité = 16 065,71 €.

2. Tableau d'amortissement de l'emprunt par annuité constante

Années	Capital restant dû en début de période	Intérêts	Amortissements	Annuités	Capital restant dû en fin de période
1	65 000,00	4 875,00	11 190,71	16 065,71	53 809,29
2	53 809,29	4 035,70	12 030,01	16 065,71	41 779,28
3	41 779,28	3 133,45	12 932,26	16 065,71	28 847,02
4	28 847,02	2 163,53	13 902,18	16 065,71	14 944,84
5	14 944,84	1 120,86	14 944,84	16 065,71	0

Détail des calculs :
– Intérêts = capital restant dû en début de période × taux d'intérêt = 65 000 × 7,5 % = 4 875.

– Amortissement = annuité – intérêts = 16 065,71 – 4 875 = 11 190,71.
– Capital restant dû en fin de période = capital restant dû en début de période – amortissement = 65 000 – 11 190,71 = 53 809,29.

Exercice 3 ○ page 99

1. Calcul de la mensualité du projet 1

Emprunt = 130 000 €.
Taux mensuel proportionnel = 6,6 % / 12 = 0,55 %.
Nombre de mensualités = 12 × 5 = 60.

$$\text{Mensualité} = 130\,000 \times \frac{0{,}0055}{1-(1{,}0055)^{-60}} = 130\,000 \times 0{,}019613 = 2\,549{,}69\ €.$$

2. Calcul de la semestrialité du projet 2

Emprunt = 15 000 €.
Taux semestriel proportionnel = 7 % / 2 = 3,5 %.

$$\text{Semestrialité} = 65\,000 \times \frac{0{,}035}{1-(1{,}035)^{-8}} = 65\,000 \times 0{,}1454766 = 9\,455{,}98\ €.$$

Exercice 4 ○ page 99

1. Calcul de l'annuité constante de l'emprunt

Calcul de l'emprunt = 150 000 – (150 000 × 20 %) = 120 000 €
Annuité = $V_0 \times (t / (1-(1+t)^{-n})) = 120\,000 \times (0{,}08 / (1-(1+0{,}08)^{-5}))$
Annuité = 120 000 × 0,250456 = 30 054,72 €.

2. Mode de financement le plus favorable

Pour déterminer le mode de financement le plus favorable, il faut actualiser les deux options.

• Option 1 : emprunt

$$\text{Actualisation des annuités de l'emprunt} = 30\,054{,}72 \times \frac{1-(1{,}06)^{-5}}{0{,}06}$$

= 30 054,72 × 4,212364 = 126 601,42 €.
Coût total du projet 1 = autofinancement + annuités de l'emprunt actualisées = 30 000 + 126 601,42 = 156 601,42 €.

• Option 2 : crédit-bail

Il faut actualiser les loyers et l'option d'achat :

$$42\,000 \times \frac{1-(1{,}06)^{-5}}{0{,}06} + 7\,500\,(1{,}06)^{-5}$$

= 42 000 × 4,212364 + 7 500 × 0,747258 = 176 919,28 + 5 604,44 = 182 523,72 €.
Il faut donc retenir l'emprunt, qui est moins onéreux que le crédit-bail.

Exercice 5 ○ page 100

1. Calcul de l'annuité de remboursement de l'emprunt

Première annuité = $V_0 \times (t / (1-(1+t)^{-n})) = 35\,000 \times (0{,}0725 / (1-(1+0{,}0725)^{-8}))$
Annuité = 35 000 × 0,169093 = 5 918,26 €.

2. Première et dernière lignes du tableau d'amortissement de l'emprunt

Années	Capital restant dû en début de période	Intérêts	Amortissements	Annuités	Capital restant dû en fin de période
1	35 000,00	2 537,50	3 380,76	5 918,26	31 619,24
–					
8	5 518,19	400,07	5 518,19	5 918,26	0

Détail des calculs :

– Calcul de la 1re ligne du tableau :

L'annuité a été calculée à la 1re question = 5 918,26.

Intérêts = capital restant dû début de période × taux d'intérêt = 35 000 × 7,25 % = 2 537,50.

Amortissement = annuité – intérêts = 5 918,26 – 2 537,50 = 3 380,76.

Capital restant dû en fin de période = capital restant dû en début de période – amortissement = 35 000 – 3 380,76 = 31 619,24.

– Calcul de la dernière ligne du tableau :

Il faut déterminer le montant de l'amortissement de la dernière année. On connaît le taux (7,25 %) et le montant de l'annuité (5 918,26), donc l'amortissement de l'année 8 est de 5 918,26 / 1,0725 = 5 518,19. La dernière année, le capital restant dû est égal au montant de l'amortissement.

Intérêts = 5 918,76 – 5 518,19 = 400,07.

30. L'analyse statistique ○ Gestion

Exercice 1 ○ page 101

1. Coefficient de corrélation

	x_i : frais de personnel	y_i : chiffre d'affaires	$x_i - \overline{x}$	$y_i - \overline{y}$	$(x_i - \overline{x})(y_i - \overline{y})$	$(x_i - \overline{x})^2$	$(y_i - \overline{y})^2$
N–5	3,70	60,00	– 0,58	– 78,00	45,24	0,34	6 084,00
N–4	4,00	90,00	– 0,28	– 48,00	13,44	0,08	2 304,00
N–3	4,30	120,00	0,02	– 18,00	– 0,36	0,00	324,00
N–2	4,50	200,00	0,22	62,00	13,64	0,05	3 844,00
N–1	4,90	220,00	0,62	82,00	50,84	0,38	6 724,00
Total	21,40	690,00	–	–	122,80	0,85	19 280,00

$\overline{x} = 4,28$

$\overline{x}^2 = 18,31$

$\overline{y} = 138$

$\overline{y}^2 = 19\ 044$

$$r = \frac{\sum(x_i - \overline{x})(y_i - \overline{y})}{\sqrt{\sum(x_i - \overline{x})^2(y_i - \overline{y})^2}} = \frac{122,80}{\sqrt{0,85 \times 19\ 280}} = 0,96.$$

%x#ÿÿÅ$

2. Relation entre les frais de personnel et le chiffre d'affaires

A priori, il existe bien une corrélation entre les frais de personnel et le chiffre d'affaires puisque le coefficient de corrélation est compris entre 0,8 et 1.

Exercice 2 ○ page 101

• **Calcul de la commission annuelle moyenne de la concession**

Modèle	Ventes annuelles	% de commission	Prix de vente	Commission
Donation	39	5	18 195,00	35 480,25
King	25	6	20 495,00	30 742,50
Sport	30	7	19 965,00	41 926,50
Sporting	35	3	7 795,00	8 184,75
Fat	50	8	20 395,00	81 580,00
Nina	40	6	17 395,00	41 748,00
Elect	20	10	24 795,00	49 590,00
TOTAUX	239			**289 252,00**

Soit une moyenne de 41 321,71 (289 252/7) par modèle et de 1 210,26 (289 252/239) par unité vendue.

Exercice 3 ○ page 101

• **Analyse de l'évolution du salaire net des Français**

c_i	n_i 04	$c_i n_i$ 04	$c_i^2 n_i$ 04	n_i 04 cumulés	n_i 05	$c_i n_i$ 05	$c_i^2 n_i$ 05	n_i 05 cumulés
27 000	0,30	8 100	218 700 000	0,300	0,24	6 480	174 960 000	0,240
33 000	0,19	6 270	206 910 000	0,490	0,15	4 950	163 350 000	0,390
38 000	0,10	3 800	144 400 000	0,590	0,11	4 180	158 840 000	0,500
45 000	0,17	7 650	344 250 000	0,760	0,20	9 000	405 000 000	0,700
55 000	0,09	4 950	272 250 000	0,850	0,11	6 050	332 750 000	0,810
70 000	0,08	5 390	377 300 000	0,927	0,10	7 000	490 000 000	0,910
85 000	0,02	1 700	144 500 000	0,947	0,03	2 125	180 625 000	0,935
165 000	0,05	8 745	1 442 925 000	1,000	0,07	10 725	1 769 625 000	1,000
	1,000	46 605	3 151 235 000		1	50 510	3 675 150 000	

Moyenne : $\bar{x}\,04 = \dfrac{46\,605}{1} = 46\,605.$

$\bar{x}^2 = 2\,172\,026\,025.$

Médiane 04 $= 36\,000 + \dfrac{4\,000}{10 \times 1} = 36\,400.$

σ (écart type) 04 $= \sqrt{\dfrac{3\,151\,235\,000}{1} - 2\,172\,026\,025.}$

Écart type 04 = 31 292,31.

Moyenne : $\bar{x}\,05 = \dfrac{50\,510}{1} = 50\,510.$

$\bar{x}^2 = 2\,551\,260\,100.$

Médiane 05 $= 36\,000 + \dfrac{40\,000}{11} \times 11 = 40\,000.$

$$\sigma\ 05 = \sqrt{\frac{3\ 675\ 150\ 000}{1} - 2\ 551\ 260\ 100.}$$

Écart type 05 = 33 524,47.

Le salaire moyen a augmenté entre N et N + 1, ainsi que le salaire médian. L'écart type a progressé de manière corrélative.

Exercice 4 ○ page 101

1. Série classée

x_i (en millions d'€)	n_i	c_i (en millions d'€)	n_ic_i (en millions d'€)	$n_ic_i^2$ (en millions d'€)	n_i cumulés	n_ic_i cumulés
2,5 – 3,6	630 000	3,05	1 921 500	5 860 575	630 000	1 921 500
3,6 – 5,4	349 000	4,5	1 570 500	7 067 250	979 000	3 492 000
5,4 – 7,2	180 300	6,3	1 135 890	7 156 107	1 159 300	4 627 890
7,2 – 10.8	26 900	9	242 100	2 178 900	1 186 200	4 869 990
10.8 – 32	15 300	21,4	327 420	7 006 788	1 201 500	5 197 410
32 – 64	2 800	48	134 400	6 451 200	1 204 300	5 331 810
64 – 150	700	107	74 900	8 014 300	1 205 000	5 406 710
	1 205 000		5 406 710	43 735 120		

2. Patrimoine moyen

Patrimoine moyen : $\bar{x} = \Sigma \frac{n_i c_i}{n_i} = \frac{5\ 406\ 710}{1\ 205\ 000} = 4{,}49$ millions d'euros.

3. Écart type des patrimoines

Écart type = $\sigma = \sqrt{\frac{\sum n_i c_i^2}{\sum n_i} - \bar{x}^2} = \sqrt{\frac{43\ 735\ 120}{1\ 205\ 000} - 4{,}49^2} = 4{,}02$ millions d'euros.

Exercice 5 ○ page 102

1. Consommation moyenne pour 100 km, prix moyen d'un litre de carburant à la pompe et lors du voyage

Pays	Prix du litre de carburant (x_i)	Nombre de litres achetés dans chaque pays (n_i)	n_ix_i	$n_ix_i^2$	x_i^2
France	1,516	120	138,19	275,79	2,298
Belgique	1,610	75	120,75	194,40	2,592
Allemagne	1,517	45	68,26	103,55	2,301
Autriche	1,349	25	33,72	45,49	1,819
Italie	1,764	40	70,56	24,47	3,111
Croatie	1,347	100	134,70	81,44	1,814
Bosnie	1,202	50	60,10	72,24	1,444
Monténégro	1,350	60	81,00	109,35	1,822
Grèce	1,720	35	30,20	103,54	2,958
Totaux	13,375	550	767,48	1 110,27	20,159

Consommation moyenne = 4 784 / 550 = 8,70 litres aux 100 km.
Prix moyen d'un litre de carburant = 13,375 / 9 = 1,486 €.
Prix moyen du litre de carburant acheté = 767,48 / 550 = 1,395 €.

2. Écarts types

Écart type relatif à la distribution des prix du carburant = $\sqrt{\frac{20{,}159}{9} - 1{,}486^2} = 0{,}780$ €.

Écart type relatif à la distribution représentant votre consommation = $\sqrt{\frac{1\,110{,}27}{550} - 1{,}395^2} = 0{,}26953$ €.

Exercice 6 ○ page 102

• **Salaire médian**

Salaires mensuels nets en €	Nombre de salariés concernés	Cumul commerciaux
1 000 – 2 000	8	8
2 000 – 2 500	6	14
2 500 – 3 000	3	17
3 000 – 3 500	2	19
3 500 – 4 000	6	25
4 000 – 4 500	7	32
	32	

La 16e personne appartient à la catégorie 2 500 – 3 000.

Le salaire médian est égal à : $2\,500 + \frac{500}{3} \times 2 = 2\,833{,}33$ €.

Exercice 7 ○ page 102

• **Coefficient de corrélation**

Années	Nombre de lecteurs MP3 en milliers (x_i)	Nombre de dépressions pour 1 000 habitants (y_i)	$x_i y_i$	x_i^2	y_i^2
N – 13	1 350	8	10 800	1 822 500	64
N – 12	1 960	8	15 680	3 841 600	64
N – 11	2 270	9	20 430	5 152 900	81
N – 10	2 483	10	24 830	6 165 289	100
N – 9	2 730	11	30 030	7 452 900	121
N – 8	3 091	11	34 001	9 554 281	121
N – 7	3 647	12	43 764	13 300 609	144
N – 6	4 620	16	73 920	21 344 400	256

...

…

N – 5	5 497	18	98 946	30 217 009	324
N – 4	6 260	19	118 940	39 187 600	361
N – 3	7 012	20	140 240	49 168 144	400
N – 2	7 618	21	159 978	58 033 924	441
N – 1	8 131	22	178 882	66 113 161	484
N	8 593	23	197 639	73 839 649	529
Totaux	65 262	208	1 148 080	385 193 966	3 490

$\bar{x} = \dfrac{65\,262}{14} = 4\,661{,}57$

$\bar{x}^2 = 21\,730\,234{,}86$

$\bar{y} = \dfrac{208}{14} = 14{,}86$

$y^2 = 220{,}82$

$r^2 = 0{,}985$

$r = 0{,}9925.$

Il semblerait qu'il y ait une corrélation entre le nombre de lecteurs MP3 possédés et le nombre de dépressions. Il faudrait cependant recueillir d'autres informations pour ne pas tirer de conclusions hâtives.

Exercice 8 ○ page 102

• **Marque de pneus la plus fiable**

c_i (centre de classe)	n_i (pneu M)	$n_i c_i$	$n_i c_i^2$	n_i cumulés	n_i (pneu D)	$n_i c_i$	$n_i c_i^2$	n_i cumulés
8 000	8	64 000	512 000 000	8	22	176 000	1 408 000 000	22
14 000	16	224 000	3 136 000 000	24	15	210 000	2 940 000 000	37
19 000	20	380 000	7 220 000 000	44	15	285 000	5 415 000 000	52
24 000	60	1 440 000	34 560 000 000	104	40	960 000	23 040 000 000	92
32 000	40	1 280 000	40 960 000 000	144	38	1 216 000	38 912 000 000	130
40 000	30	1 200 000	48 000 000 000	174	40	1 600 000	64 000 000 000	170
48 000	16	768 000	36 864 000 000	190	18	864 000	41 472 000 000	188
56 000	10	560 000	31 360 000 000	200	12	672 000	37 632 000 000	200
	200	5 916 000	202 612 000 000		200	5 983 000	214 819 000 000	

$\bar{x}M = \dfrac{5\,916\,000}{200} = 29\,580.$

$\bar{x}M^2 = 874\,976\,400.$

$\bar{x}D = \dfrac{5\,983\,000}{200} = 29\,915.$

$\bar{x}D^2 = 894\,907\,225.$

Écart type de M $= \sqrt{\dfrac{202\,612\,000\,000}{200} - 874\,976\,400} = 11\,750{,}9.$

Écart type de D = $\sqrt{\dfrac{214\,819\,000\,000}{200} - 894\,907\,225} = 13\,386{,}10$.

Concentration de M = $\dfrac{11\,750{,}9}{29\,580} = 0{,}39$.

Concentration de D = $\dfrac{13\,386{,}10}{29\,915} = 0{,}44$.

Le pneu M a une plus grande longévité que le pneu D car le résultat est plus centré autour de la moyenne.

Exercice 9 ○ page 102

• Taille moyenne, taille médiane, dispersion et concentration des tailles

x_i	n_i	c_i	$n_i c_i$	n_i cumulés	$n_i c_i^2$
150 – 155	1	152,5	152,5	1,0	23 256,25
155 – 160	0	157,5	–	1,0	–
160 – 165	1	162,5	162,5	2,0	26 406,25
165 – 170	3	167,5	502,5	5,0	84 168,75
170 – 175	6	172,5	1 035,0	11,0	178 537,50
175 – 180	4	177,5	710,0	15,0	126 025,00
180 – 185	5	182,5	912,5	20,0	166 531,25
185 – 190	2	187,5	375,0	22,0	70 312,50
190 – 195	1	192,5	192,5	23,0	37 056,25
	23	1 552,5	4 042,5		712 293,75

Taille moyenne :

$\bar{x}D = \dfrac{4\,042{,}5}{23} = 175{,}76$.

La taille moyenne des individus est de 175,76 cm.

Taille médiane :

Médiane $M = 175 + \dfrac{5}{4} \times 1 = 176{,}25$.

La taille médiane est de 176,25 cm.

Dispersion des tailles :
$x^2 = 30\,891{,}9$.

Écart type $\sigma = \sqrt{\dfrac{712\,293{,}75}{23} - 30\,891{,}9} = 8{,}79$.

La dispersion est de 8,79 cm autour de la moyenne.

Concentration des tailles :

Concentration = $\dfrac{8{,}79}{175{,}76} = 0{,}05$.

La concentration est de 0,05, ce qui signifie que le phénomène est groupé autour de la moyenne.

31. Les prévisions ○ Gestion

Exercice 1 ○ page 105

1. Prévision de CA selon la méthode des moindres carrés

x_i	y_i	x_i^2	x_iy_i
1	2 480	1	2 480
2	2 600	4	5 200
3	2 760	9	8 280
4	2 900	16	11 600
5	3 300	25	16 500
6	3 500	36	21 000
7	3 700	49	25 900
28	21 240	140	90 960

$\bar{y} = 3\,034{,}28.$

$\bar{x} = 4.$

$$a = \frac{\sum xiyi - n\bar{x}\bar{y}}{\sum xi^2 - n\bar{x}^2} = \frac{90\,960 - (7 \times 4 \times 3\,034{,}28)}{140 - (7 \times 4^2)} = 214{,}29.$$

$b = 2\,177{,}11.$

$y = 214{,}29x + 2\,177{,}11$

N+1 : $x = 8, y = 3\,891{,}43$

N+2 : $x = 9, y = 4\,105{,}72$

2. Prévision de CA selon la méthode des points extrêmes

Année	x_i	y_i : CA
N–6	1	2 480
N–5	2	2 600
N–4	3	2 760
N–3	4	2 900
N–2	5	3 300
N–1	6	3 500
N	7	3 700

$x1 = 1$; $y1 = 2\,480$

$x7 = 7$; $y7 = 3\,700$

$3\,700 = 7a + b$

$2480 = 1a + b$

$1\,220 = 6a$

$$a = \frac{1\,220}{6} = 203{,}33.$$

$b = 2\,480 - 203{,}33 = 2\,276{,}67.$

$y = 203{,}33x + 2\,276{,}67.$

N+1 : $x = 8$; $y = 3\,903{,}31.$

N+2 : $x = 9$; $y = 4\,106{,}64.$

3. Représentation graphique

Pour tracer une droite, il faut 2 points.

Recherche des points	1er point	2e point
Méthode des points extrêmes	(1 ; 2 480)	(7 ; 3 700)
Méthode des moindres carrés	$(\overline{x} ; \overline{y})$: (4 ; 3 034,28)	(0 ; *b*) : (0 ; 2 177,11)

Évolution des ventes

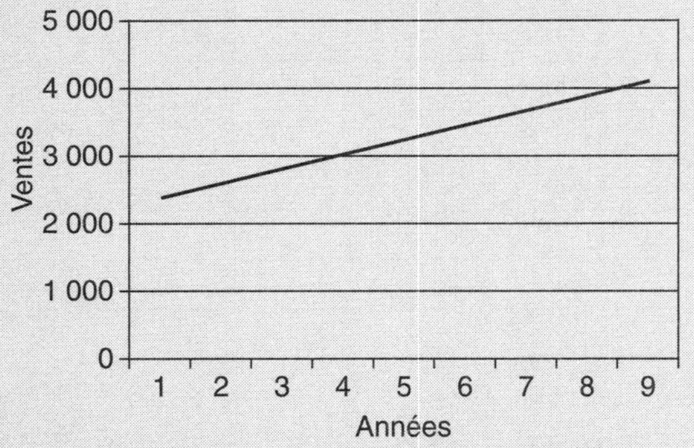

4. Commentaire des différentes méthodes

La méthode la plus juste est celle des moindres carrés car elle prend en compte l'ensemble des données dont on dispose, alors que la méthode des points extrêmes ne prend en compte que la première et la dernière donnée, ce qui peut conduire à des erreurs si la tendance n'est pas régulière.

Exercice 2 ○ page 105

• Calcul de la valeur du coefficient saisonnier

Jour		8 h – 10 h				12 h – 14 h		
Lundi	Appels reçus	32,00	Numéro d'ordre	1	Appels reçus	4,00	Numéro d'ordre	3
	Appels prévus	17,29	Écart*	14,71	Appels prévus	17,30	Écart	– 13,30
Mardi	Appels reçus	26,00	Numéro d'ordre	6	Appels reçus	1,00	Numéro d'ordre	8
	Appels prévus **	17,31	Écart	8,69	Appels prévus	17,31	Écart	– 16,31
Mercredi	Appels reçus	20,00	Numéro d'ordre	11	Appels reçus	2,00	Numéro d'ordre	r
	Appels prévus	17,32	Écart	2,68	Appels prévus	17,33	Écart	– 15,33
Jeudi	Appels reçus	18,00	Numéro d'ordre	16	Appels reçus	–	Numéro d'ordre	18
	Appels prévus	17,34	Écart	0,66	Appels prévus	17,34	Écart	– 17,34
Vendredi	Appels reçus	22,00	Numéro d'ordre	21	Appels reçus	4,00	Numéro d'ordre	23
	Appels prévus	17,35	Écart	4,65	Appels prévus	17,36	Écart	– 13,36

* 14,71 = 32 – 17,29. ** 17,31 = (0,00297 × 6) + 17,29.

Le coefficient saisonnier de la plage 8 h – 10 h est de : $\frac{14{,}71 + 8{,}69 + 2{,}68 + 0{,}66 + 4{,}65}{5} = \frac{31{,}39}{5} = 6{,}28$.

Le coefficient saisonnier de la plage 12 h – 14 h est de $-\frac{75{,}64}{5} = -15{,}13$.

Exercice 3 ○ page 105

• Estimation du pourcentage d'élèves présents

		Lundi		Mardi		Mercredi		Jeudi		Vendredi		Samedi	
S8	Absences relevées	8	1	5	2	3	3	1	4	4	5	5	6
	Absences prévues *	2,96		3,07		3,18		3,29		3,4		3,51	
	Écart **	5,04		1,93		– 0,18		– 2,29		0,6		1,49	
S9	Absences relevées	6	7	4	8	4	9	0	10	3	11	4	12
	Absences prévues	3,62		3,73		3,84		3,95		4,06		4,17	
	Écart	2,38		0,27		0,16		– 3,95		– 1,06		– 0,17	
S10	Absences relevées	10	13	6	14	2	15	2	16	1	17	2	18
	Absences prévues	4,28		4,39		4,5		4,61		4,72		4,83	
	Écart	5,72		1,61		– 2,5		– 2,61		– 3,72		– 2,83	
S11	Absences relevées	9	19	4	20	0	21	1	22	3	23	4	24
	Absences prévues	4,94		5,05		5,16		5,27		5,38		5,49	
	Écart	4,06		– 1,05		– 5,16		– 4,27		– 2,38		– 1,49	
S12	Absences relevées	11	25	7	26	4	27	3	28	5	29	5	30
	Absences prévues	5,6		5,71		5,82		5,93		6,04		6,15	
	Écart	5,4		1,29		– 1,82		– 2,93		– 1,04		– 1,15	
S13	Absences relevées	14	31	9	32	7	33	6	34	8	35	10	36
	Absences prévues	6,26		6,37		6,48		6,59		6,70		6,81	
	Écart	7,74		2,63		0,52		– 0,59		1,3		3,19	

* 2,96 = (0,11 × 1) + 2,85.

** 5,04 = 8 – 2,96.

La tendance propre au mardi est : $\frac{1{,}93 + 0{,}27 + 1{,}61 - 1{,}05 + 1{,}29 + 2{,}63}{6} = \frac{6{,}68}{6} = 1{,}113$.

Pour la semaine n° 15, la tendance du mardi sera : $y = 0{,}11 \times 44 = 2{,}85 = 7{,}69$.

$y = 7{,}69$ + coefficient saisonnier 1,113 = 8,8 % d'absents.

Il y aura donc 100 – 8,8 = 91,2 % de présents lors du devoir surveillé le mardi de la semaine n° 15.

Exercice 4 ○ page 105

• **Calcul de la valeur prévisible de l'indice pour N + 2**

x_i	y_i	$x_i y_i$	$x_i - \bar{x}$	x^2
1	85	85	– 9	1
2	82	164	– 8	4
3	83	249	– 7	9
4	86	344	– 6	16
5	93	465	– 5	25
6	99	594	– 4	36
7	95	665	– 3	49
8	94	752	– 2	64
9	96	864	– 1	81
10	94	940	0	100
11	98	1 078	1	121
12	104	1 248	2	144
13	109	1 417	3	169
14	101	1 414	4	196
15	101	1 515	5	225
16	108	1 728	6	256
17	113	1 921	7	289
18	118	2 124	8	324
19	116	2 204	9	361
190	1 875	19 771	0	2 470

$\bar{x} = \frac{190}{19} = 10.$ $\bar{y} = \frac{1\,875}{19} = 98{,}68.$

$a = \frac{19\,771 - (19 \times 10 \times 98{,}68)}{2\,470 - (19 \times 10^2)} = 1{,}79$ $b = 98{,}68 - (1{,}79 \times 10) = 80{,}78.$

Prévision pour N + 2 = (1,79 × 21) + 80,78 = 118,37.
La droite de tendance a la forme : $y = 1{,}79x + 80{,}78$.

Exercice 5 ○ page 106

• **Estimation des ventes**

	Ventes 3e trimestre	Ventes prévues par la droite de tendance	Écart
N – 3	22	(0,15 × 3 + 13,23) = 13,68	8,32
N – 2	23	(0,15 × 7 + 13,23) = 14,28	8,72
N – 1	25	(0,15 × 11 + 13,23) = 14,88	10,12
N	24	(0,15 × 15 + 13,23) = 15,48	8,52
Moyenne			8,92

Prévisions 3e trimestre N + 1 = y = (0,15 × 19) + 13,23 + 8,92 = 25.

Exercice 6 ○ page 106

1. Calcul de la tendance représentant l'évolution de la marque Pony de N – 24 à N

x_i	y_i	$x_i y_i$	x_i^2
1	153	153	1
2	170	340	4
3	186	558	9
4	204	816	16
5	198	990	25
6	214	1 284	36
7	230	1 610	49
8	264	2 112	64
9	306	2 754	81
10	298	2 980	100
11	329	3 619	121
12	371	4 452	144
13	417	5 421	169
14	474	6 636	196
15	525	7 875	225
16	537	8 592	256
17	558	9 486	289
18	633	11 394	324
19	675	12 825	361
20	722	14 440	400
21	778	16 338	441
22	900	19 800	484
23	947	21 781	529
24	852	20 448	576
25	910	22 750	625
325	11 851	199 454	5 525

$\bar{x} = \dfrac{325}{25} = 13.$

$\bar{x}^2 = 169.$

$\bar{y} = \dfrac{11\,851}{25} = 474{,}04.$

$a = \dfrac{199\,454 - (25 \times 13 \times 474{,}04)}{5\,525 - (25 \times 169)} = 34{,}916.$

$b = 474{,}04 - (13 \times 34{,}916) = 20{,}13.$

$y = 34{,}916x + 20{,}13.$

2. Calcul de la tendance de l'évolution de la marque Phils.

x_i	y_i	$x_i y_i$	x_i^2
1	51	51	1
2	52	104	4
3	55	165	9
4	57	228	16
5	58	290	25
6	63	378	36
7	62	434	49
8	62	496	64
9	67	603	81
10	73	730	100
11	72	792	121
12	73	876	144
13	82	1 066	169
14	81	1 134	196
15	83	1 245	225
16	85	1 360	256
17	87	1 479	289
18	96	1 728	324
19	92	1 748	361
20	91	1 820	400
21	95	1 995	441
22	91	2 002	484
23	90	2 070	529
24	77	1 848	576
25	79	1 975	625
325	1 874	26 617	5 525

$\bar{x} = \dfrac{325}{25} = 13.$

$\bar{x}^2 = 169.$

$\bar{y} = \dfrac{1\,874}{25} = 74{,}96.$

$a = \dfrac{26\,617 - (25 \times 13 \times 74{,}96)}{5\,525 - (25 \times 169)} = 1{,}734.$

$b = 74{,}96 - (1{,}734 \times 13) = 52{,}41.$

$y = 1{,}734x + 52{,}41.$

3. Représentation graphique

Comparaison des ventes Pony et Phils

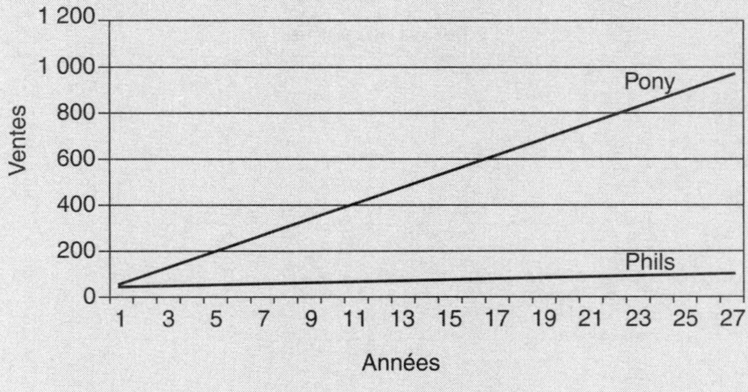

Exercice 7 ◦ page 106

• **Calcul des moyennes mobiles sur 4 trimestres**

Années	1er trimestre	2e trimestre	3e trimestre	4e trimestre
N – 2	2,5	3,1	2,8	3,5
N – 1	4,3	3,7	5,1	3,9
N	4,5	3,4	2,9	2,5

m1* = 2,975.
m2 = 3,425.
m3 = 3,575.
m4 = 4,15.
m5 = 4,25.
m6 = 4,3.
m7 = 4,225.
m8 = 3,675.
m9 = 3,325.

* m1 = (2,5 + 3,1 + 2,8 + 3,5) / 4.

Exercice 8 ○ page 106

1. et 3. Représentation graphique

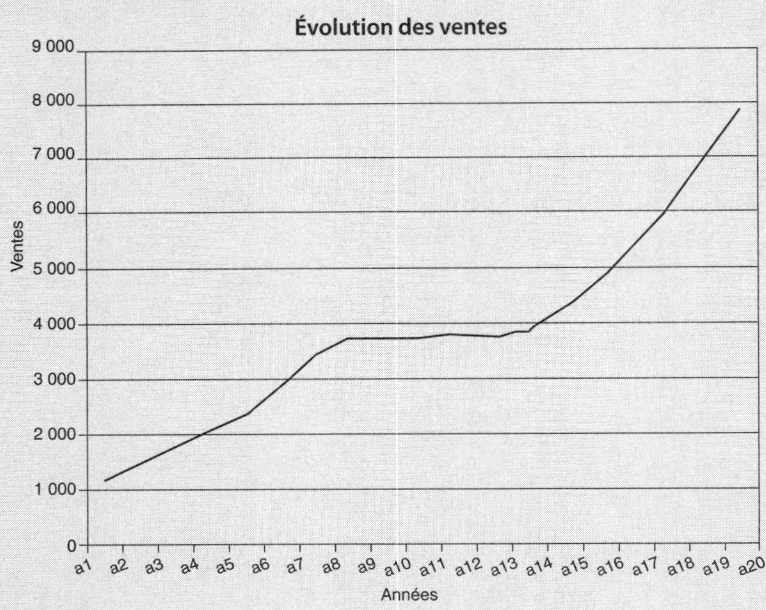

2. Calcul des moyennes mobiles sur 6 mois

Année N	Année N + 1
800	3 900
900	2 800
1 000	3 000
1 300	4 100
1 500	4 300
1 600	5 400
2 300	6 200
2 700	5 400
2 900	7 400
3 600	8 300
4 600	9 200
4 900	10 980

Moyennes mobiles	
m1	1 183,33*
m2	1 433,33
m3	1 733,33
m4	2 050,00
m5	2 433,33
m6	2 950,00
m7	3 500,00
m8	3 766,67
m9	3 783,33
m10	3 800,00
m11	3 883,33
m12	3 833,33
m13	3 916,67
m14	4 300,00
m15	4 733,33
m16	5 466,67
m17	6 166,67
m18	6 983,33
m19	7 913,33

* (800 + 900 + 1 000 + 1 300 + 1 500 + 1 600)/6.

32. La gestion budgétaire ○ Gestion

Exercice 1 ○ page 109

1. Budget de trésorerie

Achats et ventes	Juillet N	Août N	Septembre N
Ventes HT	65 000,00	95 000,00	120 000,00
Ventes TTC	78 000,00	114 000,00	144 000,00
Achats HT	25 000,00	35 000,00	56 000,00
Achats TTC	30 000,00	42 000,00	67 200,00
Achats d'immobilisations HT		16 500,00	

Budget de TVA	Juillet N	Août N	Septembre N
TVA collectée	13 000,00	19 000,00	24 000,00
TVA déductible sur ABS	5 000,00	7 000,00	12 000,00
TVA déductible sur immobilisations		3 300,00	
TVA à payer	8 000,00	8 700,00	12 800,00
TVA à décaisser	5 820,00	8 000,00	8 700,00

Budget des encaissements	Juillet N	Août N	Septembre N
Clients[1]	33 600,00		
Ventes 60 % [2]	46 800,00	68 400,00	86 400,00
Ventes 40 % [3]		31 200,00	45 600,00
Totaux	**80 400,00**	**99 600,00**	**132 000,00**

1. Clients de la balance encaissés en juillet.
2. Les ventes TTC de juillet, soit 78 000 €, sont encaissées pour 60 % au comptant (46 800 €).
3. Les ventes TTC de juillet, soit 78 000 €, sont encaissées pour 40 % à 30 jours (31 200 €).

Le raisonnement est identique pour les mois d'août et de septembre.

Budget des décaissements	Juillet N	Août N	Septembre N
Fournisseurs (balance)	26 700,00		
Charges sociales (balance)	13 500,00		
TVA à décaisser[1]	5 820,00	8 000,00	8 700,00
Achats [2]		30 000,00	42 000,00
Salaires	9 000,00	9 000,00	9 000,00
Immobilisations		19 800,00	
Emprunt 1re annuité[3]		6 500,00	
Impôt sur les sociétés			18 700,00
Total des décaissements	**55 020,00**	**73 300,00**	**78 400,00**

1. TVA à décaisser : on reprend la ligne TVA à décaisser du budget de TVA.
2. Les achats sont payables à 30 jours fin de mois. Exemple pour juillet : 30 000 €, payables en août.
3. Calcul de la 1re annuité de l'emprunt : amortissement (25 000 / 5 = 5 000) + intérêts (25 000 × 6 % = 1 500).

Budget de trésorerie	Juillet N	Août N	Septembre N
Trésorerie initiale[1]	25 510,00	50 890,00	77 190,00
+ Encaissements	80 400,00	99 600,00	132 000,00
– Décaissements	55 020,00	73 300,00	78 400,00
= Trésorerie fin de mois	50 890,00	77 190,00	130 790,00

1. La trésorerie initiale se trouve dans la balance : banque + caisse, soit : 20 000 + 5 510 = 25 510 €.

2. Commentaire de la situation prévisionnelle de l'UC Rayane

La trésorerie est excédentaire ; on peut conseiller au responsable de l'unité commerciale Rayane de placer cet excédent à court terme. Les placements à long terme ne sont pas à retenir car une unité commerciale peut avoir besoin de liquidités pour faire face à des dépenses non prévues ou plus importantes lors du trimestre suivant. L'unité commerciale pourrait rembourser par anticipation l'emprunt de 25 000 € contracté en N–1 sans mettre en difficulté sa trésorerie ; elle n'aurait plus à payer les charges d'intérêts.

Exercice 2 ○ page 109

1. Budget des ventes et des approvisionnements (achats et ventes)

Budget des achats et ventes	Avril	Mai	Juin
Ventes HT	149 500,00	110 400,00	167 440,00
Ventes TTC	179 400,00	132 480,00	200 928,00
Achats HT	87 941,18	64 941,18	98 494,12
Achats TTC	105 529,41	77 929,42	118 192,94
Achats d'immobilisations HT		48 600,00	

Explication des calculs :

– Ventes HT : les ventes de N ont augmenté de 15 % par rapport à N–1,
soit pour avril N : 130 000 × 1,15 = 149 500 €.

– Achats HT : ventes HT / taux de marge, soit pour avril N : 149 500 / 1,70 = 87 941,18 €

2. Budget de trésorerie (TVA, encaissements, décaissements et trésorerie)

Budget de TVA	Avril	Mai	Juin
TVA collectée	29 900,00	22 080,00	33 488,00
TVA déductible sur ABS	17 528,24	12 988,24	19 698,82
TVA déductible sur immobilisations	0,00	9 720,00	0,00
Crédit de TVA			– 628,24
TVA à payer[1]	12 311,76	– 628,24	13 160,94
TVA à décaisser[2]	7 845,00	12 311,76	0,00

1. La TVA du mois de mai est négative (– 628,24). Ce crédit sera reporté sur le mois suivant, soit en juin. Le crédit de TVA se comporte comme une TVA déductible.
2. La TVA à décaisser de juin est nulle puisque la société a constaté une TVA négative en mai (– 628,24).

Budget des encaissements	Avril	Mai	Juin
Clients (balance)	23 670,00		
Clients-effets à recevoir (balance)		67 450,00	
Ventes avril[1]	35 880,00		143 520,00
Ventes mai		26 496,00	
Ventes juin			40 185,60
Augmentation de capital	20 000,00		
Total des encaissements	79 550,00	93 946,00	183 705,60

1. Les ventes TTC d'avril, soit 178 802,00 €, sont encaissées pour 20 % au comptant (35 760,40 €) et 80 % à 60 jours fin de mois (143 041,60 €).

Budget des décaissements	Avril	Mai	Juin
Fournisseurs (balance)	58 670,00		
Fournisseurs-effets à payer (balance)		43 480,00	
Dividendes			16 900,00
Salaires	30 000,00	30 000,00	30 000,00
Charges sociales[1]	15 000,00	15 000,00	15 000,00
TVA à décaisser[2]	7 845,00	12 311,76	0,00
Achats d'avril[3]	10 552,94	63 106,59	31 658,82
Achats de mai		7 766,97	46 757,65
Achats de juin			11 819,29
Immobilisations		58 125,60	
Emprunt	8 500,00	8 500,00	8 500,00
Impôt sur les sociétés			18 400,00
Total des décaissements	130 567,94	238 722,35	179 035,76

1. Charges sociales : les 15 000 € de la colonne du mois d'avril représentent les charges sociales de mars, qu'il faut décaisser en avril.
2. TVA à décaisser : on reprend la ligne TVA à décaisser du budget de TVA.
3. Les achats d'avril, soit 105 529,41 €, sont payés pour 10 % au comptant (10 552,94 €), 60 % à 30 jours (63 106,59 €) et 30 % à 60 jours (31 658,82 €).

Budget de trésorerie	Avril	Mai	Juin
Trésorerie initiale[1]	65 700,00	14 682,02	– 130 094,29
Encaissements	79 550,00	93 946,00	183 705,60
Décaissements	130 567,94	238 722,35	179 035,76
Trésorerie fin de mois	14 682,06	– 130 094,29	– 125 424,45

1. La trésorerie initiale se trouve dans la balance : (banque + caisse), soit : 50 000 + 15 700 = 65 700 €.

3. Commentaire du budget et solutions préconisées

La situation de trésorerie n'est pas satisfaisante puisque la société Sarah est passée d'une trésorerie positive à une trésorerie fortement négative.

Pour améliorer la situation, le manageur de la société pourrait :

– escompter ses effets de commerce auprès de son banquier (clients-effets à recevoir) ;
– revoir les délais de paiement accordés aux clients (écourter les délais) ;
– demander des délais de paiement plus longs auprès des fournisseurs ;
– payer son achat de matériel en plusieurs fois ou emprunter la somme à la banque plutôt que de le payer au comptant ; la société ne peut pas changer les échéances des dettes fiscales et sociales, elles sont imposées aux entreprises par l'Administration.

33. La gestion des risques ○ Gestion

Exercice 1 ○ page 113

1. Évaluation du préjudice et des conséquences

• Conséquences financières

– Pertes de produits :

	Détail des calculs	Total pertes produits
Mozzarella	5,50 × 8 = 44	44,00
Taleggio	6 × 3 = 18	18,00
Lasagnes	20 × (4,50 / 2) = 45	45,00
Pizzas	10 pizzas = 2,5 kilos 2,5 × 7,90 = 19,75	19,75
Escalopes de veau panées	3 × 9,30 = 27,90	27,90
	Total	**154,65 €**

La panne du meuble froid engendre une perte directe de 154,65 €.
La réparation du meuble coûte 464,58 €.

– Manque à gagner :

	Marge Produits (PV – PA)	Total manque à gagner
Mozzarella	9 – 5,50 = 3,50	3,5 × 8 = 28
Taleggio	10 – 6 = 4	4 × 3 = 12
Lasagnes	9,90 – 4,50 = 5,40	5,40 × 2,5 = 13,50
Pizzas	13,50 – 7,90 = 5,60	5,60 × 2,5 = 14
Escalopes de veau panées	14,50 – 9,30 = 5,20	5,20 × 3 = 15,60
	Total	**83,10 €**

Le manque à gagner est de **83,10 €**.

• Conséquences commerciales
Les produits étant impropres à la vente, cela engendre une perte de CA et une rupture de stocks. Le client ne trouvant pas les produits recherchés peut être mécontent et peut avoir une image détériorée du point de vente.

2. Option financière la plus favorable pour remplacer le meuble

• Option 1 : crédit simple

– Apport personnel : 10 % × 15 200 = 1 520 €.
– Montant emprunté : 15 200 × 1 520 = 13 680 €.
– Taux mensuel proportionnel : 5,5 / 12 = 0,46 %.
– Mensualité : 13 680 × 0,0046 / 1 – $(1{,}0046)^{-48}$ = 318,27 €.
– Coût global de l'emprunt : (318,27 × 48) – 13 680 = 1 597,10 €.

• Option 2 : crédit-bail

– Loyer annuel : 15 200 × 9,5 % = 1 444 €.
– Loyer mensuel : 1 444 / 12 = 120,33 €.
– Coût du crédit-bail : 120,33 × 48 = 5 776 €.
– Dépôt de garantie : 10 % × 15 200 = 1 520 €.

• **Choix**

En ayant recours au crédit simple, M. Albertini sera propriétaire du meuble froid. Il amortira lui-même le bien. Le coût global est 3,5 fois plus faible que le coût lié à un achat en crédit-bail. Toutefois, les mensualités sont plus élevées.

En ayant recours au crédit-bail, M. Albertini n'est pas propriétaire du bien. C'est seulement à l'issue du contrat qu'il peut choisir de le devenir. Il peut aussi décider de restituer le meuble froid ou encore continuer le remboursement à un taux avantageux. Le coût global est plus élevé que le crédit simple. De même, le dépôt de garantie est important. Les intérêts du crédit-bail portent sur les mensualités peu élevées et un risque financier faible.

Le crédit-bail est donc conseillé car il présente l'avantage de la souplesse. Il permet à M. Albertini d'avoir un meuble neuf plus régulièrement et cela lui évite de courir le risque d'une panne…

Exercice 2 ○ page 113

1. Score affecté à chaque client et décision de prêt

Clients	Revenus	Charges	Situation professionnelle	Total points	Niveau du risque	Attribution du prêt
Carré	30	30	40	100	Risque moyen	oui
Dumont	20	40	20	80	Risque moyen	oui
Leleu	30	10	30	70	Risque élevé	non

2. Grille de diagnostic sécurité pour l'espace accueil

La grille peut être structurée selon les différents points composant l'accueil : l'entrée, l'espace exposition des véhicules, l'espace détente, le comptoir accueil, les bureaux des vendeurs, les toilettes…

Voici les points qui pourraient être contrôlés au niveau de l'entrée de la nouvelle concession :

	Points de contrôle	Oui	Non
1	Les portes automatiques s'ouvrent correctement.		
2	L'entrée est dégagée.		
3	Les tapis de l'entrée sont propres.		
4	Le sol est propre.		
5	Tous les tubes néon fonctionnent.		
6	Tous les spots fonctionnent.		
7	Les poubelles sont vidées.		
8	La PLV est correctement positionnée dans les supports adaptés.		
9	Etc.		

1 André

La banque André est nouvelle sur le marché bancaire. Elle est consciente d'arriver sur un marché déjà saturé et souhaite se différencier de ses concurrents en offrant à ses clients des services mieux adaptés à leurs besoins. Pour cela, elle pense mettre au point un nouveau produit : le Pack Performance. Il s'agit d'un ensemble de produits bancaires vendus à un prix très attractif pour le client.
Son but est d'améliorer le taux d'équipement en produits bancaires des clients de la banque André et de diminuer le nombre de clients réalisant des opérations au guichet en les orientant vers le GAB (guichet automatique bancaire).
Le directeur des études de la banque souhaite que le prix de vente du service Pack Performance soit inférieur à la somme des prix de vente des prestations vendues séparément mais qu'il tienne compte du coût moyen des services liés à la gestion des comptes.
Aussi, vous confie-t-il trois tâches :
- calculer le prix de vente du pack par la méthode des coûts ;
- calculer le prix de vente du pack par la méthode du prix psychologique ;
- déterminer le seuil de rentabilité de l'opération.

Pour effectuer ce travail, vous disposez en annexes d'informations sur les prestations comprises dans le pack, du coût de revient des services et de la tarification bancaire pratiquée par la banque André.

Première partie — Calcul du prix de vente par la méthode des coûts Corrigé ➲ p. 243

Travail à faire

Calculez le prix auquel devrait se vendre le service Pack Performance. Vous donnerez le montant de la cotisation annuelle par la méthode des coûts (annexes 1 et 2, page 222).

Deuxième partie — Calcul du prix de vente par la méthode du prix psychologique Corrigé ➲ p. 243

Travail à faire

1. Calculez le prix du pack par la méthode du prix psychologique (annexe 3, page 223).

2. Précisez les limites de cette méthode de fixation des prix (annexe 4, page 224).

Troisième partie — Calcul du seuil de rentabilité du Pack Performance Corrigé ➲ p. 244

Travail à faire

1. À partir des informations contenues dans l'annexe 5 p. 224, déterminer le seuil de rentabilité de l'opération.

2. Sachant que 30 % des clients de l'agence sont susceptibles d'être intéressés par le produit, l'opération est-elle rentable ?

Annexe 1 ○ Prestations comprises dans le Pack Performance

Le service Pack Performance comprend les prestations suivantes :
– carte Visa Plus ;
– assurance perte et vol de papiers ;
– autorisation de découvert de 1 500 € ;
– accès Internet gratuit pour consultation des comptes ;
– retraits hebdomadaires autorisés au GAB : 2 000 € ;
– envois de chéquiers gratuits ;
– chèques de banque gratuits ;
– deux extraits de compte par mois.
– pas de facturation des retraits au guichet, ni au GAB.

Annexe 2 ○ Tarification bancaire

Cotisation annuelle carte Visa Plus	113 €
Virements permanents	2 € à la mise en place
Versements	Gratuit
Cotisation annuelle assurance perte et vol	10 €
Autorisation de découvert	Possible uniquement par les packages
Consultation des comptes par Internet	1 € par opération
Facturation des retraits : – au guichet – au GAB	 – 2,50 € par retrait – Gratuit si retrait dans une banque du groupe, 1 € par retrait à partir du 2e retrait par mois si retrait dans une banque concurrente
Envoi de chéquiers à domicile	3,50 € par envoi
Extraits de compte : – mensuel – bihebdomadaire – décadaire	– Gratuit – 1,50 € par mois – 3 € par mois
Chèques de banque	12,50 €
Retraits hebdomadaires	limités à 350 € par semaine au GAB, illimités au guichet

On considère que les clients consultent leurs comptes une fois par semaine sur Internet, qu'ils retirent de l'argent dans les GAB des banques concurrentes trois fois par mois, qu'ils effectuent en moyenne deux retraits par mois au guichet, qu'ils se font envoyer à domicile trois chéquiers par an et qu'ils demandent deux extraits de compte par mois.
Les autres opérations (chèques de banque, demandes de virement permanents...) deviennent exceptionnelles.

Annexe 3 ▸ Coût de revient annuel moyen des services par compte

COMPTES COURANTS

Extraits de compte	10 €
Versements espèces	13 €
Virements	15 €
Retraits GAB	11 €
Chèques émis	10 €
Total	59 €

ASSURANCES

Vol	2 €
Perte papier	0,5 €
Frais de gestion	1,5 €
Total	4 €

FRAIS DIVERS

Frais pour retrait dans d'autres banques	9 €
Consultation des comptes par Internet	5 €

FRAIS D'ENVOI DE CHÉQUIERS

Timbre	1,5 €
Main-d'œuvre	2,5 €
Total	4 €

CARTE BANCAIRE

Fabrication	18 €
Assurances	25 €
Débit différé	13 €
Total	56 €

Au prix de revient, il faudra ajouter une marge de 26 € afin de rentabiliser l'opération.

Annexe 4 ○ Le prix psychologique

L'étude a porté sur 1 005 clients de la banque André. Il a été demandé à chaque personne de fixer un prix maximal au-dessus duquel il trouverait le produit trop cher et un prix minimal en dessous duquel le produit ne paraîtrait pas crédible.

Prix de vente	Trouvent qu' au-dessus de ce prix le produit est trop cher	Trouvent qu'en dessous de ce prix le produit est trop bon marché
150 €	–	10
160 €	10	31
170 €	22	37
180 €	34	101
190 €	26	157
200 €	30	142
210 €	31	123
220 €	22	109
230 €	34	81
240 €	78	48
250 €	91	41
260 €	102	44
270 €	117	33
280 €	124	20
290 €	128	16
300 €	106	9
310 €	35	3
320 €	15	–
	1 005	**1 005**

Annexe 5 ○ Informations relatives à la vente du Pack Performance

Finalement, le Pack Performance sera commercialisé au prix de 210 €/an.

Les frais de personnel liés à la prospection des clients se montent à 8 € de l'heure. On considère que 10 heures hebdomadaires seront consacrées à la recherche de clients susceptibles d'être intéressés par ce produit, et cela 40 semaines par an.

L'agence devra communiquer sur le Pack Performance. Les dépenses de publicité devraient s'élever à 3 000 € pour l'année.

Enfin, chaque ouverture de Pack entraîne un coût de 10 € (formalités à accomplir).

L'agence compte 8 200 clients.

2 Damoiseau

M. Damoiseau est gérant d'un magasin de chaussures à Pointe-à-Pitre. Afin de développer son chiffre d'affaires, il souhaite organiser une opération commerciale durant la semaine du 1er au 7 avril N.

Première partie : Mise en place de l'opération commerciale

Corrigé ➲ p. 245

Travail à faire

Sachant qu'une opération commerciale permet de tripler le chiffre d'affaires de la période, vous êtes chargé(e) des tâches suivantes (annexes 1, 2 et 3, pages 225-226).

1. Passez la commande de produits pour l'opération commerciale.
2. Calculez le prix de vente des articles commandés compte tenu d'un taux de marge moyen de 40 %.
3. Calculez le chiffre d'affaires du magasin au mois d'avril sachant que l'intégralité des modèles commandés pour l'opération commerciale a été vendue.

Deuxième partie : Gestion du personnel

Corrigé ➲ p. 246

Travail à faire

Le nombre de salariés habituel du magasin est insuffisant pour faire face à l'affluence qui règne en période d'opération commerciale. Aussi, vous êtes chargé(e) des travaux suivants (annexes 4 et 5, page 226).

1. Vous devez embaucher une personne pour aider votre équipe commerciale à faire face à l'accroissement de la fréquentation du magasin durant l'opération commerciale. Indiquez notamment la manière dont vous allez vous y prendre et le type de contrat que vous allez lui proposer.
2. À la fin de l'opération, calculez la rémunération de l'équipe commerciale pour le mois d'avril.

Annexe 1 ➲ Statistiques des ventes – Année N–1

Mois	Bottes	Chaussures de ville O homme	Chaussures de ville O femme	Chaussures de ville M homme	Chaussures de ville M femme	Chaussures de ville G enfant
Janvier	40	25	32	30	40	60
Avril	20	70	65	35	45	70
Juillet	2	65	60	50	55	80
Septembre	30	45	53	38	45	40
Décembre	50	37	39	28	35	30

Mois	Baskets N enfants	Baskets N homme	Baskets N femme	Baskets A homme	Baskets A femme
Janvier	30	20	45	38	51
Avril	50	25	60	45	60
Juillet	70	35	70	52	50
Septembre	40	30	40	40	40
Décembre	35	15	30	30	30

Progression espérée pour N : + 10 %.

Annexe 2 ○ Cahier des prix fournisseur spécial OP

Articles	PA HT	
	Quantités commandées 10 – 30	Quantités commandées 31 – 100
Bottes	30	27
Baskets N enfant	35	32
Baskets N homme	37	32
Baskets N femme	40	35
Baskets A homme	39	33
Baskets A femme	42	39
Chaussures O ville homme	45	40
Chaussures O ville femme	42	38
Chaussures M ville homme	53	50
Chaussures M ville femme	59	55
Chaussures G Enfant	40	37

Remise : 15 % sur le PA HT si commande supérieure à 400 paires.

Annexe 3 ○ Tableau de bord du magasin

CA janvier	CA février	CA mars	Prévision CA avril hors semaine opération commerciale
65 250	68 950	72 700	50 007

Annexe 4 ○ Pourcentages de ventes réalisées par l'équipe en avril N toutes marques confondues

Baskets homme	70 %*
Baskets femme	80 %
Baskets enfant	100 %

Chaussures ville homme	85 %
Chaussures ville femme	75 %
Chaussures ville enfant	60 %

* L'équipe a atteint 70 % de son objectif de ventes en baskets homme.

Annexe 5 ○ Rémunération de l'équipe commerciale

Employés	Fixe mensuel	Commission individuelle sur CA[1]		
		Si 100 % des ventes prévues réalisées	Si 70 à 99 % des ventes prévues réalisées	Si < 70 % de ventes prévues réalisées
Delphine Blancart	1 200	0,5 %	0,2 %	0 %
Roger Pénot	900	0,5 %	0,2 %	0 %
Extra	1 000	0 %	0 %	0 %

1. La commission est individuelle mais l'objectif de ventes est collectif. La commission est basée sur le pourcentage moyen de réalisation.

3 Blanpain

M. Blanpain est directeur d'une entreprise commercialisant des portails. Il dispose d'une équipe de quatre commerciaux qui démarchent aussi bien les particuliers que les entreprises.

Afin de motiver davantage son personnel, M. Blanpain souhaite modifier le système de rémunération de son équipe commerciale dès l'an prochain.

Pour l'instant, chaque commercial touche un fixe et une commission sur les ventes. M. Blanpain pense diminuer le taux de commission qui est actuellement de 5 % des ventes pour le porter à 3 % et instaurer une prime si l'objectif de chiffre d'affaires est atteint collectivement. Il souhaite que vous preniez en charge ce dossier et que vous lui donniez votre avis.

Par ailleurs, M. Blanpain se pose des questions sur la rentabilité de son entreprise.
Il vous fournit ses deux derniers comptes de résultat afin que vous les analysiez.

Première partie — Analyse du système de rémunération

Corrigé ➲ p. 247

Travail à faire

À partir des informations contenues dans l'annexe 1, page 227 :

1. Donnez votre opinion sur ce nouveau mode de rémunération.
2. Calculez le salaire annuel des commerciaux avec l'ancien et le nouveau système de rémunération. (Placez-vous dans le cas où l'objectif de chiffre d'affaires est atteint.) Qu'en pensez-vous ?

Deuxième partie — Analyse des performances de l'entreprise

Corrigé ➲ p. 247

Travail à faire

1. Pour les exercices N–1 et N, calculez le chiffre d'affaires net, le résultat d'exploitation, le résultat financier et le résultat courant avant impôt (annexe 2, p. 228).
2. Commentez ces résultats.

Annexe 1 ➲ Données comptables

- Chiffre d'affaires N : 172 000 €.
- Objectif de chiffre d'affaires N+1 : 225 000 €.
- Prime obtenue si l'objectif est atteint : 6 000 € à partager de façon égale entre les membres de l'équipe.
- Fixe : 12 000 € par an et par salarié.
- La commission est calculée sur le chiffre d'affaires annuel et partagée entre les membres de l'équipe en parts égales.

Annexe 2 ➲ Comptes de résultat pour N et N–1

	Année N	Année N–1
Achats de matières premières et approvisionnements	1 275 049,50	996 549,50
Autres achats et charges externes	1 566 032,50	1 394 247,50
Autres charges	9 832,00	1 966,00
Autres intérêts	233,00	7 465,50
Autres produits	1 353,50	45 510,00
Charges sociales	1 087 166,00	959 966,00
Différences négatives de change	1 667,00	2 094,50
Différences positives de change	18,00	1 842,50
Dotations aux amortissements sur immobilisations	157 402,50	136 446,00
Dotations aux provisions sur actif circulant	101 337,50	85 044,00
Dotations financières aux amortissements		339,00
Impôts, taxes et versements assimilés	243 471,00	191 677,50
Intérêts et charges assimilées	34 143,50	37 648,50
Production stockée	– 22 879,50	4 724,00
Production vendue de biens	4 410 587,50	3 584 206,00
Production vendue de services	2 907 775,00	2 462 945,00
Produits des autres valeurs mobilières	485,00	336,50
Produits financiers de participation	184,00	294,00
Reprises sur amortissements et provisions	17 208,50	97 096,00
Reprises sur provisions	339,00	747,00
Salaires et traitements	2 636 827,00	2 371 291,00
Subventions d'exploitation	411,00	29 455,50
Variation de stocks	18 738,00	33 707,00

4 Furnon

Furnon est une unité commerciale implantée à Beauvais (60), spécialisée dans la distribution des appareils ménagers. Elle propose à ses clients un vaste choix de produits : produits blancs (ex. : lave-vaisselle), produits bruns (ex. : téléviseurs) et produits gris (ex. : micro-ordinateurs). Un SAV très performant est également à la disposition de sa clientèle. L'objectif du directeur, M. Duroc, est d'ouvrir un nouveau magasin dans une nouvelle zone commerciale située à Amiens (80).
La nouvelle unité s'organisera autour de quatre chefs de secteur (Blanc, Gris, Brun, SAV) et douze vendeurs. Trois chefs de secteur ont été sélectionnés en interne. Il reste à recruter un responsable pour le secteur Blanc. M. Duroc a établi une fiche de description du poste. Il souhaite faire paraître son annonce de recrutement dans la presse quotidienne de Picardie.
M. Duroc vous demande d'étudier deux dossiers :
– l'analyse de la situation financière de l'unité commerciale ces deux dernières années ;
– le recrutement du manageur du secteur Blanc.
Vous disposez pour votre étude des documents comptables et des documents relatifs au management de l'équipe commerciale.

Première partie — Analyse financière

Corrigé ➲ p. 249

Travail à faire

1. Calculez pour chaque année N–1 et N le fonds de roulement net global, le besoin en fonds de roulement et la trésorerie nette (annexe 1, page 230).

2. Calculez la capacité d'autofinancement pour les deux exercices N–1 et N.

3. Calculez la marge commerciale et le taux de marque (annexe 2, page 230) pour les deux exercices.

4. Calculez les ratios de rotation qui vous semblent significatifs.

5. Dans une note de synthèse, analysez la rentabilité et la situation financière de l'UC Furnon et jugez de l'opportunité d'ouvrir le nouveau point de vente.

Deuxième partie — Recrutement du nouveau chef de secteur

Corrigé ➲ p. 251

Travail à faire

1. Rédigez l'annonce de recrutement à partir de la fiche de description du poste (annexe 3, page 231).

2. M. Duroc souhaite diffuser son offre d'emploi pour une durée de deux semaines dans la presse régionale. Afin d'optimiser la visibilité de l'annonce, il a retenu un format de 75 × 83 cm. Conseillez M. Duroc sur le ou les support(s) à retenir (annexe 5, page 232), sachant qu'il dispose d'un budget presse maximum de 1 200 €.

3. Présentez les questions à poser au candidat en respectant un enchaînement logique.

4. Évaluez le coût du recrutement (annexe 4, page 231).

Annexe 1 ○ Bilan des exercices N–1 et N

Bilan UC Furnon au 31/12/N–1

Actif				Passif	
	Brut	**Amort. et prov.**	**Net**		
Immobilisations	821 500	97 000	724 500	Capitaux propres[1]	462 500
Stocks	240 000		240 000		
Créances[2]	60 000		60 000	Emprunt	151 000
Disponibilités	160 000		160 000	Dettes d'exploitation[3]	571 000
Total général	**1 281 500**	**97 000**	**1 184 500**	**Total général**	**1 184 500**

1. Dont résultat de l'exercice : 12 500. 2. Dont clients : 15 000. 3. Dont fournisseurs : 550 000.

Bilan UC Furnon au 31/12/N

Actif				Passif	
	Brut	**Amort. et prov.**	**Net**		
Immobilisations	851 000	139 800	711 200	Capitaux propres[1]	540 000
Stocks	226 400		226 400		
Créances[2]	173 900		173 900	Emprunt	195 400
Disponibilités	410 490		410 490	Dettes d'exploitation[3]	786 590
Total général	**1 661 790**	**139 800**	**1 521 990**	**Total général**	**1 521 990**

1. Dont résultat de l'exercice : 90 000. 2. Dont clients : 92 600. 3. Dont fournisseurs : 770 890.

Annexe 2 ○ Comptes de résultat pour N–1 et N

Compte de résultat UC Furnon au 31/12/N–1

Charges		Produits	
Achats de marchandises	2 945 670	Ventes de marchandises	4 411 901
Variation des stocks	23 450		
Charges externes	510 800		
Charges de personnel	810 220		
Charges financières	11 575	Produits financiers	3 480
Dotations aux amort.	97 000		
Impôt sur les sociétés	4 166		
Résultat de l'exercice	12 500		
Total général	**4 415 381**	**Total général**	**4 415 381**

Remarque : le stock initial était de 263 450.

Compte de résultat UC Furnon au 31/12/N

Charges		Produits	
Achats de marchandises	3 351 400	Ventes de marchandises	5 002 710
Variation des stocks	13 600		
Charges externes	525 400		
Charges de personnel	842 860		
Charges financières	15 300	Produits financiers	5 650
Dotations aux amort.	139 800		
Impôt sur les sociétés	30 000		
Résultat de l'exercice	90 000		
Total général	**5 008 360**	**Total général**	**5 008 360**

Annexe 3 ○ Fiche de description du poste

FURNON 45, rue du Maréchal-Foch 80100 Amiens	
Poste	**Chef de secteur Blanc**
Missions	– Management du secteur comme un véritable centre de profit. – Recrutement, formation, animation de l'équipe commerciale. – Élaboration de la politique commerciale (gestion des stocks, des linéaires et gammes de produits). – Développement et gestion des ressources. – Suivi du compte d'exploitation.
Relation hiérarchique	En relation directe avec le directeur du magasin, vous travaillez en collaboration et rendez compte de vos résultats.
Profil	Formation : bac + 2 à + 5 en commerce ou gestion. Expérience professionnelle : • expérience(s) réussie(s) de la vente et si possible de l'animation de vendeurs • qualités et compétences métier : – affinité ou passion pour les produits petit et gros électroménager ; – passionné tant par le commerce et le service que par le management ; – gestionnaire, autonome et responsable ; – générosité, enthousiasme, aisance relationnelle, sens commercial affirmé, rayonnement personnel ; – grande disponibilité.
Conditions d'exercice	– Formations assurées en interne. – Mise à disposition d'un ordinateur portable et d'un téléphone portable.
Rémunération	30 K€ par an + primes.

Annexe 4 ○ Éléments financiers

M. Duroc a choisi de sous-traiter le recrutement du nouveau chef des ventes à un organisme extérieur : Job Expert. Celui-ci sera chargé d'effectuer le premier tri des candidatures et de proposer à M. Duroc les candidats susceptibles d'être en adéquation avec ses attentes. Coût de la prestation Job Expert : 2 000 €.

M. Duroc procédera au choix final. Il sera aidé d'un chef de secteur actuellement en place. Les charges de personnel consacrées au recrutement s'élèveront à 850 €.

Il est prévu que le nouveau chef de secteur suive une formation de deux jours sur les procédures de travail propres à Furnon. Coût de la journée de formation : 1 000 €.

Annexe 5 ○ Grille tarifaire presse

Départements	Préfecture	Diffusion Presse
Somme (80)	Amiens	*Le Courrier picard* *L'Aisne nouvelle*
Oise (60)	Beauvais	*Le Courrier picard* *L'Aisne nouvelle*
Aisne (02)	Laon	*Le Courrier picard* *L'Aisne nouvelle*

Les trois départements sont limitrophes.

Formats H x L	Groupe Picardie 02 • 60 • 80 *Le Courrier picard* *L'Aisne nouvelle*	Toutes éditions 02 (partiel) • 60 • 80 *Le Courrier picard*	*L'Aisne nouvelle* 02 Aisne
	94 197 ex./jour	69 777 ex./jour	24 420 ex./jour
	Le Courrier picard **Samedi + mardi** *L'Aisne nouvelle* **Samedi + jeudi**	**Samedi + mardi** **N & B**	**Samedi + jeudi** **N & B**
1 module 35 × 83	925,50 €	621 €	304,50 €
1,5 module 55 × 83	1 363,50 €	885 €	478,50 €
2 modules 75 × 83	1 763,50 €	1 111 €	652,50 €
2,5 modules 95 × 83	2 125,50 €	1 299 €	826,50 €
3 modules 115 × 83	2 460,50 €	1 460 €	1 000,50 €
4 modules 75 × 169 155 x 83	3 161,50 €	1 813 €	1 348,50 €
6 modules 115 × 169	4 607,00 €	2 606 €	2 001,00 €
8 modules 155 × 169	6 125,00 €	3 428 €	2 697,00 €
10 modules 195 × 169	7 356,00 €	3 963 €	3 393,00 €
12 modules 270 × 169	10 047,00 €	5 349 €	4 698,00 €
1 page 360 × 255	20 005,00 €	10 609 €	9 396,00 €

D'après le site www.com-quotidiens-emploi.fr

5 Phone Exe

Phone Exe est une unité commerciale spécialisée dans la distribution de technologies mobiles (portables avec abonnement et sans abonnement, PDA, GPS, accessoires mobiles…)

Après examen des statistiques de vente de la famille des téléphones portables, le manageur, M. Saxo, n'est pas satisfait des résultats concernant une activité. Il veut modifier certains éléments et profiter de l'occasion pour redynamiser les ventes de son entreprise.

Le lancement du tout nouveau modèle de téléphone portable, le XWAY, est une opportunité que M. Saxo souhaite saisir. Il décide d'engager une campagne de promotion des ventes sur ce produit.

M. Saxo vous demande d'étudier deux dossiers en particulier :

– la conception d'un tableau de bord et l'analyse de rentabilité pour la famille des téléphones portables ;

– la conduite de la campagne promotionnelle du XWAY.

Vous disposez pour votre étude des documents comptables et des documents relatifs à l'organisation de l'opération promotionnelle.

Première partie — Tableau de bord et rentabilité

Corrigé ➲ p. 253

Travail à faire

1. Établissez le tableau de bord à partir des documents fournis par le manageur (annexe 1, page 234).
2. Après avoir calculé les indicateurs qui vous semblent significatifs, vous commenterez les résultats obtenus.
3. Calculez la marge sur coût variable (M/CV), le taux de marge sur coût variable (TM/CV) et le résultat pour l'ensemble des activités (annexe 2, page 234).
4. Déterminez le seuil de rentabilité et le point mort.
5. En tenant compte des données fournies en annexe 3 (page 234), calculez la M/CV, le TM/CV et le résultat pour chacune des activités. Dans une note de synthèse, vous analyserez la rentabilité des secteurs de l'UC Phone Exe.
6. Après avoir effectué les modifications souhaitées par le manageur (annexe 4, page 234), calculez la M/CV, le TM/CV et le résultat pour l'activité portables sans abonnement. Concluez.

Deuxième partie — La conduite de projet

Corrigé ➲ p. 255

Travail à faire

1. Présentez l'ordonnancement des tâches en utilisant un réseau Pert et déterminez le nombre de jours qui seront nécessaires à la préparation du projet (annexe 5, page 234).
2. Précisez quelles sont les tâches pour lesquelles un retard est à éviter.
3. M. Saxo a décidé de former lui-même son équipe commerciale. Quel sera le contenu de la formation (tâche J) dispensée aux vendeurs ?

Annexe 1 ○ Chiffre d'affaires et achats de portables (exercice N)

Famille de portables	Chiffre d'affaires HT		Achats HT	
	Prévu	Réalisé	Prévus	Réalisés
Portables avec abonnement	3 900 000	4 127 500	2 250 000	2 800 000
Portables sans abonnement	2 500 000	2 222 500	2 100 000	1 900 000
Total	6 400 000	6 350 000	4 350 000	4 700 000

Annexe 2 ○ Données sur l'activité globale de l'UC Phone Exe

De la gestion, il a été extrait les renseignements suivants :
- les charges autres que les achats sont évaluées à 1 150 000 € ; elles se répartissent de la façon suivante : 30 % variables et 70 % fixes ;
- les achats sont variables ;
- l'activité a été réalisée sur 12 mois.

Annexe 3 ○ Données par secteur d'activité

- 65 % des charges variables autres que les achats concernent les portables avec abonnement.
- Les charges fixes se répartissent entre les deux secteurs d'activité.

Annexe 4 ○ Modifications de structure

À l'issue de l'analyse de rentabilité, le manageur a pris les décisions suivantes :
- participation à un salon professionnel sur les nouvelles technologies mobiles pour un coût de 50 000 € ;
- baisse du prix de vente du téléphone sans abonnement et prévision d'augmentation de 15 % du CA ;
- répartition différente des charges fixes en fonction de la surface de vente allouée aux téléphones portables, soit 250 000 € pour le secteur sans abonnement, le reste allant au secteur avec abonnement ;
- augmentation des charges variables totales de 10 %.

Annexe 5 ○ Rétroplanning de l'opération promotionnelle

Tâches	Désignation	Durée	Antériorité
A	Conception de la campagne (choix de l'offre, du message, du visuel…)	10 jours	–
B	Création de la PLV magasin	10 jours	A
C	Réalisation de la PLV chez l'imprimeur	15 jours	B
D	Création de l'annonce presse	8 jours	A
E	Réservation de l'espace publicitaire dans la presse	8 jours	D
F	Création des tracts	10 jours	A
G	Impression des tracts	2 jours	F
H	Campagne presse	8 jours	E
I	Réalisation argumentaire des vendeurs	2 jours	A
J	Formation des vendeurs	1 jour	I
K	Mise en place PLV en magasin	1 jour	C, H, J
L	Distribution des tracts	3 jours	G, K

6 Bouquinstar

Bouquinstar est une unité commerciale spécialisée dans l'édition, qui fête cette année ses 25 ans d'existence. Le département Jeunesse, managé par Mme Ledoux, souhaite offrir à ses clients un produit promotionnel à l'occasion de cet anniversaire. L'idée d'un livre-jeu pour enfants accompagné de son CD a été retenue. La manageur décide de mettre en place une animation commerciale sous la forme d'une tombola pour favoriser le lancement de son produit (annexe 1, page 236). Afin de stimuler ses quatre vendeurs, Mme Ledoux envisage de mettre en place un chalenge autour du livre-jeu. Elle décide de les réunir pour présenter le projet et fixer les objectifs de vente.

Mme Ledoux, toujours soucieuse de la gestion de son département Jeunesse, souhaite analyser ses coûts pour le mois d'octobre N et éventuellement rectifier son plan de marchéage. Elle vous fournit le tableau de répartition des charges indirectes et les données complémentaires concernant le livre et son CD (annexes 2 et 3, page 236).

Mme Ledoux vous demande d'étudier deux dossiers en particulier :
- l'organisation et l'animation d'une réunion ;
- l'analyse des coûts.

Vous disposez pour votre étude des documents comptables et des documents relatifs à la conduite de la réunion managériale.

Première partie — La conduite de réunion managériale

Corrigé ◯ p. 256

Travail à faire

1. Proposez le plan de la réunion.
2. Imaginez les récompenses susceptibles de motiver l'équipe de vendeurs.
3. Comment Mme Ledoux peut-elle suivre les performances de son équipe et la motiver ?

Deuxième partie — Charges indirectes, analyse des coûts

Corrigé ◯ p. 256

Travail à faire

1. Complétez le tableau de répartition des charges indirectes (annexe 2, page 236).
2. Calculez les coûts d'achat et de revient ; la fiche de stock sera tenue selon la méthode du CMUP (annexe 3, page 236).
3. Déterminez le résultat et commentez.
4. Quel est l'intérêt pour le manageur de connaître le coût de revient ?

Annexe 1 ○ PLV sur le livre-jeu

Votre magasin **est fier de vous présenter :**

Le livre retrace l'histoire de Lord Green, le fameux chevalier du Moyen Âge, à la recherche d'un trésor disparu…

Le CD reprend l'aventure de Lord Green à travers dix aventures ludiques et éducatives !

Des heures de jeu et le plaisir de la lecture

Grande tombola
20 livres-jeu à gagner !!
(tirage au sort le samedi 25 novembre)

Bulletin de participation : Gagnez le livre-jeu Le Chevalier fantastique

Nom : ……………………………………………………………

Prénom : ……………………………………………………………

Adresse : ……………………………………………………………

Tél. : ……………………………………………………………

Annexe 2 ○ Tableau de répartition des charges indirectes

	Approvisionnement	Distribution
Totaux répartition secondaire	8 000	6 552
Unités d'œuvre	Nombre de livres achetés	10 € de CA
Nombre d'unités d'œuvre		
Coût de l'unité d'œuvre		

Annexe 3 ○ Données complémentaires

De la gestion, il a été extrait les renseignements suivants :
– achats : 4 000 livres + CD à 11 € l'un ;
– ventes : 4 200 livres + CD à 20,80 € l'un ;
– stocks au 1er octobre N : 500 livres + CD pour un montant total de 5 375 € ;
– les charges directes de distribution se composent d'une commission aux vendeurs de 5 % du CA, des frais d'expédition de 0,75 € par livre distribué, des frais de marchandisage de 3 150 € et des charges de personnel d'un montant de 6 300 € (partie fixe de la rémunération des commerciaux) ;
– les données fournies concernent le mois d'octobre N.

7 Crédit Agricole

Vous travaillez au Crédit Agricole (premier groupe bancaire français) en qualité d'assistant(e) du responsable des agences de Franche-Comté. M. Bouvier, directeur commercial régional, vous demande de l'assister lors du passage d'une agence traditionnelle en agence conseil.

L'année bancaire vient de se terminer et M. Bouvier vous demande d'analyser l'activité des guichetiers de l'agence des Monts-Boucons, afin de préparer l'entretien annuel avec chacun d'eux.

Vous savez que le passage en agence conseil est programmé dans quelques semaines. Vous devez conseiller M. Bouvier sur les décisions relatives au futur organigramme.

Première partie — Analyse de l'activité de l'équipe de guichetiers

Corrigé ➲ p. 258

Travail à faire

Sous forme de tableau et à l'aide des annexes 1 à 4 (pages 238-240), pour chaque membre de l'équipe :

- relevez au moins deux points forts et deux points faibles de leur activité pour l'année N ;
- identifiez leur profil commercial ;
- fixez les deux priorités de formation à proposer lors de l'entretien annuel.

Deuxième partie — Réorganisation de l'équipe

Corrigé ➲ p. 259

Les postes vacants de la nouvelle organisation (annexe 5, page 241) sont à attribuer aux trois guichetiers.
Les propos du directeur général du Crédit Agricole de Franche-Comté sont présents dans votre mémoire : « Le passage de toutes les agences en agence conseil est une opportunité stratégique clé dans notre environnement concurrentiel. Pour notre personnel, c'est une mission nouvelle : celle de gérer et développer la relation client. Nos personnels en agence sont des commerciaux qui, désormais, vont adopter une démarche active en allant vers le client. C'est une force d'écoute, de stimulation, de conseil. L'homme occupe une place prépondérante parmi nos valeurs mutualistes, nos commerciaux sont les ambassadeurs de nos valeurs. »

Travail à faire

M. Bouvier vous demande d'effectuer les tâches suivantes.

1. Proposez l'attribution des postes vacants. Pour chaque poste, préparez trois raisons pour convaincre M. Bouvier et prévoyez une réaction possible des personnes concernées.
2. Construisez le plan de l'entretien annuel pour Cédric.

Annexe 1 Tableau de bord de l'activité des guichetiers de l'agence : année N

Légende :
O = objectifs — % R = taux de réalisation
R = réalisation — Nc = non communiqué

Vente de produits et services	Conseiller particuliers	Guichetier	Cédric			Fanny			Béatrice		
	Moyenne régionale	Moyenne régionale	O	R	% R	O	R	% R	O	R	% R
Banque au quotidien											
Ouverture compte	36	20	20	38	190 %	20	19	95 %	20	14	70 %
Dont compte jeunes (12-25 ans)	9	4	6	3	50 %	6	7	117 %	6	10	167 %
Cartes bancaires	36	24	24	42	175 %	24	21	88 %	24	14	58 %
Dont cartes internationales	18	12	12	38	317 %	12	14	117 %	12	8	67 %
Dont cartes à débit différé	12	6	6	35	583 %	6	6	100 %	6	2	33 %
Assurances cartes et chéquiers	36	30	30	17	57 %	30	29	97 %	30	39	130 %
Comptes services	18	10	10	30	300 %	10	10	100 %	10	3	30 %
% comptes ouverts	50 %	50 %	50 %	79 %	158 %	50 %	53 %	105 %	50 %	21 %	43 %
Abonnement banque à distance	48	26	32	22	69 %	32	33	103 %	32	25	78 %
Assurances voitures	12	0	0	0		0	2		0	3	
Assurances habitation	12	0	0			0	1		0	0	
Total banque au quotidien			**116**	**149**	**128 %**	**116**	**115**	**99 %**	**116**	**98**	**84 %**
Collecte épargne											
Livrets (tous confondus)	48	36	42	44	105 %	42	39	93 %	42	40	95 %
Virement permanent moyen livret	50 €	25 €	25 €	75 €	300 %	25 €	25 €	100 %	25 €	20 €	80 %
Compte épargne logement	24	12	16	24	150 %	16	17	106 %	16	17	106 %
Plan épargne logement	24	6	9	4	44 %	9	10	111 %	9	6	67 %
Assurance-vie	36	0	0	3		0	0		0	0	
PERP	12	6	6	5	83 %	6	2	33 %	6	0	0 %
Comptes titres	6	0	0	2		0	0		0		
PEA	6	0	0			0	0		0		
Total collecte épargne			**73**	**82**	**112 %**	**73**	**68**	**93 %**	**73**	**63**	**86 %**

...

...

Vente de produits et services	Conseiller particuliers	Guichetier	Cédric			Fanny			Béatrice		
	Moyenne régionale	Moyenne régionale	O	R	% R	O	R	% R	O	R	% R
Crédit											
Consommation	52	0	0	2		0	0		0	0	
Habitation	8	0	0	0		0	0		0	0	
Total crédit			0	2		0	0		0	0	
Autres indicateurs											
Prise de RDV pour un conseiller	Nc	260	286	100	35 %	286	286	100 %	286	324	113 %
Nombre moyen de connections à un compte client par heure	1	6	6	9	150 %	6	6	100 %	6	4	67 %
Taux rebond (vente à l'initiative du guichetier)	Nc	20 %	20 %	40 %	200 %	20 %	20 %	100 %	20 %	3 %	15 %
Taux de ventes annulées (dans les 6 mois)	1 %	2 %	2 %	42 %	2 100 %	2 %	2 %	100 %	2 %	0 %	0 %
Conquête de sociétaires	Nc	6	6	0	0 %	6	8	133 %	6	4	67 %

Annexe 2 ◘ Classement des challenges commerciaux pour l'année N

Période	Challenges	Cédric	Fanny	Béatrice
Janvier à mars	Prise de RDV pour les conseillers, campagne financement immobilier (l'indicateur est le RDV réalisé et non le RDV obtenu)	N° 128 régional (malgré la 2e place pour le nombre de RDV)	N° 21 régional	N° 88 régional
Février à mai	Campagne collecte épargne liquide	N° 65 régional	N° 15 régional	N° 35 régional
Juin	Campagne assurance moyen de paiement	N° 140 régional	N° 25 régional	N° 5 régional
Juillet	Campagne compte services	N° 1 régional	N° 28 régional	N° 12 régional
Septembre et octobre	Campagne jeunes (prêt étudiant et comptes jeunes)	N° 95 régional	N° 35 régional	N° 2 régional
Décembre	Prise de RDV pour les conseillers campagne assurances voiture/habitation	N° 45 régional	N° 12 régional	N° 15 régional

Annexe 3 ○ Résultats de l'enquête de satisfaction réalisée en N auprès des clients de l'agence (résultats obtenus auprès de 465 clients)

	Cédric	Fanny	Béatrice
Taux de clients satisfaits	28 %	72 %	89 %
Taux de clients insatisfaits	32 %	18 %	6 %
Ne se prononce pas	40 %	10 %	5 %
Conseil cité le plus fréquemment par les clients	Être chaleureux	Être plus disponible	Être plus rapide

Source : Documentation interne de Crédit Agricole de Franche-Comté, 2005.

Annexe 4 ○ Extraits des entretiens annuels N – 1 des membres de l'agence

Nom : DUBOIS Cédric **Adresse : 30 chemin des Jardins** **25000 BESANÇON**	**Tél. dom. :** 03 81 25 46 43 **Tél. portable :** 06 25 33 98 33 **Date naissance :** 20/05/N – 23	**Date d'entrée au CAFC :** septembre N – 2 **Formation :** DEUG GEA Formation commerciale

Entretien annuel N – 1 :
En quelques mots : intégration rapide dans la fonction de guichetier, aisance avec les nouvelles technologies.
Objectifs N : intégration et travail en équipe au sein de l'agence sont à développer.
Évolution de carrière souhaitée par l'employé : devenir très rapidement conseiller particuliers.
Formations à entreprendre en N : travail en équipe, accueil téléphonique, développer son sens commercial…

Nom : MARTIN Fanny **Adresse : 10 rue de la République** **25000 BESANÇON**	**Tél. dom. :** 03 81 55 16 23 **Tél. portable :** 06 35 83 11 32 **Date naissance :** 20/05/N – 35	**Date d'entrée au CAFC :** septembre N – 12 **Formation :** BTS Force de vente

Entretien annuel N – 1 :
En quelques mots : bonne maîtrise des produits et services de l'entreprise. Un pilier de l'agence.
Objectifs N : acquérir les compétences sur les crédits.
Évolution de carrière souhaitée par l'employé : devenir rapidement conseiller particuliers.
Formations à entreprendre en N : crédits consommation, crédits immobiliers, gestion des risques, etc.

Nom : GERIN Béatrice **Adresse : 3 rue du Square** **25000 BESANÇON**	**Tél. dom. :** 03 81 58 06 93 **Tél. portable :** 06 55 44 13 39 **Date naissance :** 14/11/N – 23	**Date d'entrée au CAFC :** septembre N – 5 **Formation :** Bac Pro Services

Entretien annuel N – 1 :
En quelques mots : bonne relation avec les clients et l'équipe. Qualité et sûreté du travail.
Objectifs N : accroître la productivité par le rythme de travail.
Évolution de carrière souhaitée par l'employé : devenir rapidement conseiller particuliers.
Formations à entreprendre en N : pratique du logiciel de gestion de clientèle, banque à distance, etc.

Annexe 5 ○ Organisation actuelle et future de l'agence

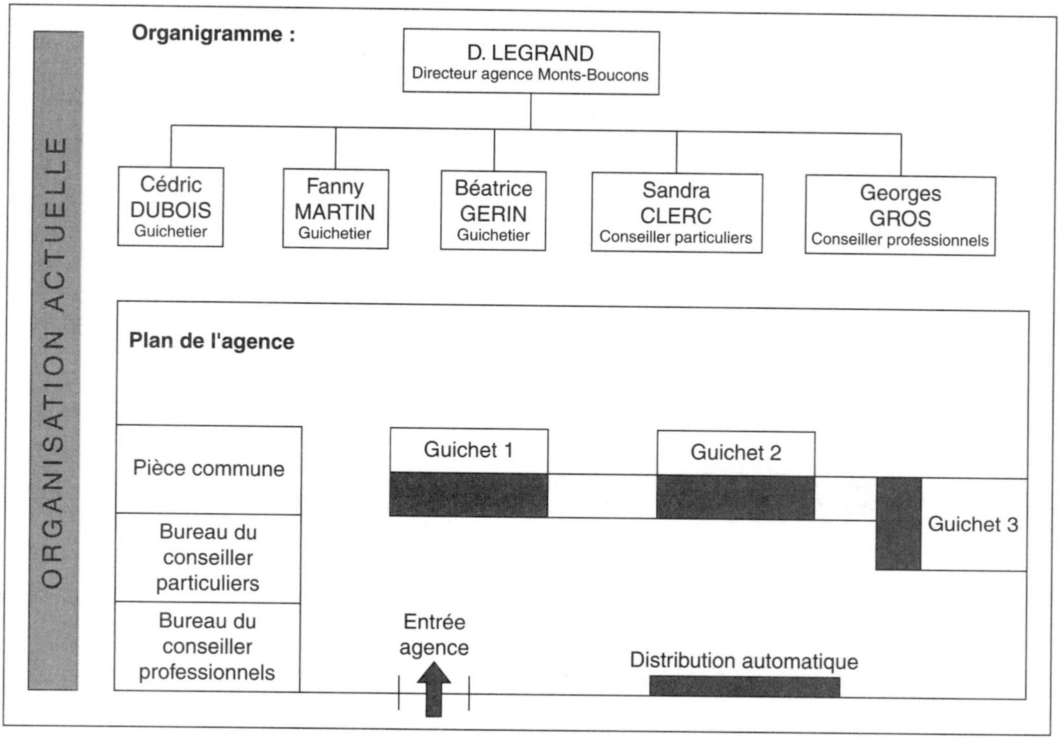

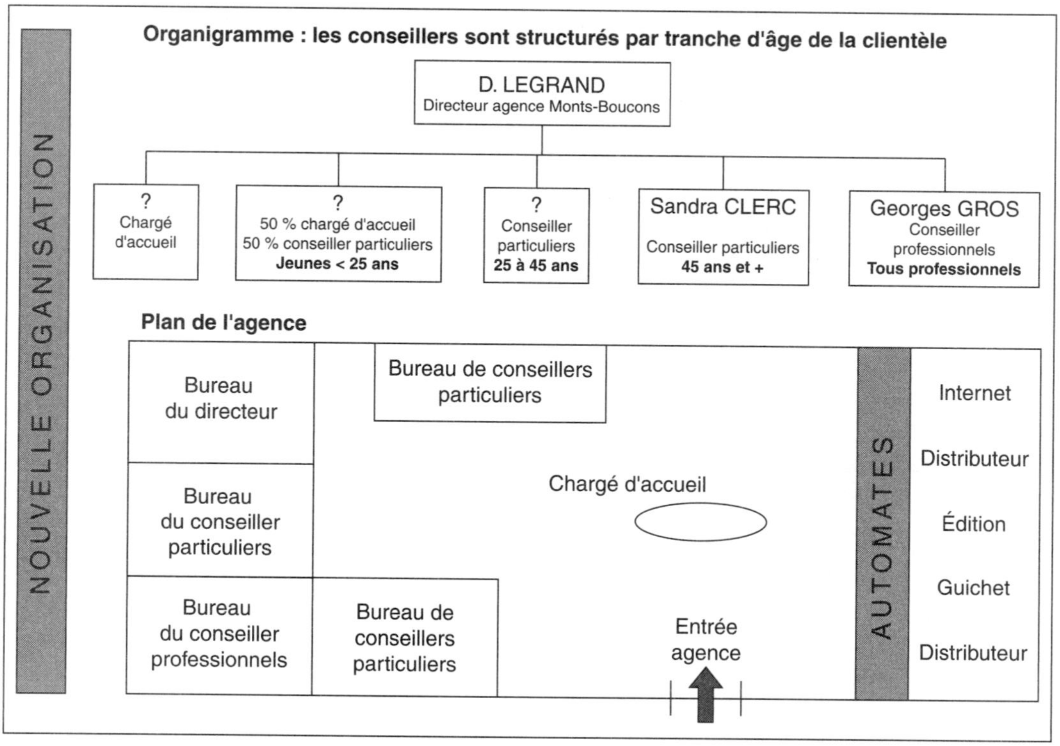

Minicas 1. André

Première partie – Calcul du prix de vente par la méthode des coûts > p. 221

Prix du service Pack Performance et montant de la cotisation annuelle

• Coût du service Pack Performance (éléments pris individuellement)

Carte bancaire	113 €
Assurance	10 €
Retraits dans d'autres banques	(2 × 1 €) × 12[1]
Frais d'envoi de chéquiers	3,50 € × 3
Deux extraits par mois	1,50 € × 12
Consultation des comptes par Internet	1 € × 52
Frais de retrait au guichet	2,50 × 2 × 12
Total	287,50 € par an

1. 1er retrait gratuit, les 2e et 3e sont facturés 1 € pièce.

• Prix de revient du pack (en €)

Coût de revient moyen d'un compte courant	59,00
Coût de revient des assurances	4,00
Coût de revient des retraits extérieurs	9,00
Coût de revient des connexions Internet	5,00
Coût de revient de l'envoi de chéquiers	4,00
Coût de revient d'une carte bancaire	56,00
Total	**137,00**

• Prix de vente (en €)

Prix de revient	137,00
Marge	26,00
Prix de vente	**163,00**

Deuxième partie – Calcul du prix de vente par la méthode du prix psychologique > p. 221

1. Prix du pack par la méthode du prix psychologique

Prix de vente	Trouvent qu' au-dessus de ce prix le produit est trop cher	%	% cumulé Q1	Trouvent qu'en dessous de ce prix le produit est trop bon marché	%	% cumulé Q2	% acheteurs potentiels
150 €	–	0,000	0,000	10	0,995	100,000	–
160 €	10	0,995	0,995	31	3,085	99,005	–

...

…

Prix de vente	Trouvent qu' au-dessus de ce prix le produit est trop cher	%	% cumulé Q1	Trouvent qu'en dessous de ce prix le produit est trop bon marché	%	% cumulé Q2	% acheteurs potentiels
170 €	22	2,189	3,184	37	3,682	95,920	0,90
180 €	34	3,383	6,567	101	10,050	92,239	1,19
190 €	26	2,587	9,154	157	15,622	82,189	8,66
200 €	30	2,985	12,139	142	14,129	66,567	21,29
210 €	31	3,085	15,224	123	12,239	52,438	32,34
220 €	22	2,189	17,413	109	10,846	40,199	42,39
230 €	34	3,383	20,796	81	8,060	29,353	49,85
240 €	78	7,761	28,557	48	4,776	21,294	**50,15**
250 €	91	9,055	37,612	41	4,080	16,517	45,87
260 €	102	10,149	47,761	44	4,378	12,438	39,80
270 €	117	11,642	59,403	33	3,284	8,060	32,54
280 €	124	12,338	71,741	20	1,990	4,776	23,48
290 €	128	12,736	84,478	16	1,592	2,786	12,74
300 €	106	10,547	95,025	9	0,896	1,194	3,78
310 €	35	3,483	98,507	3	0,299	0,299	1,19
320 €	15	1,493	100,000	–	–	0,000	–
	1 005	100,00		1 005	100,00		

Le prix psychologique est de 240 € par an. À ce prix, on touche le nombre maximal d'acheteurs potentiels, soit 50,15 %.

2. Limites de la méthode

Cette méthode de fixation des prix ne tient pas compte du coût de revient du produit. En effet, ici le calcul du prix par la méthode du prix psychologique est de 240 € alors que par la méthode des coûts, il est à 163 €. La méthode du prix psychologique n'est fondée que sur des intentions d'achat ; elle est très subjective.

Troisième partie – Calcul du seuil de rentabilité du Pack Performance ➲ p. 221

1. Seuil de rentabilité

Chiffres d'affaires = 210 × 8 200 = 1 722 000 €.

Frais fixes :

– personnel : 40 × 8 × 10 = 3 200 €.

– publicité : 3 000 €.

Frais variables : 10 × 8 200 = 82 000 €.

$$\text{Seuil de rentabilité} = \frac{CA \times FF}{M/CV} = \frac{1\,722\,000 \times 6\,200}{(1\,722\,000 - (10 \times 8\,200))} = 6\,510 \text{ clients.}$$

L'opération est rentable dès que l'on atteint 6 510 contrats.

2. Rentabilité de l'opération

Si 30 % des clients de l'agence achètent ce Pack, nous obtiendrons 2 460 clients. Or, pour être rentable, l'opération doit permettre de trouver 6 510 clients. L'opération n'est donc pas financièrement intéressante.

Minicas 2. Damoiseau

Première partie – Mise en place de l'opération commerciale ▸ p. 225

1. Commande des modèles pour l'opération spéciale

Modèles	Ventes avril N–1	Ventes prévisionnelles N[1]	Ventes hebdomadaires[2]	Ventes prévues pendant l'OP[3]	Commande
Bottes	20	22,0	5,50	16,50	17
Chaussures ville O homme	70	77,0	19,25	57,75	58
Chaussures ville O femme	65	71,5	17,88	53,63	54
Chaussures ville M homme	35	38,5	9,63	28,88	29
Chaussures ville M femme	45	49,5	12,38	37,13	38
Chaussures ville G enfant	70	77,0	19,25	57,75	58
Baskets N enfant	50	55,0	13,75	41,25	42
Baskets N homme	25	27,5	6,88	20,63	21
Baskets N femme	60	66,0	16,50	49,50	50
Baskets A homme	45	49,5	12,38	37,13	38
Baskets A femme	60	66,0	16,50	49,50	50
TOTAL					455

1. Progression de 10 %
2. Base 4 semaines par mois.
3. Ventes triplées.

2. Calcul du prix de vente des articles (taux de marge 40 %)

Modèles	Prix d'achat	Prix d'achat net[1]	Prix de vente HT[2]	Prix de vente TTC[3]
Bottes	30,00	25,50	35,70	42,84
Chaussures ville O homme	40,00	34,00	47,60	57,12
Chaussures ville O femme	38,00	32,30	45,22	54,26
Chaussures ville M homme	53,00	45,05	63,07	75,68
Chaussures ville M femme	55,00	46,75	65,45	78,54
Chaussures ville G enfant	37,00	31,45	44,03	52,84
Baskets N enfant	32,00	27,20	38,08	45,70
Baskets N homme	37,00	31,45	44,03	52,84
Baskets N femme	35,00	29,75	41,65	49,98
Baskets A homme	33,00	28,05	39,27	47,12
Baskets A femme	39,00	33,15	46,41	55,69

1. Prix d'achat net = prix d'achat – 15 % remise.
2. PV HT = PA HT × 1,40.
3. TVA 20 %.

3. Calcul du chiffre d'affaires du mois d'avril N

Modèles	Quantités vendues	Prix de vente TTC	Chiffre d'affaires OP
Bottes	17	42,84	728,28
Chaussures ville O homme	58	57,12	3 312,96
Chaussures ville O femme	54	54,26	2 930,04
Chaussures ville M homme	29	75,68	2 194,72
Chaussures ville M femme	38	78,54	2 984,52
Chaussures ville G enfant	58	52,84	3 064,72
Baskets N enfant	42	45,70	1 919,40
Baskets N Homme	21	52,84	1 109,64
Baskets N femme	50	49,98	2 499,00
Baskets A homme	38	47,12	1 790,56
Baskets A femme	50	55,69	2 784,50
TOTAL			25 318,34

Chiffre d'affaires prévisionnel hors OP	50 007,00
Chiffre d'affaires OP	25 318,34
Chiffre d'affaires réalisé en avril	**75 325,34**

Deuxième partie – Gestion du personnel ○ p. 225

1. Recrutement d'une personne

M. Damoiseau devrait embaucher un intérimaire pour une période d'une semaine ou une personne en contrat à durée déterminée.

Pour recruter cet intérimaire, plusieurs solutions sont possibles :
– une annonce dans la presse locale ;
– une affichette sur la porte du magasin ;
– l'ANPE ;
– l'agence d'intérim, cette dernière solution étant la plus pratique.

2. Rémunération de l'équipe en avril

• Pourcentage de ventes réalisé par l'équipe

Baskets homme	70 %
Baskets femme	80 %
Baskets enfant	100 %
Chaussures ville homme	85 %
Chaussures ville femme	75 %
Chaussures ville enfant	60 %
Pourcentage moyen	**78,33 %**

La commission sur les ventes sera donc de 0,2 %.

• Rémunération de l'équipe

	Delphine Blancart	Roger Pénot	Extra
Fixe	1 200,00	900,00	250[1]
Commission 0,2 %	150,48[2]	150,48	
Salaire du mois d'avril	**1 350,48**	**1 050,48**	**250,00**

1. 1 000 euros / 4 semaines. 2. 75 241,05 × 0,2 %.

Minicas 3. Blanpain

Première partie – Analyse du système de rémunération ○ p. 227

1. Avis sur le nouveau mode de rémunération

La prime vise un objectif quantitatif et non qualitatif. Elle a l'avantage d'être simple à calculer. Par contre, ce système de rémunération peut ne pas être suffisamment motivant pour les salariés : si l'objectif est facilement atteint, les ventes risquent de stagner puisque le salarié sera certain d'obtenir sa prime ; s'il est difficilement atteignable, le salarié ne sera pas motivé.

L'objectif de progression de chiffre d'affaires d'une année à l'autre est ici de 31 %, ce qui semble assez élevé, mais cette progression est envisageable dans la mesure où le chiffre d'affaires a progressé de 21,02 % entre N–1 et N (voir deuxième partie). Les salariés pourraient donc être motivés par ce chalenge.

2. Comparaison des deux systèmes de rémunération

– Commission de 5 % sur le chiffre d'affaires à atteindre = 225 000 × 0,05 = 11 250 €.
– Commission de 3 % sur le chiffre d'affaires à atteindre = 6 750 €.

Ancien système de rémunération	Nouveau système de rémunération
Commission : 11 250 / 4 = 2 812,50	Commission : 6 750 / 4 = 1 687,50
Prime : 0	Prime : 6 000 / 4 = 1 500
Fixe : 12 000	Fixe : 12 000
Total : 14 812,50	Total : 15 187,50

Dans le cas présent, si l'objectif de chiffre d'affaires est atteint, le salaire de chaque commercial sera plus élevé avec le nouveau système de rémunération, puisque le fixe ne changera pas, mais que la partie variable passera de 2 812,50 € à 3 187,50 €. Si l'objectif n'est pas atteint, les commerciaux seront par contre perdants avec le nouveau système.

Deuxième partie – Analyse des performances de l'entreprise ○ p. 227

1. Chiffre d'affaires net, résultat d'exploitation, résultat financier et résultat courant avant impôt

	N	N-1
Production vendue de biens	4 410 587,50	3 584 206,00
Production vendue de services	2 907 775,00	2 462 945,00
Chiffre d'affaires net	**7 318 362,50**	**6 047 151,00**
Production stockée	– 22 879,50	4 724,00
Subventions d'exploitation	411,00	29 465,50
Reprises sur amortissements et provisions	17 208,50	97 096,00
Autres produits	1 353,50	45 510,00
Produits d'exploitation	**7 314 456,00**	**6 223 946,50**
Achats de matières premières et approvisionnements	1 275 049,50	996 549,50
Variation de stocks	18 738,00	33 707,00
Autres achats et charges externes	1 566 032,50	1 394 247,50

...

...

Impôts, taxes et versements assimilés	243 471,00	191 677,50
Salaires et traitements	2 636 827,00	2 371 291,00
Charges sociales	1 087 166,00	959 966,00
Dotations aux amortissements sur immobilisations	157 402,50	136 446,00
Dotations aux provisions sur actif circulant	101 337,50	85 044,00
Autres charges	9 832,00	1 966,00
Charges d'exploitation	**7 095 856,00**	**6 170 894,50**
RÉSULTAT D'EXPLOITATION	**218 600,00**	**53 052,00**
Produits financiers de participation	184,00	294,00
Produits des autres valeurs mobilières	485,00	336,50
Autres intérêts	233,00	7 465,50
Reprises sur provisions	339,00	747,00
Différences positives de change	18,00	1 842,50
Produits financiers	**1 259,00**	**10 685,50**
Dotations financières aux amortissements		339,00
Intérêts et charges assimilées	34 143,50	37 648,50
Différences négatives de change	1 667,00	2 094,50
Charges financières	**35 810,50**	**40 082,00**
RÉSULTAT FINANCIER	**– 34 551,50**	**– 29 396,50**
RÉSULTAT COURANT AVANT IMPÔT	**184 048,50**	**23 655,50**

2. Analyse des résultats

Le chiffre d'affaires a progressé de 1 271 211 € de N–1 à N, ce qui est une bonne progression puisqu'elle s'élève à 21,02 %. Pendant la même période, les charges ont progressé de 14,99 % alors que les produits ont augmenté de 17,52 %. Le résultat d'exploitation a plus que quadruplé, ce qui est une performance remarquable, liée à l'accroissement du chiffre d'affaires, à la diminution de la production stockée et à la progression raisonnable des charges. Le résultat net comptable, quant à lui, a été multiplié par presque 8.
L'entreprise est donc en parfaite santé.

Minicas 4. Furnon

Première partie – Analyse financière ○ p. 229

1. FRNG, BFR et trésorerie nette

• Bilan fonctionnel de l'unité commerciale Furnon au 31/12/N–1

Actif	Montants	Passif	Montants
Emplois stables		**Ressources stables**	
Immobilisations incorporelles	0	Capitaux propres	462 500
Immobilisations corporelles	821 500	Amortissements et provisions	97 000
Immobilisations financières	0	Dettes financières stables	151 000
Total emplois stables	**821 500**	**Total ressources stables**	**710 500**
Actif circulant		**Passif circulant**	
Stocks	240 000		
Créances d'exploitation	60 000	Dettes d'exploitation	571 000
Total actif circulant	**300 000**	**Total passif circulant**	**571 000**
Trésorerie actif	**160 000**	**Trésorerie passif**	**0**
Total général	**1 281 500**	**Total général**	**1 281 500**

• Bilan fonctionnel de l'unité commerciale Furnon au 31/12/N

Actif	Montants	Passif	Montants
Emplois stables		**Ressources stables**	
Immobilisations incorporelles	0	Capitaux propres	540 000
Immobilisations corporelles	851 000	Amortissements et provisions	139 800
Immobilisations financières	0	Dettes financières stables	195 400
Total emplois stables	**851 000**	**Total ressources stables**	**875 200**
Actif circulant		**Passif circulant**	
Stocks	226 400		
Créances d'exploitation	173 900	Dettes d'exploitation	786 590
Total actif circulant	**400 300**	**Total passif circulant**	**786 590**
Trésorerie actif	**410 490**	**Trésorerie passif**	**0**
Total général	**1 661 790**	**Total général**	**1 661 790**

• **Calcul du FRNG, du BFR et de la trésorerie nette**

– Exercice N–1 :
FRNG = ressources stables – actifs stables.
FRNG = 710 500 – 821 500 = – 111 000.
Le FRNG est négatif : les ressources stables ne financent pas les emplois stables.

BFR = actifs circulants – passifs circulants.
BFR = 300 000 – 571 000 = – 271 000.
Le BFR est négatif. L'unité commerciale a un excédent de financement, elle dégage davantage de ressources que de besoins. L'unité commerciale est en situation favorable.

La trésorerie nette se détermine en faisant la relation entre FRNG et BFR.
TN = FRNG – BFR : TN = – 111 000 – (– 271 000) = 160 000.
La trésorerie est positive, ce qui est signe de bonne santé financière. L'unité commerciale dispose donc de disponibilités.

– **Exercice N :**
FRNG = ressources stables – actifs stables.
FRNG = 875 200 – 851 000 = 24 200.
Le FRNG est positif : les ressources stables financent les emplois stables. Le FRNG s'est amélioré par rapport à N–1.

BFR = actifs circulants – passifs circulants.
BFR = 400 300 – 786 590 = – 386 290.
Le BFR est négatif. L'unité commerciale a un excédent de financement, elle dégage davantage de ressources que de besoins. La situation de l'unité commerciale s'est encore améliorée.

La trésorerie nette se détermine en faisant la relation entre FRNG et BFR.
TN = FRNG – BFR.
TN = 24 200 – (– 386 290) = 410 490.
La trésorerie est positive, ce qui est signe de bonne santé financière. L'unité commerciale dispose donc de disponibilités.

2. Calcul de la CAF

CAF = résultat + dotations aux amortissements et provisions – reprises.
CAF exercice N–1 = 12 500 + 97 000 = 109 500.
CAF exercice N = 90 000 + 139 800 = 229 800.

3. Calcul de la marge et du taux de marque

• Marge
Marge = ventes – achats de marchandises + ou – variation des stocks.
Marge N–1 = 4 411 901 – (2 945 670 + 23 450) = 1 442 781.
Marge N = 5 002 710 – (3 351 400 + 13 600) = 1 637 710.

• Taux de marque
Taux de marque = (marge commerciale / ventes) × 100.
Taux de marque N–1 = (1 442 781 / 4 411 901) × 100 = 32,70 %.
Taux de marque N = (1 637 710 / 5 002 710) × 100 = 32,73 %.

4. Calculs des ratios de rotation

• Exercice N–1
– Durée moyenne des crédits accordés aux clients = (créances clients / CA TTC annuel) × 360 = (15 000 / 4 411 901 × 1,20) × 360 = 1,019 jour. Les clients effectuent leurs règlements à 1 jour en moyenne, les clients paient donc comptant, ce qui est logique dans la distribution. Il faut que la durée soit la plus courte possible et inférieure à 90 jours.

– Durée moyenne des crédits fournisseurs = (dettes fournisseurs / achats TTC annuels) × 360 = (550 000 / 2 945 670 × 1,20) × 360 = 56,01 soit 56 jours. L'unité commerciale paie ses fournisseurs au bout de 56 jours.

– Durée moyenne de stockage en jours = (stock moyen / coût d'achat des marchandises vendues) × 360.
Stock moyen = (stock initial + stock final) / 2.
Si on ne dispose pas du stock initial, c'est la valeur du stock (final) figurant au bilan qui est le stock moyen.
Coût d'achat des marchandises vendues = achats HT + stock initial – stock final.
Si on ne dispose pas de ces éléments, on prendra les achats HT figurant en annexe.
Durée moyenne de stockage = [251 725 / (2 945 670 + 23 450)] × 360 = 30,52 soit 31 jours.
Les stocks restent en moyenne 31 jours dans l'entreprise avant d'être vendus. Il faut que la durée de stockage soit la plus courte possible : l'unité commerciale aura ainsi moins de besoins en fonds de roulement.

• **Exercice N**

– Durée moyenne des crédits accordés aux clients = (92 600 / 5 002 710 × 1,20) × 360 = 5,55 jours. Les clients effectuent leurs règlements à 6 jours en moyenne, ils paient donc dans un délai très court, ce qui est logique dans la distribution. Il faut que la durée soit la plus courte possible et inférieure à 90 jours.

– Durée moyenne des crédits fournisseurs = (770 890 / 3 351 400 × 1,20) × 360 = 69,00 soit 69 jours. L'unité commerciale paie ses fournisseurs au bout de 69 jours.

– Durée moyenne de stockage en jours = [233 200 / (3 351 400 + 13 600)] × 360 = 24,95 soit 25 jours. Les stocks restent en moyenne 25 jours dans l'entreprise avant d'être vendus. Il faut que la durée de stockage soit la plus courte possible : l'unité commerciale aura ainsi moins de besoins en fonds de roulement.

5. Analyse de la situation financière de l'unité commerciale

Globalement, la situation de l'unité commerciale est satisfaisante. Le FRNG est devenu positif en N, ce qui signifie que les immobilisations sont maintenant correctement financées par des capitaux stables. Le BFR est négatif, ce qui place l'UC dans une situation favorable : elle dispose en effet de ressources de financement. La durée de stockage est inférieure à la durée de crédit fournisseur. Il convient de rappeler qu'il s'agit d'une entreprise de distribution et qu'il est normal que la durée moyenne des crédits clients soit inférieure à la durée moyenne des crédits fournisseurs. Ici, la durée des crédits clients est de 6 jours (N), ce qui est court, et les fournisseurs sont payés à 69 jours (N). L'UC a réussi à obtenir des délais plus longs de ses fournisseurs et à diminuer la durée de stockage. La trésorerie est très satisfaisante : l'UC dispose de 410 490 €. Elle n'a aucune difficulté de trésorerie et pourra donc se passer des concours bancaires (découverts ou facilités de caisse). La CAF est suffisante pour envisager de financer des investissements.
L'unité commerciale Furnon pourra continuer à se développer et à effectuer les investissements prévus.

Deuxième partie – Recrutement du nouveau chef de secteur ○ p. 229

1. Annonce de recrutement

FURNON est un magasin implanté à Beauvais (60), spécialisé dans la distribution des appareils ménagers. Il propose à ses clients un vaste choix de produits blancs, produits bruns et produits gris, un SAV très performant qui est devenu une référence dans la région.
Dans le cadre de son expansion et pour l'ouverture de son nouveau magasin à Amiens,
FURNON recrute un

Chef de secteur
Produits Blanc

Rattaché(e) au directeur de magasin, vous êtes responsable dans votre secteur de :
• l'animation de votre équipe commerciale ;
• la gestion de vos ressources et de leur développement ;
• la tenue de votre compte d'exploitation.

De niveau bac +2 à bac +5 en commerce ou gestion, vous justifiez d'une expérience professionnelle réussie dans la vente. Idéalement, vous avez déjà managé une équipe.
Vous êtes passionné par le commerce, le service aux clients et le management.
Vous savez prendre des initiatives et avez le sens des responsabilités.

Rejoignez-nous !
Envoyez votre candidature à FURNON, M. Duroc, 45 rue du Maréchal Foch, 80100 Amiens.

2. Support(s) à retenir

Le magasin Furnon se situe à Amiens dans la Somme (80).
Il faut donc choisir en priorité un support diffusé dans cette région.
Le Courrier picard est le plus adapté car sa couverture géographique permettra non seulement de toucher le département de la Somme mais aussi les départements de l'Oise et partiellement de l'Aisne. De plus, il correspond au budget de M. Duroc.

3. Questions à poser au candidat

– Pouvez-vous vous présenter ?
– Parlez-nous de vos formations.
– Pour quelles raisons avez-vous opté pour cette filière ?
– Qu'en est-il de vos expériences précédentes ?
– Que vous ont-elles apporté ?
– Êtes-vous capable d'animer une équipe commerciale ?
– Quel était votre niveau de responsabilité sur le(s) poste(s) précédent(s) ?
– Quels sont vos points forts et vos points faibles ?
– Comment comprenez-vous le poste de chef de secteur ?
– Quelles sont à votre avis les qualités nécessaires pour réussir dans ce poste ?
– Quelles sont vos ambitions ?
– Avez-vous des questions ?

4. Évaluation du coût du recrutement

Coût de l'insertion de l'annonce = 1 111 €.
Coût de la prestation Job expert = 2 000 €.
Charges de personnel consacrées au recrutement = 850 €.
Formation du nouveau chef de secteur = 2 000 €.
Total = 5 961 €.

Minicas 5. Phone Exe

Première partie – Tableau de bord et rentabilité ○ p. 233

1. Tableau de bord de l'unité commerciale Phone Exe

	CA prévu	CA réalisé	Achats prévus	Achats réalisés	Marge prévue	Marge réalisée	Écart
Portables avec abt	3 900 000	4 127 500	2 250 000	2 800 000	1 650 000	1 327 500	– 322 500
Portables sans abt	2 500 000	2 222 500	2 100 000	1 900 000	400 000	322 500	– 77 500
Total	6 400 000	6 350 000	4 350 000	4 900 000	2 050 000	1 650 000	– 400 000

Marge prévue = 3 900 000 – 2 250 000 = 1 650 000 €.
Marge réalisée = 4 127 500 – 2 800 000 = 1 327 500 €.
Écart = 1 650 000 – 1 327 500 = 322 500 €.

2. Indicateurs significatifs et commentaire

Les indicateurs significatifs à calculer sont la marge, le taux de marge, le taux de marque et le coefficient multiplicateur.

• Marge
Voir tableau ci-dessus.

• Taux de marge
Taux de marge = (marge / prix d'achat HT) × 100.
Portables avec abonnement : (1 327 500 / 2 800 000) × 100 = 47,42 %.
Portables sans abonnement : (322 500 / 1 900 000) × 100 = 16,97 %.

• Taux de marque
Taux de marque = (marge / prix de vente HT) × 100.
Portables avec abonnement : (1 327 500 / 4 127 500) × 100 = 32,16 %.
Portables sans abonnement : (322 500 / 2 222 500) × 100 = 14,51 %.

• Coefficient multiplicateur
Coefficient multiplicateur = 1 + taux de TVA / 1 – taux de marque.
Portables avec abonnement = 1,20 / 1 – 0,3216 = 1,7688.
Portables sans abonnement = 1,20 / 1 – 0,1451 = 1,4036.

• Commentaire
L'objectif de CA a été dépassé pour les portables avec abonnement mais l'écart sur marge est négatif et les achats ont été plus importants que prévus. Les tarifs pratiqués sont certainement trop faibles et l'UC pourrait les augmenter ou revoir sa politique d'achat.
En revanche, pour les portables sans abonnement, l'objectif de CA n'a pas été atteint et l'écart sur marge est négatif. Les prix pratiqués sont trop élevés et n'incitent pas les clients à acheter.

3. Marge sur coût variable (M/CV), taux de marge sur coût variable (TM/CV) et résultat pour l'ensemble des activités

Compte de résultat différentiel pour les deux secteurs d'activité

Éléments	Calculs	Taux
Chiffre d'affaires	6 350 000	100 %
Achats	– 4 700 000	
Charges variables : 1 150 000 × 0,30	– 345 000	
Marge sur coût variable	= 1 305 000	20,55 %
Charges fixes	– 805 000	
Résultat	= 500 000	7,87 %

Taux de marge sur coût variable = (1 305 000 / 6 350 000) × 100 = 20,55 %.

4. Seuil de rentabilité et point mort

Seuil de rentabilité = charges fixes / TM/CV = 805 000 / 0,2055 = 3 917 274,90 €.
Point mort = (SR / CA) × 12 = (3 917 274,90 / 6 350 000) × 12 = 7,4 soit 0,4 × 30 = 12, donc le 12 août N.

5. M/CV, TM/CV et résultat

• **Compte de résultat différentiel pour le secteur avec abonnement**

Éléments	Calculs	Taux
Chiffre d'affaires	4 127 500	100 %
Achats	– 2 800 000	
Charges variables : 345 000 × 0,65	– 224 250	
Marge sur coût variable	= 1 103 250	26,73 %
Charges fixes : 805 000 / 2	– 402 500	
Résultat : bénéfice	= 700 750	16,98 %

• **Compte de résultat différentiel pour le secteur sans abonnement**

Éléments	Calculs	Taux
Chiffre d'affaires	2 222 500	100 %
Achats	– 1 900 000	
Charges variables : 345 000 × 0,35	– 120 750	
Marge sur coût variable	= 201 750	9,08 %
Charges fixes : 805 000 / 2	– 402 500	
Résultat : perte	= – 200 750	– 9,03 %

• **Note de synthèse**

On constate que l'UC a un résultat global positif (500 000 €) mais le secteur sans abonnement est déficitaire (– 200 750). Les raisons de ce mauvais résultat sont peut-être les suivantes :
– la répartition arbitraire des charges fixes (50 % pour chaque secteur) sans une étude plus approfondie ;
– les tarifs pour le secteur sans abonnement sont à revoir ;
– les produits ne sont pas suffisamment mis en valeur.

6. M/CV, TM/CV et résultat pour l'activité portables sans abonnement

Compte de résultat différentiel après modifications pour le secteur sans abonnement

Éléments	Calculs	Taux
Chiffre d'affaires : 2 222 500 × 1,15	2 555 875	100 %
Achats 1 900 000 × 1,10	– 2 090 000	
Charges variables : 120 750 × 1,10	– 132 825	
Marge sur coût variable	= 333 050	13,03 %
Charges fixes : 250 000 + 50 000	– 300 000	
Résultat : bénéfice	= 33 050	1,29 %

Après avoir effectué les modifications souhaitées par le manageur, l'activité sans abonnement est enfin rentable : le bénéfice est de 33 050 €, la marge sur coût variable est plus grande et le taux de rentabilité est positif (1,29 %). Même si le résultat n'est pas encore extraordinaire, il faut souligner qu'il est passé de – 200 750 € à 33 050 €, soit un gain de 233 800 €. Il fallait donc modifier les structures de ce secteur afin de ne pas handicaper l'UC et laisser au seul secteur avec abonnement le soin d'assurer sa rentabilité globale.

Deuxième partie – La conduite de projet ○ p. 233

1. Ordonnancement des tâches (réseau Pert)

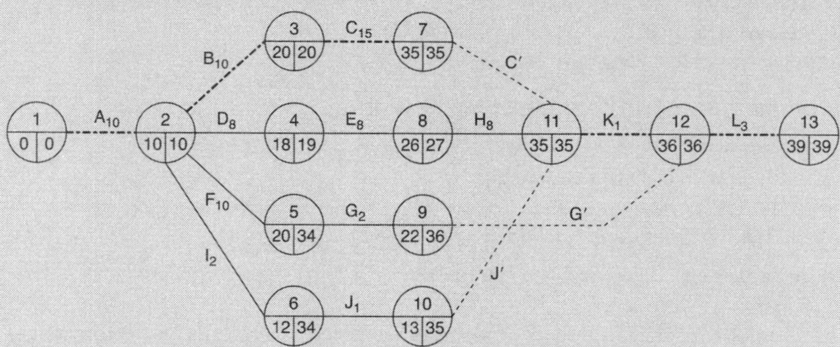

39 jours sont nécessaires pour organiser l'opération commerciale.

2. Tâches pour lesquelles un retard est à éviter

Les tâches pour lesquelles les marges de flottement sont nulles sont appelées « tâches critiques ». Pour celles-ci, le moindre retard entraîne un retard sur l'ensemble du projet.
Ici, le chemin critique passe par les tâches A, B, C, K, L.

3. Contenu de la formation

La formation dispensée aux vendeurs comprendra :
– la présentation de l'opération commerciale (contexte, enjeux...) ;
– la présentation du nouveau produit ;
– la démonstration, l'appropriation du produit par les vendeurs (apprentissage des différentes fonctions) ;
– la présentation de l'argumentaire de vente (analyse, réflexion sur les objections possibles...) ;
– la mise en place de jeux de rôles.
M. Saxo doit profiter de cette formation pour motiver l'équipe et lui insuffler l'envie de se dépasser sur cette opération commerciale.

Minicas 6. Bouquinstar

Première partie – La conduite de réunion managériale ◉ p. 235

1. Plan de la réunion

- Accueil des participants.
- Ordre du jour : animation commerciale autour du livre-jeu :
  - objectifs :
    - ◆ présentation du livre jeu,
    - ◆ présentation de l'animation commerciale (tombola),
    - ◆ présentation du chalenge ;
  - répartition des rôles de chacun des vendeurs (mise en place de l'animation, récolte des bulletins de tombola...) ;
  - présentation des objectifs de vente ;
  - parole aux collaborateurs (écoute des réactions et des propositions) ;
  - réponses aux interrogations ;
  - validation du projet ;
  - synthèse des points importants.
- Conclusion de la réunion, remerciements...

Suivi : mise en place d'un compte-rendu.

2. Récompenses susceptibles de motiver l'équipe

On peut imaginer :
- des bons d'achat à utiliser dans le magasin ;
- des invitations à un spectacle ;
- une prime spéciale anniversaire.

3. Suivi des performances de l'équipe et motivation

- **Suivi des performances :**

- suivi des résultats à partir d'un tableau de bord ;
- calcul d'indicateurs de performance ;
- suivi sur le terrain auprès des vendeurs.

- **Motivation de l'équipe :**

- *briefing* journalier ;
- réunions hebdomadaires de l'équipe destinées à présenter aux vendeurs les performances du département Jeunesse pour la semaine écoulée ;
- entretien mensuel avec chaque vendeur.

Deuxième partie – Charges indirectes, analyse des coûts ◉ p. 235

1. Tableau de répartition des charges indirectes (annexe 2 complétée)

	Approvisionnement	Distribution
Totaux répartition secondaire	8 000	6 552
Unités d'œuvre	Nombre de livres achetés	10 € de CA
Nombre d'unités d'œuvre	4 000	8 736
Coût de l'unité d'œuvre	2 €	0,75 €

Calcul de l'unité d'œuvre pour le centre Distribution : 4 200 × 20,80 € = 87 360.
87 360 / 10 (pour 10 € de CA) = 8 736.

2. Calcul des coûts d'achat et de revient, fiche de stock

• **Coût d'achat des livres + CD**

Éléments	Quantité	Prix unitaire	Montant total
Achats	4 000	11	44 000
Centre Approvisionnement	4 000	2	8 000
Coût d'achat	**4 000**	**13**	**52 000**

Coût d'achat unitaire des livres + CD : 52 000 / 4 000 = 13 €.

• **Fiche de stock des livres + CD**

Éléments	Qté	PU	Montant	Éléments	Qté	PU	Montant
SI	500		5 375	Ventes	4 200	12,75	53 550
Achats	4 000	13	52 000	SF	300	12,75	3 825
	4 500	12,75	57 375		4 500	12,75	57 375

CMUP = 57 375 / 4 500 = 12,75 €.

• **Coût de revient des livres + CD**

Éléments	Quantité	Prix unitaire	Montant total
Coût d'achat des marchandises vendues	4 200	12,75	53 550
Charges directes : – commission aux commerciaux – frais d'expédition – frais de marchandisage – commerciaux partie fixe	 4 200	 87 360 × 0,05 0,75	 4 368 3 150 3 150 6 300
Charges indirectes : – centre Distribution	6 552	0,75	6 552
Coût de revient	**4 200**	**18,35**	**77 070**

Coût de revient unitaire = 77 070 / 4 200 = 18,35 €.

3. Calcul du résultat

Résultat des livres + CD

Éléments	Quantité	Prix unitaire	Montant total
Chiffre d'affaires	4 200	20,80	87 360
Coût de revient	4 200	18,35	77 070
Résultat	**4 200**	**2,45**	**10 290**

L'unité commerciale réalise un bénéfice de 2,45 € par livre vendu.

4. Intérêt pour le manageur de connaître le coût de revient

Il est important de déterminer le coût de revient afin de ne pas fixer le prix de vente en dessous de ce coût, de manière à réaliser des bénéfices. L'unité commerciale ne doit pas commercialiser son livre-CD en dessous de 18,35 €.

Minicas 7. Crédit Agricole

Première partie – Analyse de l'activité de l'équipe de guichetiers p. 237

Tableau d'analyse

	Cédric	Fanny	Béatrice
Points forts	– Les taux de 300 % et plus pour les cartes internationales, cartes à débit différé et les comptes services. – « L'agressivité commerciale » dès qu'elle sera maîtrisée.	– Régularité des taux réalisation. – Réalisation des objectifs.	– Le taux de ventes annulées (0 %). – La cible des jeunes. – 130 % assurances cartes et chéquiers.
Points faibles	– Les résultats corrigés des ventes annulées (taux d'annulation des ventes de 2 100 %), soit dernier vendeur. – Les taux faibles : assurances cartes, banque à distance, PEL. – Des prises de risques non conformes : crédit consommation ; nombre de cartes à débit différé, etc. – Prise de RDV pour les conseillers.	– Les taux semblent satisfaisants mais les totaux des ventes sont inférieurs aux objectifs. – Le taux de réalisation 33 % sur le PERP. – Se contente de l'atteinte de l'objectif.	– Les ventes en dessous des objectifs. – Les taux de réalisation sur les cartes. – 0 % de réalisation sur le PERP.
Profil	– De la quantité et non de la qualité. – Vente forcée. – Non-respect des contraintes. – Du volume au détriment de l'image et de la rentabilité. – Travaille trop vite. – Ne travaille pas en équipe. – Sélectionne les produits qu'il vend.	– De la régularité et de la productivité. – Travaille par objectif. – Se contente de l'objectif ? – Forte appartenance à l'entreprise (taux sociétaire).	– De la sécurité. – Manque de confiance en soi. – Connaissance insuffisante des produits. – Dimension oblative. – Passe bien auprès des jeunes. – Méthodique. – Sécuritaire (préfère ne pas vendre plutôt que vendre par « erreur »)
Moteur de la motivation	Être n° 1 (ou argent).	Être aux objectifs.	Ne pas se tromper.
Besoin de formation	– Au marketing. – À l'écoute / découverte du client. – Au relationnel.	– Le PERP. – Le défi du commercial. – La gestion du temps.	– Formation au produit. – Conclure la vente. – Atteindre ses objectifs.

Deuxième partie – Réorganisation de l'équipe ➲ p. 237

1. Attribution des postes vacants et arguments

• Conseiller particuliers (25 à 45 ans) : Fanny
Arguments : valeur sûre, atteinte régulière des objectifs, pilier de l'agence, bonne maîtrise des produits et services de l'entreprise.

• Demi-poste de conseiller particuliers (jeunes < 25 ans) et chargé d'accueil : Béatrice
Arguments : excellent contact avec les jeunes, satisfaction de la clientèle, valeur montante, jeune dans le poste (devrait basculer conseiller à temps plein rapidement).
Formation recommandée sur les techniques de développement personnel.

• Chargé d'accueil : Cédric
Arguments : trop de risque actuellement vis-à-vis de la clientèle, besoin de fiabiliser les ventes, jeune dans le poste, doit développer ses compétences.
Formation recommandée en relationnel client.

• Réactions possibles :
– Fanny : « Je vous remercie » ; « Je vais être augmentée ? »
– Béatrice : « Conseiller ! Ce n'est pas un peu trop tôt ? » ; « Pourquoi moi ? » ; « Je vais être augmentée ? »
– Cédric : « Je démissionne ! » ; « J'ai les meilleurs résultats. » ; « Je ne suis pas récompensé de mes efforts ! »

2. Plan d'entretien annuel pour Cédric

– Écoute
1) Parole à Cédric pour son bilan et son autoévaluation

– Diagnostic
2) Analyse des chiffres
3) Les attentes de l'entreprise

– Solutions envisageables
4) Les propositions et les besoins émanant de Cédric
5) Les propositions de l'entreprise

– Accords
6) Accords des deux parties et reformulation

BTS Management des unités commerciales

D'après l'épreuve E4 : Management et gestion des unités commerciales – Session 2013

Durée de l'épreuve : 5 heures **Coefficient : 4**

Dossier 1 : Les performances du drive	(24 points)
Dossier 2 : Le management de l'équipe des préparateurs de commandes	(26 points)
Dossier 3 : La préparation d'une opération promotionnelle	(25 points)
Forme	(5 points)

Chronodrive

chronodrive.com
LES COURSES FAITES POUR VOUS !

L'enseigne Chronodrive.COM a été créée par Ludovic Duprez et Martin Toulemonde en 2004. Auchan détient 100 % du capital de cette société.
Chronodrive est le pionnier du concept de drive alimentaire en France. Le client commande sur Internet et prend livraison de la commande dans un magasin de l'enseigne. Les achats sont déposés dans le coffre de la voiture du client. Le service est gratuit.
Chronodrive s'engage sur :
– le choix et le prix : 9 000 références, des grandes marques nationales, des premiers prix et des produits de marque Auchan ;
– la qualité et la fraîcheur : des contrôles qualité sont assurés jusqu'au chargement dans le coffre ;
– la commande facile sur le site www.chronodrive.com ;
– la rapidité du service.
Fin 2012, l'enseigne compte 45 magasins répartis sur toute la France. Plusieurs ouvertures sont prévues en 2013.
Le magasin Chronodrive de Brie-Comte-Robert (Seine-et-Marne) a été créé en septembre 2009. Le directeur, M. Julien Maquaire, vous propose de travailler sur trois dossiers :
– **Dossier 1** – Les performances du drive
– **Dossier 2** – Le management de l'équipe des préparateurs de commandes
– **Dossier 3** – La préparation d'une opération promotionnelle

Bien qu'inspirées d'un cas réel, pour des raisons de confidentialité et de simplification, les données chiffrées et les mises en situation sont fictives.

Dossier 1 – Les performances du drive

M. Julien Maquaire vous demande d'étudier les performances commerciales de la semaine 12.

Travail à faire

À partir des annexes 1 à 7 (pp. 264 à 267) :

1. Construisez et complétez un tableau de bord pour les deux magasins Chronodrive en utilisant les indicateurs que vous jugerez pertinents.
2. Analysez les performances commerciales du magasin Chronodrive de Brie-Comte-Robert. Comparez les performances du magasin de Brie-Comte-Robert avec celles de Saint-André-les-Vergers.

M. Julien Maquaire souhaite approfondir l'analyse de la semaine 12 en utilisant des indicateurs de qualité de service et d'efficacité.

3. Analysez les performances de qualité de service et d'efficacité du magasin Chronodrive de Brie-Comte-Robert.
4. Repérez les causes possibles de la démarque.
5. Proposez des actions managériales pour remédier au problème de la démarque.

Dossier 2 – Le management de l'équipe des préparateurs de commandes

Le directeur du magasin doit élaborer le planning des préparateurs de commandes pour le mois de septembre 2013.

Travail à faire

À partir des annexes 8 à 12 (pp. 268 à 272) :

1. Déterminez si l'équipe actuelle, compte tenu des informations dont vous disposez pour le mois de septembre 2013, est en mesure d'assurer correctement la préparation des commandes clients. Justifiez votre réponse.

Compte tenu des prévisions, le directeur du magasin décide de recruter 3 préparateurs de commandes en contrat à 15 heures.

2. Construisez la grille d'évaluation à utiliser lors de l'entretien de recrutement mené par le responsable de secteur en magasin (RSM).
3. Préparez le déroulement de l'entretien de recrutement individuel en indiquant les étapes et leur contenu. Précisez l'attitude que le responsable secteur en magasin (RSM) doit adopter au cours de cet entretien.
4. Construisez le planning de présence hebdomadaire des trois nouveaux préparateurs de commandes.
5. Présentez le planning d'intégration des nouveaux préparateurs durant leurs trois premières heures.
6. Indiquez les moyens que le manageur peut mettre en œuvre par la suite pour améliorer l'intégration.

Dossier 3 – La préparation d'une opération promotionnelle

Le drive de Brie-Comte-Robert souhaite organiser une opération promotionnelle autour des pommes produites en Seine-et-Marne. Le fournisseur local lui fait plusieurs propositions. Le manageur s'interroge sur le choix de l'opération.

Travail à faire

À partir des annexes 13 à 15 (pp. 271-272) :

1. Sélectionnez l'opération qui permet de réaliser l'objectif du manageur. Justifiez votre choix.

Vous êtes chargé(e) de programmer les approvisionnements concernant l'opération promotionnelle sur les pommes pour la semaine 40.

2. Présentez le programme d'approvisionnement en retenant l'hypothèse d'une quantité vendue totale pour la semaine 40 de 400 barquettes de pommes.

L'opération promotionnelle concerne également d'autres produits du terroir seine-et-marnais : fromages de Brie, miel, cidre, etc. Le manageur souhaite stimuler son équipe de préparateurs pour promouvoir cette action promotionnelle auprès des clients.

À l'occasion de cette opération, les préparateurs sont exceptionnellement mis à contribution et doivent, dans les 10 jours précédents et au cours de la semaine, en parler avec enthousiasme et distribuer des prospectus sur la promotion.

Il envisage de mettre en place une prime collective.

3. Calculez le montant de la prime à verser dans chacune des hypothèses pour un préparateur à 15 heures, pour un préparateur à 35 heures.
4. Précisez les actions du manageur pour stimuler l'équipe pendant la semaine promotionnelle.

Liste des annexes

Annexe 1 – Présentation du Chronodrive de Brie-Comte-Robert
Annexe 2 – De la commande à la livraison
Annexe 3 – Témoignages des clients Chronodrive
Annexe 4 – Organisation du travail dans un Chronodrive
Annexe 5 – Témoignage d'un préparateur de commandes
Annexe 6 – Performance commerciale des deux magasins Chronodrive pour la semaine 12
Annexe 7 – Indicateurs de qualité de service et d'efficacité des deux magasins Chronodrive
Annexe 8 – Présentation de l'équipe du Chronodrive de Brie-Comte-Robert
Annexe 9 – Données sur l'activité des préparateurs de commandes
Annexe 10 – Fiche métier d'un préparateur de commandes
Annexe 11 – Processus de recrutement d'un préparateur de commandes
Annexe 12 – Contraintes pour l'élaboration du planning hebdomadaire du mois de septembre 2013
Annexe 13 – Données pour le choix de l'opération promotionnelle « Pommes de Seine-et-Marne », semaine 40
Annexe 14 – Informations pour le programme d'approvisionnement de l'opération promotionnelle « Pommes de Seine-et-Marne »
Annexe 15 – Données pour le calcul de la prime en 2013

Annexe 1 – Présentation du Chronodrive de Brie-Comte-Robert

- **Adresse :** Route Nationale 19 lieu-dit Le Noyer-aux-Perdrix 77 170 Brie-Comte-Robert (Seine-et-Marne, Île-de-France).
- **Horaires d'ouverture :** du lundi au samedi de 8 h 30 à 20 h 30.
- **Date de création :** septembre 2009.
- **Surface de l'entrepôt :** 1 600 m².
- **Nombre de bornes :** 8.
- **Nombre de quais :** 15.
- **Taille de l'assortiment :** 9 000 références.

Annexe 2 – De la commande à la livraison

Vous passez une commande sur le site www.chronodrive.com.

↓

2 h après, ou lorsque vous le désirez, vous passez prendre votre commande.

↓

Vous vous identifiez à la borne.

↓

En moins de 5 minutes, vous êtes livrés directement dans votre coffre.

Annexe 3 – Témoignages des clients Chronodrive

Plus vite dans mon frigo !

Je préfère acheter mes produits frais et surgelés chez CHRONO-DRIVE. À peine sortis de la chambre froide, ils sont déjà dans mon coffre ! C'est pratique de ne pas attendre !

Tout et tout-de-suite !

Il y a toutes les marques et les nouveautés que mes enfants adorent mais aussi les premiers prix discount et des promos toute l'année. Et grâce au moteur de recherche je trouve tout, tout de suite !

Je maîtrise mon budget !

Sur le site Chronodrive, au fur et à mesure de mes courses, le total de mon panier apparaît. Je peux à tout moment supprimer des articles qui me semblent superflus.

Je gagne du temps !

Je peux passer commande à toute heure. 5 minutes suffisent grâce à mes listes pré-enregistrées et au Chrono-panier qui comprend les articles que je commande le plus souvent.

À toute heure ils ont le sourire !

Je passe quand je peux, parfois je suis très pressée.
Les préparateurs de commandes sont très efficaces, toujours rapides et souriants.

Annexe 4 – Organisation du travail dans un Chronodrive, entretien avec le manageur

Quel est le fonctionnement d'un Chronodrive ?

Le principe est de traiter la commande client en moins de 2 heures et de la livrer en moins de 5 minutes. Le drive, aujourd'hui, c'est un vrai métier. Ici, tout a été pensé de façon fonctionnelle. On n'est pas dans un entrepôt où des manutentionnaires courent dans tous les sens pour remplir votre caddie mais dans une vraie entreprise avec une organisation adaptée et un management d'équipe. Tout a été prévu pour faciliter le chargement, l'organisation de l'entrepôt correspondant à la logique des commandes avec un parcours type. Tous les produits ont été préalablement identifiés et scannés.

En quoi consiste le rôle du préparateur ?

Les préparateurs sont équipés d'un boîtier électronique qui affiche la commande client. Lorsque le préparateur de commandes passe devant un produit inscrit sur la commande du client, une alerte le prévient sur son boîtier digital. Il ne pourra pas clore sa commande tant que celle-ci n'est pas complète. Le système d'information permet de gérer les stocks *on line* afin d'avoir le moins de ruptures possible.

L'employé dispose lui-même d'un identifiant ce qui permet d'obtenir une traçabilité maximale, avec une sorte de « journal de la commande ».

Quels sont les principaux problèmes rencontrés dans le fonctionnement courant ?

Nos deux préoccupations majeures sont les ruptures et la démarque. Ce sont des indicateurs très importants de l'activité.
Or, malgré toutes les procédures mises en place, on rencontre quelques problèmes surtout au niveau des produits frais.
Les clients sont encore réticents à acheter du frais sur Internet, la demande est fluctuante, ce qui complique la prévision des ventes. En ce qui concerne la démarque, Chronodrive a les mêmes difficultés qu'un magasin physique mais a en plus quelques spécificités liées au concept et aux exigences d'efficacité des préparateurs de commandes.

Annexe 5 – Témoignage d'un préparateur de commandes

« Je travaille au Chronodrive de Brie-Comte-Robert depuis trois mois. Ce métier me plaît mais cela me demande une certaine endurance. Pas toujours facile de tenir la cadence imposée. Parfois, nous devons assurer les livraisons au client et, en même temps, préparer plusieurs commandes. C'est assez stressant et nous ne parvenons pas toujours à respecter les procédures de fonctionnement.
C'est surtout au niveau du rayon frais que l'on fait le plus d'erreurs. On nous demande de faire attention aux dates de péremption et de respecter la méthode du « premier entré, premier sorti ». Pas évident lorsqu'on doit faire vite !
Bien sûr, les primes sur objectif nous motivent, le manageur nous encourage aussi à être efficaces. »

Annexe 6 – Performance commerciale des deux magasins Chronodrive pour la semaine 12

Performances commerciales pour la semaine 12

	Chiffre d'affaires 2013 en €	Chiffre d'affaires 2012 en €	Nombre de commandes 2013	Nombre de commandes 2012
Brie-Comte-Robert	140 400	94 739	1 815	1 358
Saint-André-les-Vergers	144 000	103 680	2 050	1 800

Objectif de chiffre d'affaires en 2013 : le réseau attend une augmentation de 20 % par rapport au chiffre d'affaires de 2012.

Objectif de panier moyen en 2013 : 80 €.

Annexe 7 – Indicateurs de qualité de service et d'efficacité des deux magasins Chronodrive

Les indicateurs concernent la **semaine 12**.

	Taux de casse 2013	Taux de casse 2012	Taux de rupture 2013	Taux de commande complète 2013	Taux de commande livrée en moins de 5 mn	Efficacité 2013	Efficacité 2012
Brie-Comte-Robert	1,20 %	1,30 %	4,20 %	92,00 %	98,00 %	41,40	39,50
Saint-André-les-Vergers	1,00 %	1,30 %	2,90 %	98,00 %	99,00 %	38,30	37,40

Taux de casse = $\frac{\text{Montant de la casse}}{\text{Chiffre d'affaires}}$

La recommandation du réseau est de ne pas dépasser un taux de casse de 1 %.

Taux de rupture = $\frac{\text{Nb de ruptures}}{\text{Nb de références}}$

La recommandation du réseau est de ne pas dépasser un taux de rupture de 5 %.

Taux de commande complète = $\frac{\text{Nb de commandes complètes}}{\text{Nb total de commandes}}$

L'objectif est de 99 % de taux de commandes complètes. Une marge de 1% est admise pour les éventuels problèmes informatiques.

Taux de commande livrée en moins de 5 mn = $\frac{\text{Nb de commandes livrées en moins de 5 mn}}{\text{Nb total de commandes}}$

L'engagement de l'enseigne est de livrer le client en moins de 5 minutes après son arrivée sur le quai. L'objectif est de 99 % de taux de commandes complètes. Une marge de 1% est admise pour les éventuels problèmes informatiques.

L'efficacité se mesure par le nombre de secondes pour faire un prélèvement (PIC) lors de la préparation des commandes.

Efficacité (en secondes) = $\frac{\text{Nb de prélèvements}}{\text{Nb d'heures travaillées}} \times 3\,600$

La recommandation du réseau est de ne pas dépasser 40 secondes par prélèvement.

Annexe 8 – Présentation de l'équipe du Chronodrive de Brie-Comte-Robert

Effectif du mois de septembre 2013 :

- 1 directeur du drive ;
- 2 responsables de secteur en magasin (RSM) ;
- 1 responsable relation clientèle (RRC) ;
- 3 assistantes accueil ;
- 15 préparateurs de commandes en contrat à durée indéterminée de 35 h par semaine ;
- 27 préparateurs de commandes en contrat de 15 h par semaine.

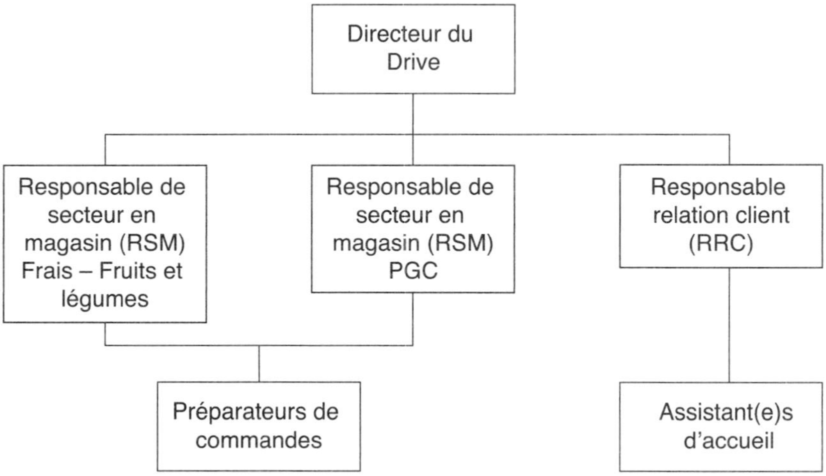

Annexe 9 – Données sur l'activité des préparateurs de commandes

- Nombre de commandes en septembre 2012 : 6 514.
- Prévision du nombre de commandes en septembre 2013 : augmentation de 280 pour le mois.
- Nombre d'articles moyen par commande prévu en septembre 2013 : 50.
- Norme réseau pour l'efficacité des préparateurs de commandes : 1 prélèvement article toutes les 40 secondes.
- Le mois de septembre 2013 compte 4 semaines.
- Un préparateur en contrat de 35 heures prend ses congés les deux premières semaines de septembre. Un second préparateur en contrat de 35 heures prend ses congés les deux dernières semaines de septembre.

Annexe 10 – Fiche métier d'un préparateur de commandes

Préparateur de commandes (h/f)

1. Profil recherché

– Vous êtes dynamique, positif, autonome et rigoureux.
– Vous aimez le contact et vous êtes souriant.
– La satisfaction du client est votre priorité et vous aimez travailler en équipe.
– Vous avez envie de participer au démarrage d'un nouveau concept de distribution.

2. Le poste

– Vous préparez dans les délais les commandes sur votre périmètre.
– Vous garantissez la qualité du service au client afin de le faire revenir : délai, sourire, disponibilité, propreté, tenue.
– Vous réceptionnez et rangez les marchandises.
– Vous contrôlez les dates limites de consommation et la qualité des produits en réception comme en préparation.
– Vous participez au quotidien aux tâches d'entretien des locaux et d'évacuation des déchets.
– Vous êtes exceptionnellement mis à contribution pour des opérations promotionnelles.

Job étudiant possible.

Source : www.chronodrive.fr

Annexe 11 – Processus de recrutement d'un préparateur de commandes, entretien avec le manageur

Quelles sont les étapes de recrutement ?

Nous étudions bien sûr le CV et la lettre de motivation. Ce qui est important, ce n'est pas tant le diplôme que la qualité rédactionnelle de la lettre.
Nous organisons ensuite avec une dizaine de candidats sélectionnés une réunion qui a pour objectif de présenter l'entreprise, notre projet et nos valeurs. Nous observons les réactions des candidats. Nous ne retenons pour la suite du recrutement que les candidats qui ont montré de l'attention, de la curiosité et de l'intérêt.

Combien de candidats retenez-vous après cette réunion ?

En moyenne, nous sélectionnons entre 2 et 3 candidats.

Et ensuite ?

Nous convoquons les candidats sélectionnés pour un premier entretien individuel avec un responsable de secteur en magasin.
L'entretien dure environ 45 minutes dans le bureau du responsable de secteur en magasin (RSM) et a pour objet d'évaluer le candidat sur les 5 fondamentaux Chronodrive, sur ses motivations pour l'entreprise et pour le poste.

Quels sont ces 5 fondamentaux ?

L'implication, l'esprit d'équipe, la force de proposition, le professionnalisme et le sens du contact avec le client. Ces fondamentaux sont évalués à partir d'un certain nombre d'items. Nous prenons en compte également la motivation pour le poste et pour l'entreprise.

À quel moment intervenez-vous pour le choix du candidat ?

Je reçois pour un dernier entretien le ou les candidats qui répondent aux 5 fondamentaux.

Comment se déroule l'intégration ?

Le responsable de secteur en magasin (RSM) prend en charge les préparateurs pendant trois heures lors de la première journée. Les préparateurs sont vite opérationnels.
Cependant, nous constatons quelques problèmes et dysfonctionnements et nous réfléchissons à améliorer notre processus d'intégration.

Annexe 12 – Contraintes pour l'élaboration du planning hebdomadaire du mois de septembre 2013

Le manageur prévoit de faire travailler les trois nouveaux préparateurs (préparateur 1, préparateur 2 et préparateur 3) à 15 h sur les trois journées à forte affluence, soit le mercredi, le vendredi et le samedi.

Les 45 heures hebdomadaires sont réparties de la façon suivante :

Mercredi	Vendredi	Samedi	Total semaine
13 h	15 h	17 h	45 h

- 7 créneaux d'une durée d'une heure sont à couvrir entre 13 h 30 et 20 h 30.
- Les trois nouveaux préparateurs doivent être présents entre 17 h 30 et 20 h 30.
- Sur les autres créneaux horaires de la journée, le manageur ne mobilise pas plus de deux préparateurs.
- Aucun préparateur ne travaillera le mercredi avant 15 h 30.
- Le préparateur 1 ne peut pas travailler plus de 3 heures le samedi.

Annexe 13 – Données pour le choix de l'opération promotionnelle « Pommes de Seine-et-Marne », semaine 40

	Formule n° 1	Formule n° 2	Formule n° 3
Nature de la promotion	25 % gratuit	Une bouteille de jus de pomme offerte pour 2 barquettes achetées	3 barquettes pour le prix de 2
Quantité de barquettes vendue supplémentaire[1]	25 %	20 %	40 %
Prix d'achat de la barquette HT	2,20 €	1,50 €	1,50 €
Frais supplémentaires à prévoir	Néant	Coût d'achat de la bouteille de jus de pommes : 0,90 € HT	Néant

1. Estimation sur la base d'opérations similaires.

Pour l'opération promotionnelle, le magasin Chronodrive fixe à 2,20 € TTC le prix de vente au client de la barquette de pommes. Ce prix de vente au client est le même quelle que soit la formule.

Pour cette opération promotionnelle, le fournisseur accorde au magasin Chronodrive une remise sur prix d'achat en fonction du volume commandé :
- remise de 10 % pour 200 à 300 barquettes achetées ;
- remise de 12 % pour 301 à 400 barquettes achetées ;
- remise de 15 % au-delà de 400 barquettes achetées.

Les quantités vendues habituellement (sans promotion) pour une semaine sont de 300 barquettes. Le manageur prévoit une augmentation des ventes de 20 % pendant la période promotionnelle. L'objectif est d'atteindre un taux de marque de 15 %. Le taux de TVA est de 5,5 %.

Annexe 14 – Informations pour le programme d'approvisionnement de l'opération promotionnelle « Pommes de Seine-et-Marne »

Il est retenu comme hypothèse de vendre 400 barquettes de pommes pour la semaine 40.
Le magasin Chronodrive est approvisionné en quantités variables tous les matins.
Le principe est de commander en fonction des besoins estimés pour la journée en cours en tenant compte d'un stock de sécurité de 5 %. Il faut également tenir compte d'un taux de casse journalier de 2 %.
Le calcul du stock final en fin de journée doit tenir compte de la casse journalière.
Lundi matin le stock initial est de 58 barquettes.

Semaine 40

	Lundi	Mardi	Mercredi	Jeudi	Vendredi	Samedi
Répartition des ventes de barquettes sur la semaine	12,5 %	11,25 %	17,5 %	18,75 %	17,5 %	22,5 %

Annexe 15 – Données pour le calcul de la prime en 2013

L'objectif en 2013 est de réaliser un chiffre d'affaires de 8 000 €.

Les primes sont calculées en fonction du taux de réalisation de l'objectif :

Hypothèses	Modalités de calcul de la prime
Taux de réalisation = 100 %	– Prime collective de 700 €.
Taux de réalisation ⩾ 105 %	– Prime collective de 700 €. – Prime supplémentaire de 2,5 % de l'objectif du chiffre d'affaires.

La prime collective est répartie entre les préparateurs au prorata du nombre d'heures effectuées par semaine.

Effectif : 15 préparateurs à 35 heures et 27 préparateurs à 15 heures.

Corrigé de l'épreuve E4 – Session 2013

Dossier 1 – Les performances du drive (24 points)

1. Tableau de bord pour les deux magasins Chronodrive en utilisant les indicateurs que vous jugerez pertinents.

	CA 2012	CA 2013	Taux d'évolution
Brie-Comte-Robert	94 739	140 400	(140 400 – 94 739) / 94 739 x 100 = 48,19 %
Saint-André-les-Vergers	103 680	144 400	(144 000 – 103 680) / 103 680 x 100 = 38,88 %

	CA 2012	Objectif de CA 2013	% de réalisation de l'objectif
Brie-Comte-Robert	94 739	94 739 x 1,20 = 113 687	(140 400 / 113 687) x 100 = 123,49 %
Saint-André-les-Vergers	103 680	(144 000 – 103 680) / 103 680 x 100	(144 000 / 124 416) x 100 = 38,88 %

	Nb de commandes 2012	Nb de commandes 2013	Taux d'évolution
Brie-Comte-Robert	1 358	1 815	(1 815 – 1 358 / 1 358) x 100 = 33,65 %
Saint-André-les-Vergers	1 800	2 050	(2 050 – 1 800 / 1 800) x 100 = 13,89 %

	Panier moyen 2012	Panier moyen 2013	Taux d'évolution	Taux de réalisation du panier moyen
Brie-Comte-Robert	94 739 / 1 358 = 69,76 €	140 400 / 1 815 = 77,35 €	(77,35 – 69,76) / 69,76 x 100 = 10,88 %	77,35 / 80 x 100 = 96,68 %
Saint-André-les-Vergers	103 680 / 1 800 = 57,60 €	144 400 / 2 050 = 70,24 €	(70,24 – 57,60) / 57,60 x 100 = 21,94 %	70,24 / 80 x 100 = 87,80 %

2. Analyse des performances commerciales du magasin Chronodrive de Brie-Comte-Robert et comparaison avec celles de Saint-André-les-Vergers

Performances de Brie-Comte-Robert

Le chiffre d'affaires de Brie-Comte-Robert a progressé de 48,19 % entre 2012 et 2013 ce qui représente une forte progression. L'objectif de chiffre d'affaires est dépassé de plus de 23 %.
Le nombre de commandes a évolué de presque + 34 %. Cela peut s'expliquer soit parce que le nombre de clients a progressé, soit parce que les clients ont plus souvent recours au drive.
L'objectif de panier moyen à 80 € n'est pas atteint puisqu'il manque 3,3 % pour y parvenir. Il a cependant progressé de près de 11 % entre 2012 et 2013.

Comparaison des performances avec le magasin de Saint-André-les-Vergers

Si l'on compare les résultats de Brie-Comte-Robert à ceux de Saint-André-les-Vergers, on remarque que, bien que **le chiffre d'affaires** de Saint-André-les-Vergers soit plus élevé que celui de Brie-Comte-Robert, sa progression est moindre (– 10 points environ). En ce qui concerne **le taux de réalisation de l'objectif de chiffre d'affaires**, Brie-Comte-Robert a dépassé son objectif de plus de

23 % alors que l'autre magasin ne l'a dépassé que de 16 %.
Le nombre de commandes du magasin de Saint-André-les-Vergers est plus élevé que celui de Brie-Comte-Robert de près de 13 % en 2013 mais l'évolution est favorable à Brie-Comte-Robert avec une croissance de près de 34 %.
Enfin, si **le panier moyen** a davantage progressé à Saint-André-les-Vergers (+ 22 %), il reste tout de même plus élevé à Brie-Comte-Robert où l'objectif est atteint à 97 % (contre 88 %).

Conclusion : Les performances de Brie-Comte-Robert se révèlent par conséquent meilleures que celles de Saint-André-les-Vergers qui sont déjà satisfaisantes.

3. Performances de qualité de service et d'efficacité du magasin Chronodrive de Brie-Comte-Robert

Le taux de casse 2013 est en recul de 0,10 % par rapport à 2012, il reste cependant au-dessus de l'objectif de 1 % recommandé par le réseau. Le magasin de Saint-André-les-Vergers est parti du même taux que celui de Brie-Comte-Robert en 2012 et a réussi, quant à lui, à atteindre l'objectif fixé par le réseau.
Le taux de rupture 2013 est de 4,20 % ce qui est conforme à l'objectif de ne pas dépasser 5 %. Il est meilleur à Saint-André-les-Vergers avec seulement 2,9 %.
Le taux de commande complète n'est pas atteint, il reste 7 % (voire 6 % si l'on admet la marge admise) en deçà de l'objectif de 99 %. Les performances de Saint-André-les-Vergers sont meilleures puisque le magasin atteint l'objectif fixé.
Le taux de commande livrée en moins de 5 minutes est atteint mais là encore le magasin de Saint-André-les-Vergers est plus performant.
L'efficacité dans la préparation des commandes n'est pas bonne et a régressé entre 2012 et 2013. L'efficacité s'est également dégradée dans l'autre magasin mais elle reste malgré tout conforme à l'objectif (38,30 contre 40).

4. Causes possibles de la démarque

La démarque peut être occasionnée :
- par les vols commis par le personnel ou la clientèle ;
- par le rythme de travail imposé aux préparateurs qui peuvent être contraints à travailler trop vite lors des pics de commandes surtout s'ils sont en nombre insuffisant ;
- par les pannes informatiques ;
- il se peut aussi que les stocks soient trop importants et que les articles soient périmés avant d'être vendus ou que les préparateurs ne sortent pas du stock les produits les plus anciens en priorité.

5. Actions managériales proposées pour remédier au problème de la démarque

- Former le personnel afin qu'il respecte la règle FIFO pour les sorties de stocks ;
- octroyer des primes aux préparateurs ayant le taux de démarque le plus faible ;
- ajouter des préparateurs aux heures d'affluence.

Dossier 2 – Le management de l'équipe des préparateurs de commandes (26 points)

1. Préparation des commandes clients pour le mois de septembre 2013 avec l'effectif actuel

Temps nécessaire pour assurer la préparation des commandes

Année	Nb de commandes	Nb d'articles par commande	Temps nécessaire pour le prélèvement	
			en secondes	en heures
2013	6 514 + 280 = 6 794	50	339 700 x 40 = 13 588 000 sec	13 588 000 / 3 600 = 3 774,44 h

Nombre d'heures disponibles

Nb de préparateurs	Nb d'heures effectuées par semaine et par préparateur	Nb de semaines	Total
13	35	4	1 820
2	35	2	140
27	15	4	1 620
		Total	**3 580**

Nb d'heures disponibles	Nb d'heures nécessaires	Écart	Soit par semaine
3 580	3 774,44	194,44	48,61 h

Conclusion : le nombre de préparateurs actuel est insuffisant pour effectuer le travail correctement, il manque un préparateur à temps plein (35 heures par semaine) et un autre à 14 heures par semaine.

2. Grille d'évaluation à utiliser lors de l'entretien de recrutement

Nom du candidat : Prénom :		Date de l'entretien : Nom du recruteur :		
Items	++	+	–	– –
Implication : – Investissement – Dynamisme				
Esprit d'équipe : – Solidarité – Capacité à travailler en équipe				
Force de proposition : – Esprit d'initiative – Curiosité				
Professionnalisme : – Compétence – Ténacité – Rigueur – Sens de l'organisation – Autonomie				
Sens du contact client : – Accueillant – Souriant				
Motivation : – Pour le poste – Pour l'entreprise				
Avis global	positif		négatif	

3. Déroulement de l'entretien de recrutement individuel

Rappel du contexte : *le candidat a été présélectionné grâce à sa lettre de motivation et un entretien collectif.*

Les différentes étapes de l'entretien sont les suivantes :

– **Accueillir le candidat :** il est indispensable de mettre à l'aise le candidat par quelques phrases de bienvenue, lui laisser le temps de s'installer. Le recruteur doit se présenter (nom, fonction), expliquer comment va se dérouler l'entretien ainsi que sa durée. Il félicitera le candidat d'avoir été sélectionné.

– **Présenter l'entreprise :** le recruteur va définir l'entreprise, ses projets, sa culture, il va présenter l'intitulé du poste à pourvoir, le candidat doit pouvoir poser des questions. Le recruteur pourra ainsi tester sa capacité d'écoute et son état d'esprit.

– **Découvrir le candidat :** le recruteur doit demander au candidat de détailler son parcours, de présenter ses différentes expériences ainsi que son projet professionnel. Le recruteur doit être à l'écoute pour s'assurer que la personne face à lui possède bien les compétences requises, c'est-à-dire les 5 fondamentaux de Chronodrive. Il va se référer au CV et approfondir les points qui ne semblent pas suffisamment explicites. Il devra garder une attitude neutre pour ne pas influencer le candidat.

– **Préciser le contenu du poste :** il s'agit ici d'un moment d'échange, le recruteur va présenter le poste à pourvoir et ses enjeux, le rôle à tenir par le candidat. Le candidat peut mettre en valeur son expérience, ses compétences afin de démontrer qu'il est apte à obtenir le poste. Le recruteur appréciera ses qualités d'argumentation, sa sincérité et sa motivation, il invitera le candidat à poser des questions. Le candidat devra se montrer curieux.

– **Aborder le sujet de la rémunération :** ce point est abordé à la fin de l'entretien, le recruteur doit savoir si la rémunération proposée correspond aux attentes du candidat. Ce point peut faire l'objet d'une négociation.

– **Conclure l'entretien :** le recruteur et le candidat pourront échanger leurs impressions. Le recruteur ne devra pas hésiter à poser des questions au candidat afin de savoir ce qu'il pense de l'entreprise et de l'emploi proposé. Le candidat pourra revenir ici sur ses atouts, démontrer qu'il est motivé, poser des questions sur des points à éclaircir. Le recruteur précisera les prochaines étapes du recrutement et remerciera le candidat.

Tout au long de l'entretien, le recruteur observera les comportements non verbaux du candidat (gestuelle, posture…) et complétera la grille d'évaluation.

4. Construisez le planning de présence hebdomadaire des trois nouveaux préparateurs de commandes

	Mercredi			Vendredi			Samedi		
	P1	P2	P3	P1	P2	P3	P1	P2	P3
13h30 – 14h30				X				X	X
14h30 – 15h30				X				X	X
15h30 – 16h30	X	X		X		X		X	X
16h30 – 17h30	X	X		X		X		X	X
17h30 – 18h30	X	X	X	X	X	X	X	X	X
18h30 – 19h30	X	X	X	X	X	X	X	X	X
19h30 – 20h30	X	X	X	X	X	X	X	X	X
Nb d'heures / préparateurs	5	5	3	7	5	3	3	7	7
Total du nb d'heures	13 heures			15 heures			17 heures		

5. Présentation du planning d'intégration des nouveaux préparateurs et moyens envisageables pour améliorer l'intégration

Prise en charge des préparateurs :

– Accueil et fourniture des vêtements de travail ;
– présentation du règlement intérieur ;
– présentation des locaux ;
– présentation du personnel de l'équipe ;
– observation du travail d'un préparateur ;
– préparation d'une commande en doublette avec un préparateur ;
– questions diverses, réponses aux questions posées.

Moyens à mettre en œuvre pour améliorer l'intégration :

– Débriefing quotidien en fin de journée pour cerner les problèmes rencontrés ;
– prise en charge du nouvel arrivant par un « parrain » issu de l'équipe afin de le former aux méthodes de travail et de répondre aux questions.

Dossier 3 – La préparation d'une opération promotionnelle (25 points)

1. Choix de l'opération permettant de réaliser l'objectif du manageur

	F1	F2	F3
Nb de barquettes vendues	300	300	300
Nb de barquettes vendues grâce à l'opération promotionnelle	300 x 1,25 = 375	300 x 1,20 = 360	300 x 1,4 = 420
CA réalisé	375 x 2,2 = 825	360 x 2,2 = 792	(420 x 2 / 3) x 2 2 = 616
CA HT	825 / 1,055 = 781,99	792 / 1,055 = 750,71	616 / 1,055 = 583,89
PA HT unitaire	2,2	1,5	1,5
PA HT total	375 x 2,2 x 0,88* = 726	360 x 1,5 x 0,88* = 475,2	420 x 1,5 x 0,85** = 535,50
Frais supplémentaires	0	0,90 x (360 / 2) = 162	0
Coût total	726	637,2	535,5
Marge commerciale	55,99	113,51	48,39
Taux de marque (= Marge / CA HT)	55,99 / 781,99 x 100 = 7,16 %	113,51 / 750,71 x 100 = 15,05 %	48,39 / 583,89 x 100 = 8,29 %
Taux de marque atteint	**non**	**oui**	**non**

* avec 12 % de remise.
** avec 15 % de remise.

Conclusion : l'opération F2 est la seule qui permet d'atteindre le taux de marque fixé.

2. Programme d'approvisionnement avec 400 barquettes de pommes vendues en semaine 40

	Lundi	Mardi	Mercredi
Ventes	400 x 0,125 = 50	400 x 0,125 = 50	400 x 0,175 = 70
Stock de sécurité	50 x 0,05 = 2,5 ≈ 3	45 x 0,05 = 2,25 ≈ 3	70 x 0,05 = 3,5 ≈ 4
Stock nécessaire avec casse	(50 / 0,98) + 3 = 4,02 ≈ 5	(45 /0,98) + 3 = 48,91 ≈ 49	(70 / 0,98) + 4 = 75,42 ≈ 76
Stock initial	58	6	3
Livraison		49 – 6 = 43	76 – 3 = 73
Stock initial après livraison	58	49	76
Stock final avant casse	8	4	6
Stock final après casse	8 – ((50 / 0,98) – 50) = 6,98 ≈ 6	4 – 1 = 3	6 – 2 = 4

	Jeudi	Vendredi	Samedi
Ventes	400 x 0,1875 = 75	400 x 0,175 = 70	400 x 0,225 = 90
Stock de sécurité	75 x 0,05 = 3,5 ≈ 4	70 x 0,05 = 3,5 ≈ 4	90 x 0,05 = 4,5 ≈ 5
Stock nécessaire avec casse	(75 / 0,98) + 4 = 80,53 ≈ 81	(70 / 0,98) + 4 = 75,42 ≈ 76	(90 / 0,98) + 5 = 96,84 ≈ 97
Stock initial	4	4	4
Livraison	81 – 4 = 77	76 – 4 = 72	97 – 4 = 93
Stock initial après livraison	81	76	97
Stock final avant casse	6	6	7
Stock final après casse	6 – 2 = 4	6 – 2 = 4	7 – 2 = 5

3. Prime pour un préparateur à 35 h et prime pour un préparateur à 15 h

	Taux de réalisation à 100 %	Taux de réalisation à 105 %
Montant de la prime	700 €	700 + 2,5 % de l'objectif de CA CA = 8 000 x 1,05 = 8 400 € Prime supplémentaire = 8 000 x 2,5 % = 200 € Prime à répartir = 700 + 200 = 900 €
Heures effectuées – Préparateurs à 35 heures – Préparateurs à 15 heures	 15 x 35 = 525 heures 27 x 15 = 405 heures	 15 x 35 = 525 heures 27 x 15 = 405 heures
Total heures	525 + 405 = 930 heures	525 + 405 = 930 heures
Prime horaire – Préparateur à 35 heures – Préparateur à 15 heures	700 / 930 = 0,7526 € 0,7526 x 35 = 26,34 € 0,7526 x 15 = 11,29 €	900 / 930 = 0,9677 € 0,9677 x 35 = 33,87 € 0,9677 x 15 = 14,51 €

4. Actions du manageur pour stimuler l'équipe pendant la semaine promotionnelle

– Tableau de bord présentant l'objectif à atteindre, les résultats obtenus demi-journée par demi-journée (sur le poste informatique ou par affichage en salle de pause) ainsi que la prime acquise ;
– présence continue du manageur auprès de l'équipe ;
– encouragements du manageur.

Achevé d'imprimer en juin 2014
N° de projet 10203210 / N° d'impression 1406.0019
Dépôt légal, juin 2014
Imprimé en France